创意阅读 微课百例

四川省卿平海名师鼎兴工作室丛书

四川省卿平海名师鼎兴工作室 著

名·师·教·育·坊

四川大学出版社

SICHUAN UNIVERSITY PRESS

图书在版编目（CIP）数据

创意阅读微课百例 / 四川省卿平海名师鼎兴工作室
著．— 成都：四川大学出版社，2023.10
ISBN 978-7-5690-5902-1

Ⅰ．①创… Ⅱ．①四… Ⅲ．①阅读课－教案（教育）－
中小学 Ⅳ．① G633.332

中国国家版本馆 CIP 数据核字（2023）第 001856 号

书　　名：创意阅读微课百例
　　　　　Chuangyi Yuedu Weike Bai Li
著　　者：四川省卿平海名师鼎兴工作室

选题策划：欧风偃　王　静
责任编辑：王　静
责任校对：罗永平
装帧设计：裴菊红
责任印制：王　炜

出版发行：四川大学出版社有限责任公司
　　　　　地址：成都市一环路南一段 24 号（610065）
　　　　　电话：（028）85408311（发行部）、85400276（总编室）
　　　　　电子邮箱：scupress@vip.163.com
　　　　　网址：https://press.scu.edu.cn
印前制作：成都墨之创文化传播有限公司
印刷装订：四川五洲彩印有限责任公司

成品尺寸：170 mm×240 mm
印　　张：21.75
字　　数：417 千字

版　　次：2023 年 10 月 第 1 版
印　　次：2023 年 10 月 第 1 次印刷
定　　价：99.00 元

本社图书如有印装质量问题，请联系发行部调换

扫码获取数字资源

四川大学出版社
微信公众号

序
Preface

　　《创意阅读微课百例》是四川省卿平海名师工作室集体研修活动的智慧结晶，是四川省教育厅名师重点课题"部编语文读写创意教学微课例研究"成果之一，是我国语文基础教育课程改革百花园中的一朵奇葩。

　　"微课百例"全部内容都聚焦在"创意"二字上，其旨归是教师按照课标要求，通过引导学生开展自主、合作、探究式的创意阅读，明其言、晓其义、感其情、悟其旨、得其辞、体其境，在引导悟文、悟语、悟思、悟美的过程中建构语文的核心素养。

　　创意阅读离不开创意教学，创意教学首先要遵循教学规律。"教学有法，但无定法，重在得法"，如果说后两个"法"是指教学方法，那么，前一个"法"则是选择确定教学方法的依据，也就是教学规律，它是语文学科的特点与学生心理特点的契合物。遵循教学规律就是要抓住教学方法与师生教学目标、教学内容的内在本质联系。我们从"微课百例"中看到了教师在支配教学方法，学生在影响教学方法，教学目标在决定教学方法，教学内容在制约教学方法。总之，"微课百例"创意教学与师生的教学目标和内容都有着密不可分的本质联系，找到了这种本质联系，也就找到了选择与确定创意教学的科学依据。

　　创意教学的关键还在于教师主导作用的发挥。究竟什么是教师的主导作用？"微课百例"启示我们，教师要为学生的学习创设情境、激发动机、提供资源、指示方向、教给方法、质疑激思、点穴拨窍、升华结论、作出评价、督促管理等，这些主导作用的基点就是变"带着知识走向学生"为"带着学生走向知识"，它不仅不会框定学生的思维，反而会使学生的创意阅读更有成效。

　　创意教学的创意虽然超常，但不反常；虽然奇特，但不荒唐；它是求异而不是求谬，千万不要把创意理解为无原则的标新立异。而"微课百例"是以课标为依据，从研究真问题入手的。全书十二个专题都设计了"微问题群"，变问题为课题。问题是人们认识活动的启动器和动力源，是从已知到未知的过渡形式、转换器、桥梁和中介。问题的意义还在于，在实际认知过程中，问题的支配性直接体现在为认知主体提供方法上的指导。把握住问题与问题解决的相关性便可得到如何找到线索、如何进行研究的启示。

　　创意具有多元性、相容性、殊途同归性、发展性，那种找到一种"最优教学法"想一劳永逸地解决一切问题的想法，是行不通的。实际教学中不可能像机械转动一样按照一个固定的程序运转，而要依据条件和学生的实际需要，做到多法兼用、形成合力，一法为主、多法为辅，这就是"教无定法"。至于"重在得法"，那就要像"微课百例"那样遵循课标要求、抓住教材特点、依据学生学情选择教学方法。它要求新课要教熟，熟课要教新，常教常新。这样才能达成教学目标，才是"得法"。"得法"是"创意"追求的目标，"创意"正是"得法"的手段。

　　作为语文教学的一员老兵，我愿和大家一道学习卿平海名师工作室集体的治学精神。

刘永康

　　（刘永康：四川师范大学文学院原党委书记、二级教授，四川省学术技术带头人，教育部特聘全国教师教育专家委员会委员、教育部首批"国培计划"专家，全国首个语文学科教学论国家级精品课程负责人，全国语文创新教育研究中心常务副理事长）

目 录
Contents

专题七　古诗词创意阅读微课例　　187

专题一
创意阅读微课深研概要[①]

　　根据四川省教育厅、四川省财政厅《四川省中小学省级名师名校长工作室建设实施办法（试行）》（川教函〔2018〕423号）课题研究要求，四川省卿平海名师鼎兴工作室2020年7月提交了"部编语文读写创意教学微课例研究"课题申请，2020年12月4日被四川省教育厅批准为中小学名师名校长工作室专项重点课题，批准文号是川教函〔2020〕597号。创意阅读微课深研是"部编语文读写创意教学微课例研究"课题的重要研究内容。

---

① 专题一负责人是四川省成都市盐道街中学教师卿平海，作者是四川省成都市盐道街中学教师卿平海、成都市实验小学教师张速、资阳市雁江区三贤九年义务教育学校教师唐春燕。

一、创意阅读微课深研问题与意义

课题源于问题。创意阅读微课深研问题是源于语文新课程课堂教学改革实践中的真实问题。

（一）创意阅读微课深研的主要问题

教育部《义务教育语文课程标准（2011年版）》在"教学建议"中强调："充分发挥师生双方在教学中的主动性和创造性"[①]，"重视培养学生的创新精神和实践能力"[②]。在"具体建议"中又强调："在理解课文的基础上，提倡多角度、有创意的阅读。"[③]可见，探索创意阅读，尝试教学创新，培养创新能力，就成了义务教育语文教育改革的重点。怎样突出这一阅读教学重点？在《义务教育语文课程标准（2011年版）》中提出了如下具体要求。

一要"为学生创设有利于自主、合作、探究学习的环境"[④]。阅读教学应激发学生的阅读兴趣，培养学生自主阅读的意识和习惯；应在师生平等对话中开展阅读教学，在学生、教师、教科书编者、文本的多重对话活动中，引导学生学会运用多种阅读方法；应尊重学生的个体差异，鼓励学生选择适合自己的阅读方式。

二要"创造性地使用教材"[⑤]。教师应认真钻研教材，正确理解、把握教材内容，精心设计和组织教学活动；应引导学生钻研文本，在主动积极的思维和情感活动中，加深学生对文本的理解，获得思想启迪，享受审美乐趣；应积极开发、合理利用课程资源，重视以启发式、讨论式教学启迪学生阅读智慧；应灵活运用多种阅读教学策略，努力探索网络环境下新的教学方式。

三要"开发创造潜能"[⑥]。阅读不仅应注重语言的积累、感悟、运用和基本技能训练，加强对学生阅读的指导、引领和点拨，让学生打好扎实的阅读基

---

① 中华人民共和国教育部：《义务教育语文课程标准（2011年版）》，北京师范大学出版社，2012年，第19页。
② 中华人民共和国教育部：《义务教育语文课程标准（2011年版）》，北京师范大学出版社，2012年，第20页。
③ 中华人民共和国教育部：《义务教育语文课程标准（2011年版）》，北京师范大学出版社，2012年，第23页。
④ 中华人民共和国教育部：《义务教育语文课程标准（2011年版）》，北京师范大学出版社，2012年，第19页。
⑤ 中华人民共和国教育部：《义务教育语文课程标准（2011年版）》，北京师范大学出版社，2012年，第19页。
⑥ 中华人民共和国教育部：《义务教育语文课程标准（2011年版）》，北京师范大学出版社，2012年，第20页。

础；还要珍视学生独特的感受、体验和理解，利用阅读期待、阅读反思和批判等环节，拓展学生思维空间，提高学生阅读质量；尤其要注重激发学生的好奇心和求知欲，提高学生发现、分析和解决问题的能力。

四要避免课堂阅读问题。不应以教师的分析代替学生的阅读实践，不应以模式化的解读代替学生的体验和思考；防止用集体讨论代替个人阅读；感受、理解、欣赏和评价等综合能力培养，各学段可以有所侧重，但不能机械地将其割裂；防止逐字逐句的过度分析和远离文本的过度发挥；朗读要摒弃矫情造作的腔调；语文知识不能脱离语文运用的实际进行"系统"的讲授和操练，更不应要求学生死记硬背；提倡少做题，多读书，好读书，读好书，读整本书。

教育部《义务教育语文课程标准（2022年版）》颁布后，创意阅读又面临了许多新挑战：

一是创意阅读怎样"立足核心素养，彰显教学目标以文化人的育人导向"[①]？在阅读与鉴赏中如何引导学生体认和传承中华优秀传统文化、革命文化、社会主义先进文化，以整体提升学生的文化自信、语言运用、思维能力、审美创造等核心素养？

二是创意阅读怎样"体现语文学习任务群特点，整体规划学习内容"[②]？如何设置实用性阅读、文学性阅读、思辨性阅读、整本书阅读这四个阅读学习任务群，既关注同一学习任务群在不同学段的连续性和差异性，又关注不同学习任务群之间的内在联系，还关注不同地区学校和学生的差异，合理设计学习任务群？

三是创意阅读怎样"创设真实而富有意义的学习情境，凸显语文学习的实践性"[③]？如何创设阅读情境，不仅能建立阅读鉴赏与社会生活、学生经验之间的关联，符合学生认识水平，还能整合关键的阅读知识和阅读能力，体现运用语文解决阅读典型问题的过程和方法？

四是创意阅读怎样"关注互联网时代语文生活的变化，探索语文教与学方式的变革"[④]？如何积极利用网络资源平台拓展学生阅读空间，丰富阅读资源，

---

① 中华人民共和国教育部：《义务教育语文课程标准（2022年版）》，北京师范大学出版社，2022年，第44页。
② 中华人民共和国教育部：《义务教育语文课程标准（2022年版）》，北京师范大学出版社，2022年，第45页。
③ 中华人民共和国教育部：《义务教育语文课程标准（2022年版）》，北京师范大学出版社，2022年，第45页。
④ 中华人民共和国教育部：《义务教育语文课程标准（2022年版）》，北京师范大学出版社，2022年，第46页。

提供多层面、多角度的阅读机会？如何充分利用网络平台和信息技术工具，支持学生开展自主、合作、探究性阅读，为学生创造性阅读提供条件？如何探索将线上线下相结合的混合式阅读学习，避免学生沉溺于网络阅读？

结合语文新课标，反思从 2001 年开始的语文新课程和从 2016 年开始使用的部编版语文新教材，发现学生的创意阅读能力比较弱。其原因有很多，如：部编新语文，但阅读旧教学；阅读新课堂，但教研大而空；阅读新课例，但教学缺特色。而教师不能创造性地使用教材、不能有创意地进行阅读教学是根本原因。

创意阅读微课深研要解决的主要问题是教师怎样利用部编版语文教材有创意地教阅读以促进学生有创意地学习阅读，怎样通过微课例进行深度研究，彰显语文创意教学特色。

（二）创意阅读微课深研的理论价值

1. 形成基于部编版语文教材使用的阅读创意教学新理念，深化对语文课程标准"有创意的阅读"的认识

部编版语文教材是由教育部 2016 年审定、人民教育出版社出版的义务教育语文教科书的简称，全国统一使用。本课题里主要指七年级至九年级语文教科书，在义务教育读写创意教学衔接研究中也涉及一年级至六年级语文教科书。

阅读创意教学是语文创意教学的主要方式，教师通过创造性使用语文教科书，以有创意地教阅读引导学生有创意地学习阅读，从而达到教育部《义务教育语文课程标准（2022 年版）》的"有创意地阅读"的教学目标。

2. 完善基于"微问题有创意地解决"的微课例研究方法，形成具有科学性、操作性的研究范式

微课例研究是相对于一般课例研究而言的。课例研究是对整节课或课前、课中、课后的系统研究，基本模式是"主题—设计—实践—反思—总结"，通过课堂改进促进教师专业发展的校本研修范式。研究主题大而空、教研浅尝辄止是课例研究存在的比较普遍的问题。微课例研究则是对几分钟或十几分钟的微课进行的"微问题—微设计—微活动—微反思"的精深研究，具有时间简短、问题微小、教学精致、效果震撼、研究精深等特点。

教学研究事实表明课例研究的效果较好，但研究主题大而空、泛而浅等问题较突显，微课例研究将学科教学与信息技术相融合，"短小精悍"促使教研精致。创意阅读微课深研构建基于部编版语文阅读创意教学的微课深研基本模式。阅读关涉语文核心素养，确是难事；阅读关涉学生立德、立功、立言，实乃大事。微课例研究能让阅读创意教学化难为易。

3. 探索基于语文名师工作室的阅读创意教学微课例研发新理念、新思路、微方法、微策略、微评价等名师集体成长的新机制

阅读微课例研究有大作用，微言蕴含大义，浓缩的才是精华；见微有助知著，管中窥豹有洞天；妙语尚可有言传，细微之处见精神；致广大显精微，尚创新铸精品。名师工作室通过精诚合作、共创共享、共生共荣，达到各美其美、美美与共。

（三）创意阅读微课深研的实践意义

1. 有利于部编语文阅读的教学创新

部编版语文教材的编写理念、教材结构、课文选择、编写方法等变化很大，不少教师缺乏对教材的深度解读、缺乏对学情的深刻理解、缺乏对教学的创意设计，仍然沿袭语文原有的教学理念、教学设计、课堂模式、教学方法，"新教材旧教学"的现象较为普遍。

创意阅读微课深研基于部编版语文新教材，践行义务教育语文课程标准中"有创意的阅读"，倡导教师有创意地教阅读以促进学生有创意地学习阅读，通过创意阅读设计、创意阅读课堂、创意阅读反思，实现教师高质量的语文阅读创意教学。

2. 有利于部编语文阅读的教研精深

部编版语文新教材使用的这六年，语文新教材阅读教学培训多有名无实，有些人解读阅读教材时天花乱坠，令学生听着一头雾水不知所云；一些语文阅读新课堂教研偏向假大空套，阅读教研存在假问题、大主题、空议论、老套路等问题，即使观课、议课也多浅尝辄止，"大而肤浅"的现象较突出。

创意阅读微课深研基于部编版语文新教材，通过阅读"微问题—微设计—微课件—微课—微反思"研发部编版语文阅读创意教学微课例，采用阅读微课深研的方式探讨着眼语文核心素养的阅读微问题创意解决，使阅读校本研修立意高、研究深、问题小、成效大，逐步走向精心化、精细化、精致化、精深化研究。

3. 有利于语文教师团队的共创共荣

阅读微课深研基于四川省名师工作室"1（领衔人）+10（成员）+10×5学员"开展研究，每一名成员与五名学员组成一个子课题组，承担阅读创意教学微课例深研任务，随时分享、验证、改进、完善阅读微课例精品，体现参研教师的阅读教学创新，彰显阅读教学个性特色。

通过四川中小学智慧教育平台、网课直播、名师送教、研究课展示、微课例发表、课题研讨等方式，不断推送创意阅读微课例，提高参研教师阅读教学的知名度和美誉度。通过建设与运用阅读创意教学微课例库、发表创意阅读微课深研成果及出版相关专著、开展高端学术会议的成果交流，为全国部编版语文阅读创意教学研究提供四川特色样本。

（四）创意阅读微课深研的教改创新

创意阅读微课深研是课题研究人员语文教学的与时俱进和自我更新，也是基于部编版语文教材的守正立新和集成创新。

1.阅读教学的有创意

"创意"一词源于汉朝王充《论衡·超奇》中的立义创意，英文中的Creative意为创意性的和有创意力的。创意的关键是创造或创新，还具有独立性、敏捷性、灵活性、伸展性、深刻性等特征。创意既可以是结果又可以是过程，包含发现、发明和发展等。

卿平海对创意阅读持续进行了二十多年探索。1998年他在《整体优化语文课堂教学初探》[①]中优化总结了"得""快""法""趣"的四字教学观，必学课、选学课、活动课三种课型，百分制、等级制、评语制三种评价，每周用一节语文正课，让学生在图书馆阅览室读书，获得了教育部的认可。2002年出版的四川省普通高中选修课教材《大语文与创意学习》[②]，有咬文嚼字、创绘新形象、与名人聊天、广告创意、品读茶文化等创意阅读专题。2005年出版的《语文新课程创意教学》[③]，作者用十余万字叙述了创意阅读课例及阐释学理。2017年出版的《语文课堂创意教学》[④]一书中作者提出了作为语文教学的"创意"是师生的创新意念、创新意境、创新意味的互动生成过程，用有创意的教引导学生有创意的学是语文创意教学的基本要义，提炼了"共创共享、读文养气、作文育心、语用立言"的语文课堂创意教学的四大理念，总结了"创意捕捉、课堂优化、目标激励、课程开发"的语文课程教学四大策略和数十种读写创意方法，形成了数十个语文读写创意教学的典型课例。

近十多年，我国创意阅读教学研究已经从多角度展开。魏靖峰的《创意教

---

① 卿平海：《整体优化语文课堂教学初探》，《人民教育》，1998年第7～8期，第63～64页。
② 卿平海：《大语文与创意学习》，四川少儿出版社，2002年。
③ 卿平海：《语文新课程创意教学》，开明出版社，2005年。
④ 卿平海名师工作室：《语文课堂创意教学》，四川大学出版社，2017年。

学　语文篇》①、徐昌才的《那些经典，温暖光明——中学语文课堂教学创意设计》②两书和徐志刚的《新课改形势下的语文创意教学》③、占子标的《例谈初中语文创意教学设计》④两文，侧重探索经典课文的创意设计，还涉及语文创意板书设计。卓立子的《中学语文"创意"教学实施初探》⑤，卓红艳的《小学语文创意教学方式展现》⑥提出创意课堂概念和新型模式。汪仁胜的《如何让语文教学更有创意》⑦强调要探索教学的新点子、新角度、新思路、新策略，产生充满新意的、有个性的、带有一定创造性的教学构想。周岐雯的《语文教学创意浅谈》⑧一文中提出了语文教学创意要讲究实、新、精、美等特点。最有代表性的是余映潮的语文教学创意观，他认为有创意的教学具有讲究课文研读，重视勾勒教学思路，把学生深深地引入课文内容，利用多种教学手法做好课堂活动设计，突出教学创意的新、简、实、活等特点。

　　创意阅读微课深研是基于部编版语文新教材，采用微课例进行深教研，探索有创意的阅读微设计、微活动、微反思，这是对笔者创意阅读教学的深化实验，也是对以前创意阅读教学的借鉴与超越。

2.课例研究的新改进

　　查阅分析文献后笔者发现阅读课例研究有不同的视角和不同的侧重点。

　　有的阅读课例研究侧重于理解方面，如浙江外国语学院教师培训学院培训部主任汪潮的《初中语文课例：基于"语文学理"的解读》⑨，结合部编版语文教材，采用参与式的编排方式，设计阅前活动、展现课堂现场、提炼教学要点、提供观察者点评、作出教学评议与反思、提供延展阅读资源、呈现读后互动练习，分阅读课例、作文课例、活动课例、创意课例四类，深度解读了散文阅读课、小说阅读课、戏剧阅读课、文言阅读课、写作人文课、叙事作文课、描景作文课、想象作文课、读写结合课、课文创编课、经典吟诵课、口语交际课、影视赏析课、群文阅读课、中小学语文衔接课、整本书阅读课、非连续

① 魏靖峰：《创意教学　语文篇》，九州出版社，2001年。
② 徐昌才：《那些经典，温暖光阴——中学语文课堂教学创意设计》，清华大学出版社，2017年。
③ 徐志刚：《新课改形势下的语文创意教学》，《学园》，2010年第9期，第106页。
④ 占子标：《例谈初中语文创意教学设计》，《散文百家》，2015年第4期，第87页。
⑤ 卓立子：《中学语文"创意"教学实施初探》，《中学语文》，2011年第6期，第31～32页。
⑥ 卓红艳：《小学语文创意教学方式展现》，《魅力中国》，2018年第13期，第124页。
⑦ 汪仁胜：《如何让语文教学更有创意》，《学生之友》，2010年第3期，第36页。
⑧ 周岐雯：《语文教学创意浅谈》，《课程教育研究》，2015年第25期，第106页。
⑨ 汪潮：《初中语文课例：基于"语文学理"的解读》，华东师范大学出版社，2017年。

性文本阅读课、微课等二十个初中语文经典课型。

有的阅读课例研究侧重教学方式改进，如部编版初中语文《故乡》《老王》课例分析报告，有 2017 年聊城大学王欣羽硕士论文《初中语文鲁迅小说课例研究》等。有的阅读课例研究侧重研修方式探索，如王荣生的《语文课例研究及其样式》①，郑逸农的《阅读教学课例研究的三个维度》②，张海侠的《基于学科知识的课例研究》③，2017 年渤海大学赵爽的硕士论文《李镇西、黄厚江、余映潮三位语文特级教师〈孔乙己〉课例比较研究》，均从研究方式的角度研究阅读课例。有的阅读课例研究涉及语文创意教学，如余映潮的《余映潮初中语文创新教学设计 40 篇》④和鲁文园的《中学语文创意教学的课例研究》⑤等。

笔者也在不断探索阅读课例研究，在《语文新课程创意教学》⑥《语文课堂创意教学》⑦里有数十个创意阅读课例研究，在《语文新课程课堂教学优化策略》⑧里有七个专题讨论创意阅读问题，在《初中语文微问题解决 100 例》⑨中有一系列阅读微问题有创意解决课例。

3. 创意微课的大趋势

课改前，中学生有"三怕"：一怕文言文，二怕写作文，三怕周树人（鲁迅文章读不懂），课改二十年后的今天，学生中依然存在害怕文言文、读不懂现代文的现象。部编版语文教材在进行深度变革，近年来一线语文教师、语文教研员、语文教学论的研究者，研究视角都聚焦于部编版语文教材。2019 年 3 月 22—24 日，全国第一届部编版教材背景下大语文教学研讨观摩会在温州召开，分阅读、写作、儿童文学、古文、诗词五大主题进行教改创新研讨。于是，部编版语文阅读创意教学便成了课改深化的难点、焦点和新期待。后续还有较多

---

① 王荣生：《语文课例研究及其样式》，《语文教学通讯·小学刊》，2007 年第 4 期，第 4～8 页。
② 郑逸农：《阅读教学课例研究的三个维度》，《中学语文教学》，2019 年第 7 期，第 8～12 页。
③ 张海侠：《基于学科教学知识的课例研究》，《语文教学通讯》，2016 年第 32 期，第 27～28 页。
④ 余映潮：《余映潮初中语文创新教学设计 40 篇》，中国人民大学出版社，2021 年。
⑤ 鲁文园：《中学语文创意教学的课例研究》，《中学课程辅导（教师教育）》，2018 年第 11 期，第 52 页。
⑥ 卿平海：《语文新课程创意教学》，开明出版社，2005 年。
⑦ 卿平海名师工作室：《语文课堂创意教学》，四川大学出版社，2017 年。
⑧ 李德树、卿平海：《语文新课程课堂教学优化策略》，西南交通大学出版社，2015 年。
⑨ 李德树、丁瑞根、卿平海：《初中语文微问题解决 100 例》，西南交通大学出版社，2017 年。

的课例教学研讨创意教学等内容。

微课例研究为课堂创意教学研修的重点和突破点。佐藤学曾提出教师在传统的"就课论课"教研活动中，收获的只是一节课或几节课的教学经验，这种经验在帮助教师应对千变万化、错综复杂的教学情境方面，作用相当有限；而课例研究不仅促进了教师专业发展，而且还走向了实践性理论，因而被认为是改变21世纪教师专业发展的强有力途径。由于教师工作任务繁重，整堂课的课例研究耗时较多、难度较大，又常偏离主题的无意义讨论等问题，目前不少的课例研究存在流于形式、浮于浅表的现象，难以真正起到探寻课堂教学实质、提升教师专业发展的作用，因此需要进行微课例研究。

2000年因新型冠状病毒肺炎疫情的影响，线上教学深刻改变了阅读课堂教学行为，所以研究与运用阅读微课例比任何时候都显得重要而急迫。后疫情时期的阅读课堂教学，创意阅读微课例研究是提高线上与线下融合教学质量的突破点，也是课堂创意教学研修的重点。

创意阅读微课例研究把部编版语文教材的深度解读与对学情的深刻把握、对教学的创意设计进行有机融合，创建优质、新颖、好用、高效、丰富的部编版语文阅读创意教学的微课例库，可以丰富部编版语文课程与教学资源。

创意阅读微课例研究通过"微问题—微设计—微课件—微课—微反思"研发部编版语文阅读创意教学微课例，进而探索语文阅读创意教学微课例研发的新理念、新思路、微方法、微策略、微评价，可以探寻语文微课例深研的新范式。

创意阅读微课例研究是基于四川省名师工作室的"1（领衔人）+10（成员）+10×5学员"的制度，通过对微课题的深研促使部编版语文阅读教学的革故鼎新，使阅读设计更有创意，阅读教学更有特色，并利于探寻四川省名师工作室的创意教学、诗意生活、各美其美、美美与共、共创共享、共生共荣的名师集群成长的新机制。

二、创意阅读微课深研的顶层设计

创意阅读的微课深研要科学有序且高质高效地进行，必须要有简明可行的顶层设计，规划好课题研究的价值与理念、目标与内容、思路与方法等。

（一）创意阅读微课深研价值与理念

在语文创意教学中，"创意"有三种基本含义：一是语文创新意念，包括语文教与学创新的意向、意愿、意趣、意识、理念，主要是指尝试有新意的、创造性的语文教学动机和动力。二是语文创新意境，是由富含创新价值的教学材料、意蕴生动的思维场景、优美和谐的学习情调等组成的语文教学新生态，不仅指语文教学创新的氛围和环境，而且指师生创新潜能的自我开发活动，特别是语文学习创新能力生长和创新学习意志发展的过程。三是语文创新意味，主要是指师生对语文专题创新活动的反省、感悟、体味，发展语文学习个性和语文教学特色，提升语文学习品位和语文教学素养。[①]

创意阅读就是教师用有创意的方式引导学生，它是师生的阅读创新意念、阅读创新意境、阅读创新意味的互动生成过程。基于微课深研的创意阅读是教师在深度解读文本、深切了解学情基础上，针对阅读微问题群开展系列的创意阅读微活动，并反思微问题，有创意地解决师生共创共进过程中的问题。

微课深研的"微课"是微小的，但浓缩的才是精华，"深研"能探幽察微，发现微言大义。微课深研的"微课"是微观的，但管中窥豹有洞天，"深研"能见微知著，领悟阅读规律。微课深研的"微课"是微妙的，但细微之处见精神，妙不可言，能涵养文雅之气。微课深研是从精微处进行研究，使课堂从细微处逐渐精致化。

语文课堂创意教学有"共创共享、读文养气、作文育心、语用立言"[②]四大理念。在创意阅读微课深研中怎样"读文养气"？以读悟文，阅微意深，诵读养浩然之气；以读悟语，阅微言深，品读养文雅之气；以读悟思，阅微思深，悟读养睿智之气；以读悟美，阅微情深，趣读养儒雅之气。这样，方能使学生学会运用多种阅读方法，具有独立阅读能力，发展其语文核心素养。

1. 以读悟文，阅微意深，诵读养浩然之气

文以载道，创意阅读要以文化人。从阅读育人到立德树人，需要建构创意阅读生态圈。

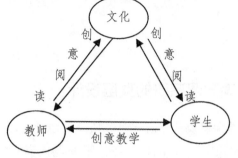

图 1-1　文化—教师—学生关系图

①　卿平海：《我的语文创意教学观》，《四川教育》，2001 年第 9 期，第 20～21 页。
②　卿平海名师工作室：《语文课堂创意教学》，四川大学出版社，2017 年，第 10～18 页。

在图 1-1 中，教师和学生面对的"文化"不仅包括课本，还包括课外书籍和电子文本，还包括大自然和社会等，师生都是平等的阅读者，为了更新自我的知识结构和发展个性特长而各取所需，并通过创意阅读来改造、发展自己感兴趣的。创意阅读的过程，可以说是师生个体文化的重构和发展过程。

义务教育创意阅读要求学生诵读课内外学到的成语、古诗等，感受中华优秀传统文化；阅读革命领袖、革命英雄、爱国志士的童年故事，表达向他们学习的愿望和敬仰之情；阅读革命领袖和革命先烈创作的文学作品及表现其事迹的诗歌、小说、影视作品等，感受革命领袖、革命先烈伟大的精神世界和人格力量，认识生命的价值，如《革命烈士诗抄》《红岩》等；阅读反映中国革命各个时期的重大事件、伟大成就、代表性人物及其感人事迹的优秀文学作品，感悟革命领袖、革命英雄、模范人物的理想信念和奋斗精神。[①] 通过诵读、细读，深品体味中华传统文化的博大精深、革命文化中的英勇无畏、社会主义先进文化中的核心价值观，积淀文化底蕴，拓展文化视野，坚定文化自信。

2. 以读悟语，阅微言深，品读养文雅之气

义务教育创意阅读要求学生联系上下文，借助字典、词典和生活积累，理解生词的意义，体会课文中关键词句表达情意的作用；能初步感受作品中生动的形象和优美的语言，关心作品中人物的命运和喜怒哀乐；诵读优秀诗文，要注意在诵读过程中体验情感，领悟诗文大意；能联系上下文，推想课文中有关词语的意思，辨别词语的感情色彩，体会其表达效果；阅读叙事性作品，了解事情梗概，能简单描述印象最深的场景、人物、细节，说出自己的感受；阅读诗歌，大体把握诗意，想象诗歌描述的情境，体会作品的情感；能理解、分析主要内容，体味和推敲重要词句的意义和作用；对课文的内容和表达有自己的心得，能提出自己的看法。[②]

实践性是语文的学科特点，学习运用国家规范的语言文字是语文的根本任务。创意阅读要以读悟语，阅微言深，在品读深研中学习准确使用语言；在品读深研中学习得体使用语言，立德之雅言；在品读深研中学习简明使用语言，立智之哲言；在品读深研中学习创造性使用语言，立人之新语……品读文本的真言、善言、美言，滋养学生的文雅之气。

---

① 中华人民共和国教育部：《义务教育语文课程标准（2022 年版）》，北京师范大学出版社，2022 年，第 21、26、27、30、32、33 页。

② 中华人民共和国教育部：《义务教育语文课程标准（2022 年版）》，北京师范大学出版社，2022 年，第 8、10、12、14 页。

3. 以读悟思，阅微思深，悟读养睿智之气

"悟"是"思考的我"的过程与"我的思考"的结果的统一，以读悟思是创意阅读的核心，阅微思深是学生的思维能力的发展。主要表现是学生在阅读过程中形成的联想想象、分析比较、归纳判断等，主要包括直觉思维、形象思维、逻辑思维、辩证思维和创造思维，这些思维具有一定的敏捷性、灵活性、深刻性、独创性、批判性。[①]

义务教育创意阅读微课深研要求学生阅读浅近的童话、寓言等，关心自然和生命，对感兴趣的人物和事情有自己的感受和想法；在阅读中了解文章的表达顺序，初步领悟文章的基本表达方法；对课文的内容和表达方式有自己的心得，并能与他人共同探讨、分析、解决疑难问题；阅读议论文时，区分观点与材料，发现观点与材料之间的联系，并通过思考，做出判断；阅读新闻和说明性文章时把握文章的基本观点，获取主要信息；阅读科技类作品时，还要注意领会作品中所表现的科学精神和方法；阅读由多种材料组合、较为复杂的非连续性文本时，能领会文本的意思，得出有意义的结论；每学期阅读两三部名著，探索个性化的阅读方法，分享阅读感受，开展专题探究，建构阅读整本书的经验等。[②]

创意阅读要鼓励学生有创见。提倡多角度、有创意的阅读，拓展思维空间，提高阅读质量。教师应对学生独特的阅读感受、有价值的问题、新颖观点等给予及时肯定；用探究对话的方式营造课堂阅读问题多维思辨的心理场。

微课深研的创意阅读要求教师重视探究点的精选。循循善诱，激发学生在课文内容与学习兴趣的相关点上开展探究；创设问题情境，在阅读已知与未知的联结点上开展探究；鼓励学生大胆求异，在阅读争论的焦点上开展探究；把时代活水引入课堂，在课文与生活的结合点上开展探究；引导学生角色表演，在表演与评价的分歧点上开展探讨[③]……课堂探究性阅读与课外趣味阅读互动互促，从而走向深度理解；阅读因体悟而领悟人文意蕴，阅读理解因分享而使快乐倍增。

---

① 中华人民共和国教育部：《义务教育语文课程标准（2022年版）》，北京师范大学出版社，2022年，第5页。

② 中华人民共和国教育部：《义务教育语文课程标准（2022年版）》，北京师范大学出版社，2022年，第8、12、14、15页。

③ 张速：《课堂探究性阅读教学策略》，《教学与管理（小学版）》，2003年第11期，第45～47页。

4. 以读悟美，阅微情深，趣读养儒雅之气

创意阅读要追求审美创造。学生可通过理解、欣赏、评价作品，获得较为丰富的审美经验，初步具有感受美、发现美的能力，具备健康的审美意识和正确的审美观念。[①]

义务教育创意阅读微课深研要捕捉情感共鸣点，要让学生喜欢阅读，感受阅读的乐趣；诵读表现自然之美的短小诗文，感受大自然的美景与变化；学习儿歌、童话，阅读图画书，体会童真童趣，感受多姿多彩的生活，初步体验文学阅读的乐趣；诵读儿歌、浅近的古诗，感受语言的优美；阅读富有想象力和表现力的儿童文学作品，欣赏富有童趣的语言；阅读诗歌，把握诗意，想象诗歌描述的情境，体会作品中的情感；阅读儿童文学名著如《稻草人》《爱的教育》等，用自己喜欢的方式讲述故事大意；欣赏文学作品，初步领悟作品的内涵，从中获得对自然、社会、人生的有益启示，能对作品中感人的情境和形象说出自己的体验。[②]这样，以情激情，以美塑美，美美与共，美不胜收。

阅读是学生的个性化行为，应引导他们在主动积极的思维和情感活动中，加深理解和体验，获得思想启迪，享受审美乐趣。创意阅读微课深研要以读悟美，阅微情深，尊重学生阅读兴趣差异，提供学生兴趣阅读时空，引导学生进行趣味阅读，提升自主阅读品位。[③]

（二）创意阅读微课深研目标与内容

课题研究内容的载体是课题要解决的问题，解决问题的程度和结果是课题研究的目标。创意阅读微课深研的目标与内容是密切相关的。

1. 创意阅读微课深研的目标

通过微课堂深研磨，研发基于"微问题—微设计—微反思"的初中语文创意阅读的微课例集群，为一线教师和学生提供优质好用的创意阅读教学新资源。通过微课题深研究，探索语文创意阅读微课深研的理念、思路、方法、策略、评价，探寻语文阅读教学研究的新方法。通过微课例深研修，探索语文阅读创意教学微课例研究与语文教学特色个性发展的关系，探寻语文名师工作室培养名师的新范式。

---

① 中华人民共和国教育部：《义务教育语文课程标准（2022年版）》，北京师范大学出版社，2022年，第5页。
② 中华人民共和国教育部：《义务教育语文课程标准（2022年版）》，北京师范大学出版社，2022年，第7、10、12、14页。
③ 卿平海：《教师教学观念和教学方式的新发展——一位语文教师的实践呼应与理性感悟》，《教育科学论坛》，2003年第B04期，第115～130页。

2. 创意阅读微课深研的内容

初中语文创意阅读的微课例研磨，包括微问题、微设计、微课件、微课、微反思等阅读微课例库的教学资源建设。

根据义务教育语文课程标准的阅读要求，结合语文阅读教材，设计初中语文创意阅读问卷，用问卷星调查学生和语文教师，统计分析后，确定了创意阅读微课深研问题解决任务群（见表1-1）。该任务群分为三个层面、五个类别，由众多微问题构成。

表1-1　创意阅读微课深研问题解决任务群

层面	类别	微问题群	微问题
发展型阅读	实用性阅读	现代说明文创意阅读微问题群	说明对象的特征难找出，说明内容概括理解不精，说明顺序特征判断不准，说明方法内涵外延易混，说明语言理解赏析不深，说明文知识点掌握不牢等
	文学阅读	现代散文创意阅读微问题群	忽略学生对文本的体验，忽略学生对文本的自主解读，忽略学生对文本的细节处理，忽略学生对文本的分析，忽略学生对文本的意蕴探究等
		现代小说创意阅读微问题群	小说形象分析方法单一，理解模糊；小说环境赏析简单粗糙，浮光掠影；小说细节捕捉能力欠缺，欲说无言；小说情节分析角度单一，简单乏味；小说主题理解思维固化，一知半解；小说常见手法辨识不清，笼统宽泛等
		现代诗歌创意阅读微问题群	形式单一缺乏创意，现代诗歌朗读指导举步维艰；缺乏深入理解，对现代诗歌抒情方面感悟较浅；构境艰难缺乏画面感，现代诗歌意象探究思路狭隘；方法陈旧，缺乏新意，现代诗歌诗意理解较弱等
		古诗词创意阅读微问题群	古诗词阅读较忽略生命体验，易忽略作诗方法，不会捕捉意象，不懂意境之美和音律之美，复习简单、重复等
		古白话小说创意阅读微问题群	学生阅读古白话小说的兴趣不浓，师生研读古白话小说深度不够，古白话小说课堂创生成果不多等

层面	类别	微问题群	微问题
发展型阅读	思辨性阅读	现代议论文创意阅读微问题群	思维训练缺乏思路引领，较随意随性；梳理结构缺乏学法指导，较单调低效；辨析论证缺乏逻辑支撑，较思维固化；体味语言缺乏理性辨析等
		文言文创意阅读微问题群	文言文识字困难，朗读教学是难关；倒装句式辨不清，释义句子模棱两可；弄清名动不容易，理解文本如登天梯；名词状语分不清，翻译句子谬误千里等
拓展型阅读	全书阅读	七年级名著创意阅读微问题群	名著读得无趣，名著读得肤浅，名著教得粗疏，名著教得敷衍等
		八年级名著创意阅读微问题群	名著阅读方法笼统，辨识不清；名著阅读粗略随意，理解较浅；名著阅读理解狭隘，浅尝辄止；名著阅读媒介单一，形式固化等
		九年级名著创意阅读微问题群	缺乏自觉，知识储备不够；文本久远，阅读隔阂尚存；碎片阅读，缺乏深入思考；以偏概全，整体思维不足等

总结提炼语文阅读创意教学微课例研发的新理念、新思路、新方法、新模式、新策略、新评价等。探讨语文阅读创意教学微课例研究与名师工作室成员语文教学特色个性发展的关系。

（三）创意阅读微课深研思路与方法

思路决定出路，课题研究思路往往会影响课题研究的创新性。研究方法的科学性会影响课题研究的效益和质量。创意阅读微课深研的思路与方法紧密相关，需要合理搭配。

1. 创意阅读微课深研的"三线"并进思路

以语文课堂阅读创意教学真问题的创造性解决为导向，实事求是，守正立新，研究思路着眼"三线"并进：

课堂有创意阅读的学生问题解决路线图：语文课堂为什么要有创意地阅读→语文课堂有创意地阅读什么 → 语文课堂怎样有创意地阅读 → 语文课堂有创意阅读得怎样 → 语文课堂有创意阅读怎样才能更好。

课堂有创意阅读的教师问题解决路线图：语文课堂怎样激发学生创意阅读的兴趣 → 怎样有创意地设计语文阅读课堂教学 → 语文课堂怎样高效实施阅读创意活动 → 怎样对语文课堂阅读创意教学进行评价。

课堂阅读创意教学研究成果提炼路线图：发现语文课堂阅读创意教学的真

问题 → 设计语文课堂阅读创意教学的新活动 → 评估语文课堂阅读创意教学的新成效→提炼语文课堂阅读创意教学的新策略。如此反复，验证改进。

2.创意阅读微课深研的"一主两辅"方法

以语文课堂阅读创意教学真问题的科学解决为导向，改进方法，深化教研。研究方法以微课例研究为主，以文献研究和调查研究为辅。

微课例研究是为改进课例研究主题大而空、教研浅尝辄止等情况而设计的，针对几分钟或十几分钟的"微问题与微目标、微设计与微活动、微活动与微课件、微练习与微反思"的精细、精深、精致研究。针对语文阅读创意教学的真实微问题，精准预设阅读教学微目标，创新设计课堂阅读微活动，通过阅读微练习反馈，提炼课堂阅读创意教学的有效策略。

【课例1】

小学四年级《桥之思》微课深研[①]

（一）"桥之趣"猜谜语

当阳桥下水倒流（猜一修辞方法）

（二）扩展与反思

第一，作者的桥之思，说一说：用下列句式概括第一、二段的内容桥是_____，也是_____。

我的桥之思，仿词说词：第三段"……"是什么意思？快速自读教材短文的歌曲《北京的桥》，请仿说一个词，如木桥、石桥、铁桥、水泥桥……

仿句写句：第四段"……"是什么意思？请仿写一句。快速自读教材说明短文《金水桥》《十七拱桥》《玉带桥》《卢沟桥》等。

有跨过大江大河的斜拉桥……

有_____的_____桥

第二，作者的桥之思，比一比：用下列句式概括第八段桥的作用，谁好？

造型优美的桥，既_____又_____。

造型优美的桥，不仅_____还_____。

我的桥之思，仿段写段：请分析第六七段的写法，第七段"……"是什么意思？快速自读教材记叙文《看桥人》和课外的吴冠中《桥之

---

① 张速：《微课深研：改进群文阅读〈桥之思〉教学探微》，《教育科学论坛》，2017年第31期，第51～53页，本次选录有删改。

美》，再仿写一段。

_____的_____桥，………

第三，作者的桥之思，快速阅读第三部分（第九至十一段）：无形的桥指什么？用横线画出，无形的桥在哪里？用波浪线画出，无形的桥有什么作用？用双横线画出。

谈一谈我的桥之思。速读徐志摩《再别康桥》，联系自己生活，看谁谈得与众不同。我怎样与同学（老师、家人……）建立和谐、美好的心桥？

（三）日积月累，赛一赛

看谁能最先背诵自己喜欢的句段？

（四）语言里的桥之思

诗句：枯藤老树昏鸦，小桥流水人家。

你在桥上看风景，看风景的人在桥上看你。

对联：上下影摇波底月　往来人渡镜中梯

谚语：桥头上跑马——走投无路　桥洞里插扁担——担当不起

俗语：双桥好走，独木难行。　多一个朋友多条路，结一个仇人拆座桥。

课堂是学生阅读核心能力发展的主要阵地，学生得法于课内，应用于课外。课堂群文阅读要高效必须精心进行微设计。基于微课堂活动的群文阅读设计，我们采用"4W"技术：精心选择群文阅读的微问题，关注阅读微问题解决的课堂目标精准度；精心设置群文阅读的微活动，关注阅读微问题解决过程的课堂生成度；精心制作群文阅读的微视频（或微课件），关注阅读微问题课堂解决的现代技术支持力度；精心使用群文阅读的微练习，关注阅读微问题解决的课堂成效度。

文献研究是指查阅语文阅读教学的设计、实录、课件、微课、课题等有关研究成果，分析研究进展与问题。在融合中创新，在反思中更新。针对语文阅读创意教学突出问题，借用古今中外智慧攻坚克难。

例如，在进行课例1《桥之思》微课深研时，查阅、搜集了有关《桥之思》的教学设计、教学实录、课件和微课，发现研究角度都是单篇阅读，于是我们尝试群文阅读。再查阅群文阅读文献，发现群文阅读的优势与问题并存。群文阅读相对于单篇课文阅读而言，在激发学生阅读兴趣、拓展学生阅读视野、增加学生阅读量、提高学生阅读速度等方面有明显优势。群文阅读是我国阅读教学改革的一件大事好事，却也是难事，确实存在不少值得研究的新问题：内容易杂乱无序和浅尝辄止等。群文阅读的大主题、大阅读、大思考，如果没有基于微问题解决的微课堂的阅读活动展开、微课程的阅读资源开发、微课题的阅读能力养成，群文阅读就可能是浮光掠影的低效阅读，甚至是假阅读或伪阅读。

以前的课文教学，教材编者是课程资源开发者，教师教教材；而群文阅读则需要教师用教材来教，成为课程资源开发者。二者不是完全对立的，它们可以通过基于教材课文的微课程开发得以互联互通。怎样以课文连缀起群文？我们尝试基于微课程开发的群文选择取向的"1+X"策略。"1"是课文蕴含的能体现语文核心素养的某一核心问题，"X"是与核心问题关联的课堂内外能有效解决的微问题链或微问题串。《桥之思》的核心问题是人们对桥价值的不同认识和不同表达，于是按照"实用之桥""艺术之桥""心灵之桥"形成微问题串，将教材自读短文的歌曲《北京的桥》及其说明短文《金水桥》《十七拱桥》《玉带桥》《卢沟桥》和吴冠中的《桥之美》、徐志摩的《再别康桥》等组成群文。

这样组成的群文有一个内在逻辑，即通过系列微问题的有效解决，促进核心问题的解决，进一步促进学生语文阅读核心能力的发展，有助于养成学生语文核心素养。这样组成的群文为学生语文核心技能的训练提供了丰富的语言活动载体。这样形成的阅读资源，因有语文教育的价值取向和学生阅读核心素养的追求，阅读养气、阅读育心、阅读增智，群文选择的过程就具有了微课程开发的真实作用、真正意义。

在三十多年语文阅读创意教学经验的基础上笔者设计了《部编语文课堂阅读创意教学调查问卷》，通过数据分析，结合座谈访谈，形成了《部编语文课堂阅读创意教学的真问题清单》，进一步聚焦突出问题，进行语文课堂阅读创意教学真问题有效解决的教改探索。本书研究的众多微问题，就是从调查获得的数百个问题中精选出来的义务教育特别是初中学生阅读存在的普遍、突出、典型的微问题。

例如，通过学情调查研究，我们发现学生阅读理解《桥之思》的难点在"思"，聚焦"作者的桥之思"怎样转化为"我的桥之思"这一核心问题，开展课堂微项目阅读探究，用我之思对话作者之思，开展仿词说词、仿句写句、仿段写段等系列微活动。

《桥之思》这样的课堂微项目探究，由说到写、由仿到创、由易到难，也化难为易，突破了群文阅读读写成果转化的难点。

群文阅读怎样克服浅显？基于学情调查的微项目探究促使群文阅读走向深刻。聚焦最有价值的阅读核心问题，形成阅读微问题系列；聚焦有助于学生语文核心能力培养的教学策略，精心设计有效解决微问题的言语操作的微活动系列；聚焦学生良好言语习惯的养成，及时分享学生丰富多彩的言语思维与表达作品。

微课深研能使群文彰显微课程的育人大义，能使群文阅读的微活动精深微妙，能使群文探究洞幽察微。

三、创意阅读微课深研实施与成效

创意阅读微课深研的实施呈现为下文中的三阶递进，改革措施系列联动、互助互促，研究成果丰硕，研究效果显著。

（一）创意阅读微课深研的实施

以语文课堂阅读创意教学真问题的高效解决为导向进行扎实教研，研究阶段着力三阶递进，每阶段采取多种教改措施。

1. 研究设计与尝试阶段（2020 年 7 月—2021 年 8 月）

组建名师工作室课题研究小组。按照一位名师工作室领衔人、十位名师工作室成员和五位名师工作室学员的设置，名师工作室领衔人从四川省各市州推荐的骨干教师中遴选课题组成员，名师工作室成员在本市州遴选学员。

部编版语文阅读创意教学微课例研究分成十三个子课题，名师工作室每个成员负责一个子课题，详见表 1-2。

表 1-2 语文阅读创意教学微课例研究子课题

序号	子课题	子课题负责人	子课题主研人员
1	语文创意阅读微课深研整体研究	卿平海	卿平海、张速、唐春燕
2	语文现代散文创意阅读微课例研究	张珍玉	张珍玉、凌洁、彭茜文、彭艳、唐松
3	语文现代小说创意阅读微课例研究	谢红秋	谢红秋、朱琳、杨燕、李慧、凡姝阳、丁红英
4	语文现代诗歌创意阅读微课例研究	许必华	许必华、秦军、詹梅、罗玲、李育蓉、顾欢、张扬蓉

序号	子课题	子课题负责人	子课题主研人员
5	语文现代说明文创意阅读微课例研究	舒晓芳	舒晓芳、徐江南、谢辉、赵志宇、吴杰穗、曾必慧、蔡佳、苏娜、代武红
6	语文现代议论文创意阅读微课例研究	李茂非	李茂菲、熊高明、白光含、吴艳
7	语文古诗词创意阅读微课例研究	冷晋碧	冷晋碧、刘秀萍、潘雪冰、邓盛兰、黄鑫懿
8	语文文言文创意阅读微课例研究	唐嵩	唐嵩、付娟、向秋华、陈海艳
9	语文古白话小说创意阅读微课例研究	魏利军	魏利军、冷怀清
10	语文七年级名著创意阅读微课例研究	刘勇	刘勇、张飞艳、何蓉琼、张丽萍、叶柯南、康艳
11	语文八年级名著创意阅读微课例研究	江雪梅	江雪梅、罗维锋、尧卓玉、尤运
12	语文九年级名著创意阅读微课例研究	胡春霞	胡春霞、罗维锋、江雪梅、尧卓玉、罗俊、黄雪梅、钟华、李小蓉
13	少数民族初中生语文阅读障碍排除的创意教学微课例研究	杜平	杜平、诸霞

设计了《部编语文阅读创意教学课例研究方案》，召开课题开题会议。

编制《部编语文课堂阅读创意教学调查问卷》，分析调查数据，结合相关座谈或访谈，形成了"部编语文课堂阅读创意教学的真问题清单"，形成十三个子课题研究实施方案。

尝试语文课堂阅读创意教学，同时在七年级至九年级进行阅读的创意设计、微课研制、上课实践、课后改进，摸索阅读创意教学微课深研方法，形成阅读创意教学系列微课例。

名师工作室跟踪引导阅读创意教学尝试，及时分享课例，交流研究得失，总结提炼成果。同时，尝试研究阶段的成果展示、评奖和学术研讨会。

2. 研究深入与验证阶段（2021年9月—2022年8月）

《部编语文课堂阅读创意教学调查问卷》第二次调查通过对比分析数据，

结合座谈或访谈，形成新的"部编语文课堂阅读创意教学的真问题清单"和十三个子课题，再细化、更新、完善深入研究实施方案，聚焦新问题，围绕新主题，深入开展七年级至九年级阅读的创意设计、微课研制、上课实践、课后改进，形成阅读创意教学新的微课例。

在名师工作室及其成员、学员所在的学校进行同课异构、一课多上和异课同构，形成阅读创意教学的微课程群。子课题组在阅读创意教学的微课集件、微课程群的基础上，对精选课例进行打磨，形成阅读创意教学的典型课例、典型微课例、典型微课程。名师工作室及其成员、学员所在学校运用阅读创意教学的典型课例、典型微课例、典型微课程，进行教学验证实验，充实完善，并将阅读创意教学的典型课例应用到送教下乡、"三州"支教、区域公开课展示、各级赛课、培训示范等活动中，收集反馈意见，完善典型课例。与省内外名师工作室、高校研究生培养和语文卓越教师培养项目、教研教培机构、学术会议等合作，进行语文阅读创意教学典型课例的再研究、再验证、再完善，产生有影响的课例。通过公开发表等途径分享研究成果，对十三个子课题进行阶段性成果提炼，并进行评奖等。

3. 研究完善与推广阶段（2022 年 9 月—2023 年 8 月）

进行《部编语文课堂阅读创意教学调查问卷》第三次调查，通过对比分析数据，结合座谈访谈，形成新的"部编语文课堂阅读创意教学的真问题清单"。聚焦新问题，围绕新主题，形成阅读创意教学新课例、新微课例。总结梳理语文课堂阅读创意教学的微问题清单、微创意点谱、微设计集萃、微课件库，总结完善阅读创意教学微课深研模式及其子模式，总结提炼阅读创意教学策略体系。名师工作室及其成员、学员积极推广阅读创意教学研究成果，将典型课例在名师网站分享或在四川省中小学智慧教育平台直播等，宣传阅读创意教学研究成果，将语文阅读创意教学成果推广到实验学校、实验县（区）。撰写《语文阅读创意教学微课例研究报告》，召开课题结题暨成果推广会。

（二）创意阅读微课深研的成果

1. 创意阅读微课程资源研发量大质优

四川省教育厅给卿平海名师鼎兴工作室的在线课程资源研发的任务是 300 个，截至 2021 年 10 月 6 日，工作室已向四川省名师名校长网站上传了 459 个。四川省卿平海名师鼎兴工作室在四川中小学智慧教育平台上播放的创意阅读微课视频有 152 个，在抗"疫"保学中，为我省线上教学提供了丰富的阅读教学资源。

2. 创意阅读微课深研成果的出版或发表

四川省卿平海名师鼎兴工作室课题研究丛书之一《创意阅读微课百例》（附微课件、微课光盘）即将由四川大学出版社出版。

四川省卿平海名师鼎兴工作室成员刘勇的《本真阅读的诗意行走》和许必华的《树满花开》均已出版。

2021年工作室发表论文数十篇，其中刘勇的《整本书阅读后期整合的策略》《〈草房子〉导读》，许必华的《丽江的物质元素与精神发现》《随课微写教学有效性实证研究》，舒晓芳的《问文那得美如许，为有源头活水来》等均已发表于核心刊物上。

3. 创意阅读微课深研成果获奖情况

表1-3 四川省卿平海名师鼎兴工作室成员创意阅读获奖成果

成果名称	成果获奖	主研人员
"基于新时代中学生语文素养提升的读写联动实践研究"	2021年10月获四川省阶段成果奖二等奖	舒晓芳等
"中小学群文阅读特色课程资源建设的时间研究"	2020年12月获宜宾市阶段成果一等奖	舒晓芳、田云春等
"读文本选段 悟侧面描写"	2021年3月在宜宾市"读写联动"第三阶段研究成果展评中获二等奖	张珍玉
"且读且写，以小见大"	2020年9月在宜宾市"读写联动"第二阶段研究成果展评中获一等奖	张珍玉
"基于教学作品观的乡村教师专业发展实践路径"	2021年10月被四川省教科院评为阶段性成果二等奖	许必华
"在'沉静书香 主动成长'引领下的学校发展策略研究"	2021年6月获德阳市旌阳区人民政府第六届教学成果二等奖	许必华
"初中语文阅读教学"	2021年11月获四川省教科院一等奖	李茂菲
"浅谈'思维导图'在名著导读中的应用策略"	2021年11月在四川省初中语文优秀论文评选中获一等奖	江雪梅
"浅议农村初中语文教学与劳动教育的融合"	2021年4月在成都市第十七届教育改革与研究论文评选中获一等奖	胡春霞

（三）创意阅读微课深研的效益

1. 激发课堂阅读创新活力

创意阅读追求教师用有创意的方式引导学生，学生以有创意的阅读促使教师在阅读教学方面进行创新，教学相长，共创共进。这激发了课堂阅读与时俱进，与生共情，使研究成果不断涌现。

【课例2】

《大象的耳朵》创意阅读

《大象的耳朵》是语文教材七年级下册课文，怎样理解课文的中心思想？张速老师采用"一点两线"方法，设计抓关键词理解中心的任务群。"一点"指理解词语：耷拉。"两线"指明线和暗线，明线是指大象对自己耳朵的改变，暗线是指小兔子、小羊、小鹿、小马、小老鼠这几种动物对大象的耳朵的看法。

"一点"就是采用多种方法辅助理解词语"耷拉"。

首先，教师引领学生细读课文，用下划线画出有关"耷拉"的所有句子，并用彩色笔在每句话中勾出"耷拉"这一关键词。如"大象有一对大耳朵，像扇子似的，耷拉着。""小兔子说：'咦，大象啊，你的耳朵怎么耷拉下来了？'""小羊也说：'大象啊，你的耳朵怎么是耷拉着的呢？'"

小鹿、小马、小老鼠，见到了大象，都要说他的耳朵（猜想小动物们会说什么呢？请联系上下文来补充）。"大象说：'我还是让耳朵耷拉着吧。'"

其次，教师引导学生采用多种方法理解"耷拉"。第一，看图对比理解"耷拉"。先指导学生读准"耷拉"字音，再让学生仔细观察书上的插图，进行比对后说说大象的耳朵与小兔子、小羊、小鹿、小马、小老鼠这几种动物的耳朵有什么不一样（大象的耳朵是耷拉着的，小兔子、小羊、小鹿、小马、小老鼠的耳朵是竖着的）。第二，动作表演理解"耷拉"。请把自己的头垂下来，感受"耷拉"。第三，

联系生活理解"耷拉"。看"耷拉的植物"图,理解"耷拉"。

第四,用词造句理解"耷拉"。看下图用"耷拉"练习说话,理解"耷拉"。

最后,进行总结,"耷拉"是什么意思呢?(垂下来、低下来)

"两线"是指明线是大象耳朵的改变,暗线是小兔子、小羊、小鹿、小马、小老鼠这几种动物对大象耳朵的看法。

研读课文,用波浪线画出几种小动物说的话;用双下划线画出大象的话,说说大象的想法是怎么改变的?

"大象说:'我生来就是这样啊。'"

句中"生来"是什么意思?("生来"就是自出生以来,固有特征)"这样"指的是什么?("这样"指的是耷拉)

"小兔子说:'你看,我的耳朵是竖着的,你的耳朵一定是出毛病了。'"

句中的"一定"是什么意思?(肯定)

"大象也不安起来,他自言自语地说:'他们都这么说,是不是我的耳朵真的有毛病啦?我得让我的耳朵竖起来。'"

句中的"不安"是什么意思?(担心、担忧)

小动物都说大象的耳朵,它也不安起来,它又是怎样做的?(用两根竹竿把耳朵撑起来)耳朵竖起来后结果怎样呢?(小虫子飞进去,还在里面跳舞,吵得头疼,心烦)后来大象又是如何改变的?(把耳朵放了下来)

通过微任务群有助于学生理解课文的主旨思想:每个人都有和别人不一样的地方,要正确对待别人的看法,要有自己的判断,不要为了迎合别人而盲目地改变自己。

理解中心思想是小学课文阅读的难点,怎样突破?课例2的《大象的耳朵》创意阅读微课深研,任务群设计是2022年版语文课程标准的新要求,采用"一点两线"方法,抓关键词"耷拉"为突破点,明线和暗线两线并进,使中心思想的理解变得容易，即科学又高效，课堂因创意而精彩，教学因创意而别样。

表1-4 四川省卿平海名师鼎兴工作室成员创意阅读微课深研相关讲座

讲座专题	讲座教师	情况说明
统编教材阅读教学优化策略	谢红秋	南充高中高坪校区，2021年10月
感官结合 感受生活	舒晓芳	宜宾市名师工作室送教筠连，2020年12月
群文阅读的思考	舒晓芳	宜宾市翠屏区新教师和国培班教师，2021年3月
群文阅读教学的思考	舒晓芳	宜宾市名师工作室送教兴文，2021年4月
解读《社戏》，寻找读写联动微课点	舒晓芳	宜宾市名师工作室送教兴文，2021年4月
解读《卖火柴的小女孩》，寻找读写联动微课点	舒晓芳	宜宾市名师工作室送教江安，2021年5月
解读教材 读写联动	舒晓芳	宜宾市江安县教师培训，2021年10月
吐纳之间探寻读写联动路径	张珍玉	宜宾市与川南四市教研联动联合研讨系列活动讲座，2021年4月
生长，遇见更好的自己	张珍玉	江安县新上岗教师培训讲座，2021年4月
实践是最好的深度学习	许必华	全省小学语文两年四期领衔教师研修班，2020年11月
积土成山，风雨兴焉	许必华	德阳市教科院群文阅读课题展示作专题发言，2021年4月
基于教学作品观的散文教学	许必华	西昌市"国培"青年教师助力培训，2021年4月
基于教学作品观的活力课堂	许必华	小金县省培初中语文教师工作坊线下培训，2021年10月
专业书籍及专业报刊阅读与语文教师专业成长	许必华	四川省初中语文学科第四次网络教研活动，2021年12月2日
初中语文古诗教学探索	向秋华	华蓥市教育科学研究室，2021年12月
古诗词鉴赏复习思路	魏利军	乐山市初中语文教学培训讲座，2021年4月

讲座专题	讲座教师	情况说明
任务型教学在名著阅读中的实施策略	江雪梅	送教富顺板桥中学，2021年12月
博雅致远　书香润魂	江雪梅	国培教师网，2022年2月9日
部编教材"1+X"群文阅读探索	胡春霞	金堂县初中语文骨干教师培训，2021年10月13日
最是阅读能致远	谢红秋	南部县富利小学，2020年9月25日
阅读教学活动的优化策略	谢红秋	南部县西河小学，2020年12月
统编教材不同课型教学策略	谢红秋	南部县寒坡小学，2021年9月
"群文阅读"	舒晓芳	送教宜宾市六中，2021年6月
基于教学作品观的课堂教学策略	许必华	送教凉山州越西县上普雄民族学校，2021年5月19日
基于教学作品观的群文阅读教学样态	许必华	送教凉山州越西县上普雄民族学校，2021年10月21日

从表1-4可感受到创意阅读微课深研促使卿平海名师鼎兴工作室人人追求创意语文，团队归属感、获得感、成就感、荣誉感增强。各成员创意阅读教学特色个性不断展现，专业发展又好又快。

2.校本教研得以深化完善

语文教材是最重要最优质的阅读教学资源，怎样基于语文教材进行创意阅读的微课深研？课题组做了新的尝试。例如资阳市雁江区三贤九年义务教育学校语文教师唐春燕在四川师范大学举办的甘孜藏族自治州白玉县小学语文骨干教师培训会上，以语文三年级上册《海滨小城》为例，进行了小学语文阅读微设计与微课展评，其活动设计和实施如下文。

【课例3】

《海滨小城》创意阅读

首先，解读繁体字"讀"的含义，用古人阅读智慧，确立现代阅读策略。在精读中掌握语言，在品读中理解内容，在悟读中学会表达。

其次，针对聚焦精读掌握语言，设计微问题任务群：自读课文，读准字音；反复读，读通顺；抽读生字条，纠正难读字音；认读生字，采用多种方法趣味识字；勾画特殊词语，读出词韵；勾画典型短语，读准语调；勾画典型句子，读出感情……

参培教师小组模拟设计任务 1 为精选一个《海滨小城》语言学习微问题，尝试微设计，二十分钟内上传班级 QQ 群。比一比，看哪个组的微设计不仅有创意，而且还精美。

【微设计 1】

采用多种方法趣味识字。

偏旁归类识字：滨、渔、洁（三点水） 胳、臂（月字旁）

字串识字：有木读栽，有衣读裁，有车读载。

字族文识字：栽棉花，裁衣服，载歌载舞好幸福。

动作表演识字：飘、躺、靠、踩

看图识字：胳臂、榕树、石凳、凤凰树、亚热带树

加减识字：票＋风＝飘 身＋尚＝躺 登＋几＝凳

　　　　　木＋容＝榕 缝－纟＝逢

比一比、换一换：踩——睬 辈——靠

组词识字：灰色 普遍 除法 每逢 海鸥 初夏

【微设计 2】

勾画特殊词语，读出词韵。

（银光）闪闪（叠音词 AA） 来来往往、许许多多（叠音词 AABB）

咯吱咯吱（叠音词 ABAB） 一片片、一棵棵、一顶顶（叠音词 ABB）

【微设计 3】

勾画典型短语，读准语调。

浩瀚的大海 金黄色的海螺 各种颜色、各种花纹的贝壳

棕色的机帆船 银白色的军舰

白色的、灰色的海鸥 银光闪闪的鱼 青色的虾和蟹

寂寞地躺

花开得那么热闹

要读得轻而短，不能拖。

【微设计 4】

勾画典型句子，读出感情。

天是蓝的，海也是蓝的。（并列复句）

贝壳只好寂寞地躺在那里。（拟人句）

凤凰树开了花，开得那么热闹……（拟人句）

一棵棵榕树就像一顶撑开的绿绒大伞……（比喻句）

这座海滨小城真是又美丽又整洁。（判断句）

……

再次，在聚焦品读中理解内容，设计微问题任务群：课文写了海滨小城的哪些景象？海滨小城景象是什么样子的？课文第四段到第六段各写了什么内容？每段第一句有什么独特作用？最后一段又有什么独特作用？……

参培教师小组模拟设计任务2为精选一个《海滨小城》内容理解微问题，尝试微设计，二十分钟内上传班级QQ群。比一比，看哪个组的微设计不仅有创意，而且还精美。

【微设计5】

课文写了海滨小城的哪些景象？

从题目看，哪些段写的是海滨的景象，哪些段写的是小城的景象？（理清思路）

细读第一段至第三段，海滨景象有哪些？（海上的景象、海边的景象）

细读第四段至第六段，小城景象有哪些？（庭院的景象、公园的景象、街道的景象）

课文写了海滨小城的哪些景象？（海上、海边、庭院、公园、街道的景象）

海滨小城这些景象的整体特点是什么？（又美丽又整洁、分分总结构）

【微设计6】

海滨小城景象是什么样子的？

海上美景（第一二段）：海天、机帆船、军舰、海鸥、云朵、朝阳……

海边美景（第三段）：沙滩、贝壳、船队……

庭院树多（第四段）：很多树、桉树叶香、凤凰树花开……

公园更美（第五段）：榕树多而美，石凳坐满人……

街道也美（第六段）：沥青大路、街道干净……

【微设计7】

课文第四段至第六段各写了什么内容？

　　每段第一句有什么独特作用？小城里每一个庭院都栽满了很多树。小城的公园更美。小城的街道也美（第四段至第六段第一句话都是中心句，总领全段内容）。

【微设计8】

最后一段又有什么独特作用？

　　这座海滨小城真是又美丽又整洁（这一段是全文的中心句，总结全文，点明中心，升华主题）。最后，用下表进行总结反思，提升认识水平。

阅读深度取向	语文核心素养	语文核心素养的内涵		
思想的深悟启迪	文化自信	意识与态度	选择与继承 包容与借鉴	关注与参与
文本的深入解读	语言运用	积累与语感	整合与语理	交流与语境
思维的深刻理解	思维能力	直觉与灵感 联想与想象	实证与推理	批判与发现
情感的深度体验	审美创造	体验与感悟	欣赏与评价	表现与创新

　　课例3中，唐春燕老师运用微课深研理念和方法，对语文课文进行创造性使用，深度解读课文，以教师智慧的眼光发现语言文字中最有价值的语文资源，从学生理解国家通用语言文字运用角度，围绕精读中掌握语言、品读中理解内容、悟读中学会表达三个大概念，设计微问题任务群，有创意地进行八个微设计，形成微活动课程。这样，微课深研与生本化、师本化、课程化互促融通，教师有创意地教阅读促使学生有创意地学习阅读，教师阅读教学能力发展与学生阅读能力提高相辅相成、相得益彰。

专题二
现代散文创意阅读微课例 [①]

一、现代散文创意阅读微问题群

（一）忽略学生对文本的个性体验

【问题描述】

　　师：朱自清先生的《春》用几幅图画来展现春天大自然的美？

　　生：五幅图画。

　　师：分别是哪几幅呢？是如何呈现春之美的呢？

　　生：春草图主要写草的萌发，人们嬉戏游玩的情景，充满着热爱春天、赞美春天生机勃勃、充满活力的感情。

　　生：春花图主要表达了他对万紫千红、争芳斗艳的春天的赞美之情。

　　生：春风图主要写出了春风的温暖、芳香、和悦，赞美它的柔和与温暖。

　　生：春雨图主要写绵绵春雨的醉人，表达了对春天的欢欣之情。

----

① 专题二负责人是四川省宜宾市江安县汉安初级中学校教师张珍玉，作者是张珍玉、凌洁、彭茜文、彭艳、唐松。

生：迎春图写出人们在春天里，充满希望，赞颂春天蕴含着无尽的生命力和创造力。

【问题诊断】

散文是对实际生活中接触的真实客观对象抒发感情的记录，所以，散文中表现出来的作者的主观情感与思想是作品的主观言说对象，触发作者情感和思想的客观事物、事件、自然景色和外在环境等是客观言说的对象。我们在赏析散文作品时，可以从把握主观、客观两个言说对象入手，通过明晰这两个言说对象，充分引导学生会其真意。在认识和理解他人所见所闻、所思所感的过程中，观照自我，即让读者站在作者角度，置身于散文描绘的情境中感受字里行间的情感。

在【问题描述】中，教师引导学生按照传统的春草图、春花图、春风图、春雨图、迎春图来对朱自清笔下的春天之美进行赏析，这是一种缺乏立体感的平面解读。这样的解读仅仅停留在对课文内容赏析的浅表层次，忽略了学生对课文的个性化的阅读体验，也阻碍了学生的感知提升。

（二）忽略学生对文本的情感把握

【问题描述】

师：朗读课文，体会作者的情感，说说《秋天的怀念》表达了怎样的感情？

生：整篇文章回忆了作者与母亲相处的往事，多年后，作者用文章表达了对母亲的怀念之情。

师：文章回忆了哪些往事？

生：第一段和第二段，回忆母亲要带"我"去看花；第三段，"我"答应母亲去看菊花；第四段至第六段，母亲不能陪"我"看花；第七段，"我"和妹妹去看花。

师：除了对母亲的怀念之情，你还读出其他的情感了吗？

生：第六段，母亲在临终前依然挂念着有病的儿子和未成年的女儿，体现了母爱的伟大，表达了作者对母爱的赞美之情。

生：文中出现了两次"好好儿活"，母亲希望颓废、消极的儿子能乐观坚强的生活，表现了儿子对母亲的感激之情。

【问题诊断】

上面的教学情境反映了学生在体会散文情感中存在的问题：学生对散文情感的把握，只能粗略浅显地感知表面情感，无法进入深层内涵的领悟；对细节描写的分析未抓住关键字词进行分析。

从学生对散文情感把握的问题反观教师教学的问题：教学过程中，教师只重视梳理情节脉络，分析人物形象，忽略了散文抒情的体裁特点，不利于学生发掘文本的独特情感价值，不利于建立阅读知识体系；教学活动缺乏创意，不能激发学生学习兴趣。

（三）忽略学生对文本的深度解析

【问题描述】

师：梁衡的《壶口瀑布》采用独特的视角描写了黄河壶口瀑布的奇景，请同学们快速朗读课文，找出文中描写壶口瀑布雨季和枯水季的奇景，把握所写景物的特点，感受壶口瀑布的美，理解作者的所感所思。

（学生活动：朗读并分析。时间：10分钟）

生：第二段，描写雨季的壶口瀑布。第三段和第四段，描写枯水季的壶口瀑布。第六段是作者的所感。

生：雨季的壶口瀑布是惊心动魄、气势磅礴的。枯水季的壶口瀑布是汹涌无比、雄伟壮阔、坚韧不拔、刚中带柔的。雨季的壶口瀑布是略写，从声和势来写了壶口瀑布的险。枯水季的壶口瀑布是详写，俯视龙槽，重在其"奇"，仰观河面，重在其"雄"，看河水冲跌而下，重在其"险"。

生：还写了脚下的石头。

师：作者是怎样将自己的感受与思考和景物融为一体的？

生：运用了拟人和排比的修辞。

生："黄河博大宽厚，柔中有刚；挟而不服，压而不弯；不平则呼，遇强则抗；死地必生，勇往直前……这伟大只在冲过壶口的一刹那才闪现出来被我们看见"概括了黄河伟大的性格，点明了文章的主题，抒发了对黄河的赞美之情。

【问题诊断】

学生对景物特点的分析缺乏具体、准确的描述，不能抓住景物特点的关键词句进行分析体会，只泛泛而谈；对景物特点的分析停留在表面，没有深入具体语句体会语言文字中蕴含的美；对巨石的特写缺乏具体的分析；对感受与思考及与景物融为一体的相关描写，没有具体细致的分析。

从学生对景物描写及蕴含的情感分析反观教师教学的问题：在教学过程

中，教师缺少对学生进行景物描写分析的指导意识，任务不具体，缺乏对学生进行相关技能的训练；教学活动中，教师点评应是对学生回答的补充和优化，内容渗透要提炼和精化，活动缺乏创意和融合，学生参与兴趣不浓。

（四）忽略学生对文本的意蕴探究

【问题描述】

师：一百多年前的南京浦口车站月台，铁轨旁也停着一辆即将去北京的客车。冬天的南京，朱自清先生也觉得冷。散文里面许多地方都有一种悲凉的气息，有"冷"的气息在里面。（板书：悲凉）

师：《背影》当中哪些地方写了"冷"呢？

（学生默读思考，教师巡视，提醒学生圈点读书）

生："我看见他带着黑布小帽，穿着黑布大马褂，深青布棉袍。"通过父亲穿的衣服衬托出天气的寒冷。

师：你从父亲的衣着读出了天气的寒冷，还有哪些地方你读出"冷"的感受了呢？

生："回家变卖典质，父亲还了亏空；又借钱办了丧事。这些日子，家中光景很是惨淡，一半为了丧事，一半为了父亲赋闲。"当时朱自清家中情况很不好，他的祖母也去世了，父亲还失业了。

师：朱自清家庭的凄惨、暗淡表现在哪些地方呢？能不能结合文本来找一找？

生："戴着黑布小帽，穿着黑布大马褂，深青布棉袍"，他的父亲衣服都是很普通的布衣服，可以看出他们家境很不好。

师：祖母去世、父亲赋闲，还看到满院狼藉的东西，此时家中的光景很是惨淡，这个家庭逐渐走向了贫困。此时，让我们感觉到冷，这是家庭惨淡的"冷"。除了写家庭惨淡的"冷"，你还读出了哪些地方的"冷"呢？

生："我将他给我做的紫毛大衣铺好座位"，这一句父亲用紫毛大衣铺好座位中能够体现当时天气的寒冷。

【问题诊断】

上面教学情景中，学生对文本的解读停留在表面，没有进行朗读训练，无法感知人物的心理状态，理解人物的复杂情感；学生对文本的理解缺乏深度，未能抓住文中的关键词进行品味，只有粗略分析；在进行文本解读时，不能深入进行文本意蕴的探究。

从学生对文本解读的问题反观教师教学中存在的问题：教师缺少对学生朗读技巧的指导意识，更缺乏对学生进行朗读技能的训练，如重音、停顿的具体指导，抓关键词句进行朗读的指导；在教学活动中，品味语言只是泛泛而谈，活动缺乏创新。

二、现代散文创意阅读微设计群

（一）鉴赏想象带动学生对文本内容的理解

教师可以尝试用开放性的活动带动学生对课文个性化的感受和理解，在春天整体的意境中寻找、发现和感受自己最喜欢的东西，注重学生的自主探究。在探究过程中，学生的认识在成长，感知在提升，整个环节的流程是动态的，是有层次的。

【创意微设计】

请同学们用鉴赏的眼光来说说你从文中发现的大自然春天的美，从以下几个角度来说：我最喜欢的一个画面，我最喜欢的一种声音，我最喜欢的一种气息，我最喜欢的一种气氛，我最喜欢的一种感觉，等等。

创意优化策略：阅读相关内容 → 寻找语言表达妙点 → 个性化品评 → 体验语言表达魅力

在散文教学的过程中，教师不能仅满足于对课文的形象体验，还可以通过品评作者的表达方式进行深入的探究，尤其不能忽视"评"的环节。这里的"评"是指品读欣赏和学生自己对文本的个性理解：我认为最妙的词语，我认为最美的句式，我认为最妙的修辞，我认为最细致的观察，我认为最清楚的层次，我认为描写角度最丰富的段落……

不同的人站在不同的角度对同一问题会有不同的评价。关键是要结合文本和作者背景及时代背景等，做出自己独特的见解。对学生最基本的要求是能对文章的思想内容进行评说，对形象语言及表达技巧进行赏析。

此设计能使学生对课文从感性认识上升到理性认识的一个质的飞跃，对一篇文章的阅读，不仅要知其然，还要知其所以然。"春"是美的，但要把这种"美"表现出来却需要高超娴熟的表达技巧。《春》带给我们愉悦的感受，作者运用了怎样的表达技巧才取得这种效果的呢？通过这样的教学设计可以让学生的体验更成熟，理解更理性，认识更深刻。

创意优化策略：**阅读相关内容 → 寻找"留白"之处 → 仿写补充 → 体验生命的灵气**

教师在课堂上开展散文阅读教学，如果仅是评析文章、欣赏妙处，必然会导致课堂阅读分析与课外运用脱节，学生不能学以致用。所以，在散文教学中，不仅仅要教给学生阅读散文的方法，同时，还要启发学生将散文的写作技巧吸收内化为自己个性化的写作技巧，在课堂上创设一定的写作情境，激发学生学习的自主性和写作的主动性。

【创意微设计】

将阅读训练与写作训练结合起来，既是更深入地走进课文，又是个性自由地走出课文。

师：朱自清笔下春天里的大自然的美景详细描绘的是哪些图画？

生：春草图、春花图、春风图、春雨图、迎春图。

师：还有哪些景物是作者简笔勾勒的呢？

生：山、水、太阳。

师：好，作者的简笔勾勒给我们留下了极大的想象空间。现在老师就请同学们张开想象的翅膀，学习运用作者描写春草、春花、春风、春雨的一些写作手法（抓住景物特征、清楚的层次、修辞的运用、精美的句式、精妙的词语等），创造性地、补白地描绘春山、春水、春日的任意一幅图画。

这样的教学设计让学生对课文的"留白"之处进行创造性的补白与扩充，既能更加深入地体会春天的美好，理解作者对春天的情思，又能融合学生丰富的生活体验，学习运用已学的表达技巧，与作者一起唱出春的和声。

（二）创设情境引导学生对文本情感的体会

散文教学的核心是"情感"，散文教学的目的就是让学生理解作者想要表达怎样的情感，关注学生的学习经历，引导学生通过表现方法实现理解"情感"的目的。在设计《秋天的怀念》的教学设计时，教师要思考这样几个问题：散文的文体性如何体现？作者要表达什么情感？仅仅只是追忆母爱吗？学生能读懂什么？有哪些是没有读到的？本课需要教学生感受什么？通过怎样的方式才能理解作者的写作意图？

创意优化策略：**寻找关键词句 → 探究情感内容**

【创意微设计】

优秀散文的语言极富个性色彩，能够精确地抒写作者个性化的情思。在散文教学中，要帮助学生找到文中个性化的表达语句，感受作者独特的情感。作者的情感抒发往往有两种方式：一是直接抒情，也叫直抒胸臆；一是间接抒情。后者的抒情角度更多，使用频率更高，比如借景抒情、托物言志等；或从副词、拟声词、独句段、景物描写、特殊标点、人物语言动作等处也能够体会到作者丰富的情感。采用哪种方式和角度抒情是由彼时彼境的人物情感所决定的。在《秋天的怀念》的教学中，设计以下教学环节，如划出特别的句子，通过诵读明确抒情的方式和角度及字里行间细细品味和探究作者和母亲之间的复杂情感，在课堂上进行小组展示和评比。

生：我们组研究的是"她出去了，就再也没回来"。这句话中的副词"再"字用得好！这句话是作者事后的感悟，恰好照应了题目"怀念"，还能表现作者的心痛。

师：作者在这里用"再"字表达情感，也就是用副词传情。那么"她出去了，就再也没回来"，如果说成"她出去了，就再没回来"有什么不同？

生："再也"强调了作者不能报答母亲的遗憾，为对自己因母亲絮叨行为心生嫌弃而感到内疚。"再也"一词更能表达他复杂的情感。

生：我发现不仅"再也"一词能表达更复杂的情感，这句话还是一个独句段。用独句段更能突出这种复杂的情感，以后我写作文时也可以这样用。

师：这个独句段用的是句号，表达的情感很平静，为什么不用感叹号呢？是什么决定了这种平静而内敛的表达呢？

生：是全文的感情基调。

师：对啊！不仅副词能传情，还能用拟声词、景物描写、特殊标点、人物语言动作等传达丰富的情感。下面请同学们在课文中找一找，还有哪些地方在抒情，用了怎样的抒情方式，体现了怎样的情感。

创意优化策略：关注人物活动 → 模仿人物角色 → 感受人物内心

【创意微设计】

写人记事类散文记录的往往是真实发生的事情，其文本语言一般具有生动形象的特点。教师可先帮助学生找到文章中人物动作和神态描写的手法，进而体味人物的内心情感。比如，《秋天的怀念》可先引导学生找出描写母亲动作、神态时的词句，再根据这些词句谈谈个人对母亲心理活动描述的理解。为了进一步深化学生对人物语言、动作、神态描写的体会，还可设计角色扮演活动，邀请学生以小组为单位分别扮演母亲和史铁生的角色，根据文章中的动作、神态等描写，体会人物的内心感受，并表演出来。

师：《秋天的怀念》怀念的是谁？

生："母亲"。

师：这是一位怎样的"母亲"？

（学生的回答集中在"慈爱""善良""病入膏肓"等方面）

师：从哪里看得出"母亲"病入膏肓？

生：在第二自然段中，"后来妹妹告诉我，她常常肝疼得整宿整宿翻来覆去地睡不了觉"。

师："睡不了觉"改成"睡不着觉"，行不行？

生："睡不了觉"是说根本没有睡觉的可能，而"睡不着"是讲试图入睡，只是没有进入睡眠状态。原文更能表现出"母亲"病情的严重，疼痛得厉害。

生：第四自然段，"她出去了，就再也没回来"，可见"母亲"去世很突然，反映"母亲"的病已经走向了生命的终点。

师：根据我们的生活经验，一位病入膏肓、生命垂危的病人一般是什么样的生活状态？而文中的"母亲"在病逝前又是什么样子的？

生："母亲扑过来抓住我的手。""扑""抓"表现出"母亲"行动灵敏，动作有力。

学生：从"母亲进来了，挡在窗前"看得出"母亲"心思细腻且观察仔细。因为"母亲"看到"我"长时间关注飘落的秋叶，担心"我"有不好的念头，所以"挡在窗前"。

师："我"不是独自待在屋里吗？"母亲"怎么知道"我"在做什么？

生：可见"母亲"在房间外面偷偷地观察"我"。足见"母亲"对"我"的牵挂和细心照料。

师："母亲"和一般病重的人有着截然不同的表现。这是因为她的心里没有自己，只有儿女。我们来齐读"母亲"临终时的话。

（学生齐读："我那个有病的儿子和我那个还未成年的女儿……"）

师："母亲"的日常表现让我们几乎看不出她是个病人，甚至让我们忘记了她是个病入膏肓的人。这堪称是个奇迹，这个奇迹的名字叫作"母亲"。

创意优化策略：落脚主题 → 拓展研读

【创意微设计】

"主题教学是以'立人'为核心，由主题'牵一发'，'动'教材知识与能力体系的'全身'，将'听、说、读、写'训练与人文性知识统整起来，构成集成块。由个及类，由类及理，个性与共性相融，从而形成教学的立体效果。"[①]窦老师认为采用主题教学有利于提高语文课程资源的利用效率，激发学生对学习语文的兴趣。

《秋天的怀念》采用"主题教学"，将落脚点放在"好好儿活"，通过品析菊花的句子，引导学生畅谈自己的感受。

师：同学们，母亲去世七年之后，作者写了这篇文章，结尾就落在"要好好儿活"。那么，他究竟懂得了要怎样好好儿活了吗？我们一起来读读描写菊花的句子。

（课件出示：黄色的花淡雅、白色的花高洁、紫色的花热烈而深沉，泼泼洒洒，秋风中正开得烂漫）

师：下面同学就结合这句话，可以小组合作，好好讨论，可以自己思考，他们究竟懂得了该怎样"好好儿活"？

生：菊花"淡雅"，就是说人可以活得平凡或者普通一些。

师：读人家的书，把人家的语言变成自己的独特理解，这就是创造。好，那就带着你的感受读这句话"我俩在一块儿要好好活"。

生：其实，人可以活得淡雅、高洁、热烈、深沉等，不管怎么说，每一个阶段都不一样，要活得多姿多彩，也就是泼泼洒洒（掌声）。

师：那你就泼泼洒洒地读"我俩在一块儿要好好儿活，好好儿活"。

生：我想补充，不管有多少秋风萧瑟，有多少风雨打击，人活着就要泼泼洒洒地笑对人生。

师：好，让我们感受你的笑对人生。读吧。

生：我觉得"高洁"就是说人活着要高尚、纯洁、善良。

师：多么独特的理解啊，我看到了你那柔软的心。

生：我看，因为不同的花有不同的特点，母亲想让自己的孩子在自己的心灵里、在人间绽放出属于自己美丽的花，也就是母亲让儿子选择自己的人生（热烈的掌声）。

---

① 　窦桂梅：《朝向"伟大事物"——"主题教学"的新思考》，《人民教育》，2010年第5期，第42～47页。

师：母亲没有告诉儿子，你就是这样的花，母亲是让儿子自己去选择，活出自己的个性。淡雅也好，高洁也罢，热烈而深沉也行，总之，要活出自己的……我不说了，你们说。（笑声）

生：我还想说，像丑菊一样活（众笑，议论）。

师：我知道了，你是想说跟菊花一样，秋风萧瑟，菊花给你的感觉可能不如另一些花那样五彩缤纷？

生：有一种说不出的感受……（众大笑）

师：哎哟，那就不说，读！（该生读。笑声、掌声）

师：你们懂得了应该怎样去"好好儿活"，文中的兄妹俩也正像你们一样，懂得了要好好儿活。

（三）妙解文字激发学生对文本真谛的体悟

教学中，教师怎样让学生积极参与活动环节，进行景物描写的分析，做到具体、准确、有创意、有深度，是需要思考的重点问题。教学中还要引导学生理解作者的构思和写法，特别是帮助学生理解作者怎样由眼前的景物自然地引发学生悠远的思考。

在教材中的现代散文部分选择一处有关景物描写的精彩片段，引导学生抓关键词句品读、分析景物描写，体会语言文字中蕴含的美，感悟人生的真谛，从美的陶冶中感悟到一种浓郁的理性色彩。

创意优化策略：自读相关内容 → 摘录关键词句 → 概括提炼 → 分析总结

【创意微设计】

师：作者说两次到过瀑布，第二段是第一次，后面是第二次。请大家把"第一次"和"第二次"圈出来，这就叫作关键词。文中还有哪些关键词呢？

生：还有"雨季""枯水季节"。

师：好，继续寻找。

生：除了第一次和第二次，最后一段还说了黄河的精神。

师：你的发现很有价值，像这种写景咏物的短文，最后一段往往是用于升华或用于抒情议论的，所以作为整篇文章的收束它有重要的作用。

生：雨季是略写，枯水季节是详写，详略得当。

师：很明显写雨季是为了引出对枯水季节的描写，这叫作"铺垫"，用略写把详写的内容引出，这叫美妙的构思。

师：在第一段批注，简洁入题，总领全文。这让我们想到了《紫藤萝瀑布》："我不由得停住了脚步。"立刻引出紫藤萝的描写，简洁入题，总领全文。在第二段和第三段之间批注，巧作铺垫、详略有致。这就叫作段与段之间的关系。请大家做好批注。

师：文章写了作者两次观看壶口瀑布的经历和感受，同学们自读文章，壶口瀑布分别写了雨季和枯水季节的哪些方面，做好圈点勾画。

生：声音。

生：磅礴的气势。

生：都有对景物的细致描写。

生：运用了拟人的修辞赋予了黄河人的感情。

生：有对黄河独特的感受。

师：文中写了壶口瀑布在雨季和枯水季节的声、势、景、感，但各有特点，请根据提示摘录关键词句填写下边的表格。四人为一个小组，合作完成。

学生交流，并完善表格内容。

季节	雨季（略写）	枯水季（详写）
声	隐隐如雷、震耳欲聋	隆隆冲去、轰然而下、汩汩如泉、潺潺成溪、哀哀打旋、如丝如缕
势	上面的水还是一股劲地冲进去，冲进去……	其势如千军万马，互相挤着、撞着，推推搡搡，前呼后拥，撞向石壁，排排黄浪霎时碎成堆堆白雪
景	水浸沟岸、雾罩乱石	龙槽深不可测；大水向龙槽里隆隆冲去时被跌得粉碎，碎成点，碎成雾；大水向两边涌去时，如飞毯从空抖落，如钢板出轧
感	磅礴、危险、令人胆战心惊、撼人心魄的壮美	雄伟壮阔，刚柔相济；柔和之中只有宽厚绝无软弱，当她忍耐到一定程度就会以力相较，奋力抗争，勇往直前

师：有的同学直接摘录了文中的词句，有的根据文段进行了概括，请同学们根据表格内容归纳小结，总结雨季和枯水季节壶口瀑布的特点。

生：雨季的特点不太像瀑布，而像"一锅沸着的水"，水势浩大，涛声如雷，令人心惊、畏惧。

生：枯水季节的特点真的是瀑布，不仅形态丰富多样，充满"阳刚、崇高之美"，还呈现出多姿多彩的美。

生：枯水季节有对巨石的特写，巨石"静"的形态蕴含着河水"动"的力量，有一种震撼人心的美。

师：总结得很好，这是课后思考探究问题。通过石头的巨大变化来表现壶口瀑布的威力。这是写作的艺术，笔锋一转，用另外一样事物表现本身要写事物的美妙，这叫"侧面映衬"。

生：枯水季节的瀑布有壮观的气势和奋力抗争的精神。

创意优化策略：朗读相关内容 → 具体品味 → 批注赏析 → 展示交流

【创意微设计】

师：《壶口瀑布》以独特的视角，描写壶口瀑布的自然之美和人文内涵。文章第四段写的龙槽，是壶口瀑布的主体内容。下面请同学自由朗读第四段，可从用词之美、句式之美、修辞之美、情感之美、意境之美等方面来分析这一段的描写之美。

（学生自读、分析、批注，小组交流）

生："顿然扰成一束，向龙槽里隆隆冲去，先跌在石上，翻个身再跌下去，三跌、四跌，一川大水硬是这样被跌得粉碎，碎成点，碎成雾。"这句连用五个"跌"字强调了瀑布流水的力度，又产生了独特的音节效果。河水冲跌而下，碎成水雾，重在其"险"。

师：这个地方"先跌在石上，翻个身再跌下去，三跌、四跌"，这既是反复描写，又是概略的描写，后面又写"一川大水硬是这样被跌得粉碎，碎成点，碎成雾"，这叫"细节描写"。这里可以感受到表达之美：先概说，再细写。

生："简直如一卷钢板出轧"一句形象地写出了洪流的气势磅礴之美。

师：我们还要注意前面的一个字，"不，简直如一卷钢板出轧"特意否定一下，表示再次强调，这就是表达艺术之美。

生："于是又有一些各自夺路而走的，乘隙而进的，折返迂回的，它们在龙槽两边的滩壁上散开来，或钻石觅缝，汩汩如泉；或淌过石板，潺潺成溪；或被夹在石间，哀哀打漩。……"用排比给人留下瀑布的画面，使人身临其境。

生：大量使用拟人的修辞，借水写人，既能把景物写活，又能生动形象地展现水的形态和情态，还含蓄地体现了作者的情思。

师：分析得细致，能结合具体的词句来分析吗？

生："夺路而走，乘隙而进，折返迂回"是常用于写人的词语，将水的流淌方式拟人化为人的动作，赋予了水流以生机和活力。

生：比喻的修辞，形象地描绘出壶口瀑布在一泻而下时因地势不同而呈各种纤细柔美的形态。"钻""觅""淌""夹"等动词，贴切地表现了泉、溪、漩涡三种细小的水的形态，与上文宏大的"钢板出轧"似的水形成对比，相映成趣。

生："而这一切都隐在湿漉漉的水雾中，罩在七色彩虹中，像一曲交响乐，一幅写意画。"交响乐和写意画都给人很美的感觉，用比喻的修辞写出了水雾和彩虹等的诗意，河水多姿多彩的美。

师：我们来小结一下同学们的发现：多用四字短语，善用修辞、叠词，细节描写，巧用书面语，用词准确等等。用典雅而富有韵味的语言从独特的视角描写了壶口瀑布的自然之美。

创意优化策略：寻找相关内容 → 反复朗读 → 批注赏析 → 展示交流

【创意微设计】

师：游记是在游赏的过程中感悟人生，这是游记的传统，《壶口瀑布》以水之势喻人之情，由黄河的特点联想到人的个性品质、中华民族的精神。作者是怎样将自己的感受与思考和景物融为一体的？

（同学们寻找相关内容，反复朗读，读出语气，读出情感，读出精神。学生朗读，批注。展示交流）

生：在描写河水时，大量使用拟人的手法，如"推推搡搡，前呼后拥""畅畅快快地驰骋"等，表现了壶口瀑布前赴后继、勇往直前的精神和令人震撼的气势，似写水又似写人。

生："还来不及想一下，便一起跌了进去"近乎主客观合一，作者仿佛就是那滔滔河水。

生："夺路而走的，乘隙而进的，折返迂回的"作者将水的流淌方式写成人的动作，使之带有人的情感。

师：主要运用拟人的手法，这些是作者将观景时的体验融入了景物描写中。同学们还有哪些发现呢？

生：从"我突然陷入沉思"一句开始，文章便从写景为主转向议论。"眼前这个小小的壶口，怎么一下子集纳了海、河、瀑、泉、雾所有水的形态，兼容了喜、怒、哀、怨、愁——人的各种感情"这一句，作者紧扣河水在壶口瀑布展现的多种形态，使人联想到人生的五味杂陈，水的世界也是人的世界，展现了壶口瀑布博大宽容的胸怀，把壶口瀑布的景观和作者的感想联系在一起了。

生："人常以柔情比水，但至柔至和的水一旦被压迫竟会这样怒不可遏。原来这柔和之中只有宽厚绝无软弱，当她忍耐到一定程度时就会以力相较，奋力抗争……你看，日夜不止，这柔和的水硬将铁硬的石寸寸剁去"，作者运用了拟人的修辞，点明了水的精神——奋力抗争，赞美了黄河水不可阻挡、勇往直前的英雄气概；一个"剁"字更是展现了壶口瀑布强大的力量。

师：作者笔下黄河之水被赋予人的情感，而作者对黄河的赞美之情正是寄予在对黄河之水的描写之中。这种写法是"寓情于景，情景交融"。

生：议论抒情、篇末点题、升华主旨。作者自然得出对黄河个性的看法："黄河博大宽厚，柔中有刚，挟而不服，压而不弯，不平则呼，遇强则抗；死地必生，勇往直前。"

师：这些四字词语写出了黄河的特点，还让我们联想到什么？

生：赋予黄河一种无坚不摧、无往不胜、坚韧刚强的精神，由黄河的性格联想到百折不挠、自强不息、坚韧刚强的民族精神。

生：作者借对滔滔黄河的赞美，表达的是对中华民族精神的赞美，我们从《黄河颂》里就体会到了。

生："正像一个人，经历了许多磨难便有了自己的个性；黄河被两岸的山、地下的石逼得忽上忽下、忽左忽右时，也就铸成了自己伟大的性格。这伟大只在冲过壶口的一刹那才闪现出来被我们看见。"借写一个人象征了中华民族的精神。

生：这写出了黄河博大和顽强两个最重要的特征。作者写出了一个人也是一个民族在危难时应该表现出的精神。

师：对，这叫作"虚化""升华"，写景咏物散文，最后一段往往会生发出哲理，往往富有深意，这是表达规律。

师：作者紧扣河水在壶口的多种形态联想到人生；由水侵巨石而认识到黄河"博大宽厚，柔中有刚"的个性，进而引申"历经磨难，方显个性"的哲理。梁衡能"原天地之美而达万物之理"，让我们从中能获得层出不穷的精神愉悦和思想启迪。

（四）多维朗读升华学生对文本意蕴的探究

在教学过程中，怎样让学生积极参与课堂教学环节，准确进行语言的品味，做到有朗读、有维度、有深度、有意蕴，是教师要思考的重点问题。语文课程学习语言文字运用，在阅读中就是指学习作者对语言文字的运用。散文阅读教学中，需要用足、用好文本资源，巧借文质兼美的文本进行解读的探究，并通过探究语言建构与运用，提升学生的核心素养。

【同课异构微设计】

在现代散文中选择精彩片段能引导学生进行朗读、品味语言、欣赏意蕴，认识散文"形散而神不散"的特点。通过文本勾连，对文章关键词句的研读，进而理解主旨，感受文章意蕴，体会作者的创作意图，形成现代散文的阅读理解能力。

创意优化策略：自读相关内容 → 摘录关键词句 → 品味感悟 → 概括总结

【创意微设计】

师：你能具体说一下《背影》吗？这个"嘱"用了多少次？

生：两次。第一次是"嘱"是要他自己小心，第二次"嘱"是要茶房好好照顾作者。

师：通过这两次"嘱"能看出父亲对儿子的那一份……

生：无微不至的爱。

师："给我坐的紫毛大衣"，同学们把它圈下来，你从"紫毛大衣"中有没有读出一份暖意呢？

生：祖母去世，父亲失去了工作，家里光景很是惨淡，但是父亲还是给我留下了紫毛大衣，并将其铺好座位，使我体会到了父亲对作者那种关心和细心，怕作者受凉。

师：你可以联系下文，他给儿子坐紫毛大衣，那他自己呢？

生：父亲自己却"戴着黑布小帽，穿着黑布大马褂，深青布棉袍"，这种衣服很平常，没有紫毛大衣那样温暖，又体现出了父亲对儿子的关爱。

师：这是临行前父亲对儿子的那一份关爱，从这无微不至的关爱当中透露着父亲对孩子的温情，让我们心中涌起一股暖流。还有哪些地方呢？再看看。

生："他和我走到车上，将橘子一股脑儿放在我的皮大衣上。于是扑扑衣上的泥土，心里很轻松似的。"从"一股脑儿"可以看出父亲对儿子无私的爱。

生：从第六段"我本来要去的，他不肯，只好让他去"，体现出父亲很希望为孩子做几件事情。

师：为孩子做事情，父亲觉得这是他的天职。

生：第五段"他给我拣定了靠车门的一张椅子"，可以看出父亲给我挑了一个很好的位子，也可以看出父亲对我的关心和深沉的爱。

师：从"拣定"一词读出了父亲对他深沉的爱。

生：在第六段中，从"我看见他戴着黑布小帽，穿着黑布大马褂，深青布棉袍，蹒跚地走到铁道边，慢慢探身下去，尚不大难。可是他穿过铁道，要爬上那边月台，就不容易了。他用两手攀着上面，两脚再向上缩；他肥胖的身子向左微倾，显出努力的样子。这时我看见他的背影，我的泪很快地流下来了"这中间有很多动词，像"蹒跚地走""慢慢探身下去""要爬上那边月台""用两手攀"，然后"肥胖的身子向左微倾"写出了父亲爬过栅栏时的吃力，但是也要为孩子买那些橘子，表现了对孩子深深地爱。

师：你从父亲去买橘子的一系列动作当中读出了他对孩子的爱。今天在这百年的浦口车站，当年父亲送儿子上学的月台上，我想请一位同学去表演一下"买橘子"的情节，在表演买橘子的过程中要抓住哪些动词？

生："蹒跚地走""慢慢探身下去"……

师：刚才我们看到父亲去买橘子，一股脑儿地把橘子放到儿子的身边，心中感到无比的温暖。其实这个温暖也来源于橘子的颜色，这个橘子是什么颜色？

生齐答：朱红色。

师："朱红色"，把这个词圈起来。你知道为什么强调"朱红色"吗？

生：朱红的颜色给我的感觉是很温暖，可见父亲挑橘子的过程很认真，想把最好的都给自己的孩子。

师：你有没有发现周围的环境是怎样的色调啊？

生：暗色调。我觉得他的衣服是暗色调，这些都形成了鲜明的对比。

师：父亲的衣着是灰色的，是暗色调。其实，冬天的环境也是那种苍茫的色调。那朱红的橘子更是父亲那一颗火热的心。

创意优化策略：自读相关内容 → 感悟主旨 → 思辨训练 → 意蕴欣赏

【创意微设计】

师：父爱如山，母爱似水。作者开始对父爱的理解是不深刻的，直到在困境中看到了无声的"背影"，这种被忽略的亲情才浮出水面。大家思考一下《背影》表现的是浓浓的父子之情，你同意这种看法吗？

学生活动：学生以小组为单位进行了思辨能力训练。训练方式分为 A、B 两队，辩手由小组推荐产生，采用以文解文的方法寻找依据，支撑观点。

正方观点

生：怀念父亲，惦记背影。第一次是开篇点题"背影"营造了一种浓厚的感情氛围。

生：望父买橘，刻画背影。第二次是在车站送别的场面中，父亲胖胖的身躯，步履艰难、蹒跚地走过铁道为儿子买橘子，使儿子感动得热泪盈眶。

生：父子分手，惜别背影。第三次是父亲和儿子在告别后，儿子眼望着父亲的"背影"在人群中消逝，离情别绪又催人泪下。

生：别后思念，再现背影。第四次是在文章的结尾，儿子读着父亲的来信，在泪光中再现了父亲的"背影"，思念之情不能自已，与文章开头相呼应。

反方观点

生："我"对父亲的情感很深厚，但不曾表现且一开始表现得略不耐烦。如看到父亲送站时和脚夫讲价钱，觉得"他说话不大漂亮"；看到父亲嘱托茶房"好好照应我"，"我"觉得他"迂"。而"我"的情感态度变化的契机，是在父亲爬上和爬下车站月台之时，"我"的内心被强烈震撼了。"背影"让"我"看到了父亲对"我"的好，让"我"十分感动。

生：文中的事件发生在作者二十岁时，自然是觉得自己长大了，已是一切都可以自主的年纪。等到写这篇文章时，作者已经二十八岁了，认识到了自己当时的幼稚，所以文中的两处反语都写出了其愧疚与体悟。

师：父爱往往是含蓄而深沉的。《背影》里不仅有父子之情，还有感情的波折。从不耐烦，到理解，再到感动，无声的"背影"，有爱却如此艰难。

三、现代散文创意阅读微反思群

（一）品味语言，体验散文意境

一篇好散文一定是富于诗情画意和境界鲜明的散文。教学要着力培养学生的审美能力，引导学生发现美、感受美、创造美，陶冶其热爱自然、热爱生命、热爱生活的情操。

创意优化策略：阅读相关内容 → 寻找美点 → 个性解读 → 体验画意与诗情

【典型微活动】

拓展阅读汪曾祺的《昆明的雨》

师：请仔细阅读汪曾祺的《昆明的雨》，品味他笔下的"雨季"，说说你发现了哪些不一样的美？

（学生开始品读文章）

师：现在请同学交流一下自己的独特感受。

生：我发现了不一样的美食，"昆明的杨梅很大，有一个乒乓球那样大，颜色黑红黑红的，叫做"火炭梅"，这句话通过描绘火炭梅的形与色抓住了昆明杨梅的外形特点。"我吃过苏州洞庭山的杨梅、井冈山的杨梅，好像都比不上昆明的火炭梅"，这样的对比让我也对昆明的火炭梅心生向往。

生：我发现的也是美食，"牛肝菌色如牛肝，滑，嫩，鲜，香，很好吃"，这句话里的"滑，嫩，鲜，香"四个字让我垂涎欲滴，想迫不及待地品尝它。

生："有一种菌子，中吃不中看，叫做干巴菌。乍一看那样子，真叫人怀疑：这种东西也能吃？！""可是下点功夫，把草茎松毛择净，撕成蟹腿肉粗细的丝，和青辣椒同炒，入口便会使你张目结舌：这东西这么好吃？！"这两句话的结尾同时都用了问号与感叹号，第一句话表现出了深深的疑惑与惊讶及半信半疑的态度，第二句话表现出了惊叹赞美，吸引着我去品尝这种美食。

师：刚才同学们的发现中，我们可以看到汪曾祺先生这位美食家用贴近生活、接地气的语言为我们彰显了昆明的美食文化，那同学们还有什么发现呢？

生：我发现了不一样的风俗。"旧日昆明人家门头上用以辟邪的多是这样一些东西：一面小镜子，周围画着八卦，下面便是一片仙人掌，——在仙人掌上扎一个洞，用麻线穿了，挂在钉子上。昆明仙人掌多，且极肥大。"

师：很好，这两句话体现出昆明当地的民俗文化与风情，我们仿佛看到了雨季里泛着绿意和湿气的仙人掌为主人驱邪祈福的画面。

生：我发现了浓浓的人情味。"缅桂盛开的时候，房东（是一个五十多岁的寡妇）就和她的一个养女，搭了梯子上去摘，每天要摘下来好些，拿到花市上去卖。她大概是怕房客们乱摘她的花，时常给各家送去一些。有时送来一个七寸盘子，里面摆得满满的缅桂花！带着雨珠的缅桂花使我的心软软的，不是怀人，不是思乡。"

这里非常平实、自然的语言让我感受到了一股浓浓的人情味。房东惜花、爱花，但因她心地善良，懂得分享，所以愿意送花，淳朴的性情和深深的情谊让我的心感到软软的。

生：我发现了不一样的美景。"昆明的雨季是明亮的、丰满的，使人动情的。城春草木深，孟夏草木长。"这两句话运用了直接描写的方法，同时引用了古诗里的句子，富有诗意。

师："城春草木深，孟夏草木长。"诗句中的两个字："深""长"表现了昆明的雨水充沛和植被茂盛。作者把看似不联系的句子放在一起仍让读者感到自然、典雅、别致、文白相衬。

生："草木的枝叶里的水分都到了饱和状态，显示出过分的、近于夸张的旺盛。"这句话让我不禁遐想昆明雨季中草木被雨水充分滋润的状态，充满生机。

师：我们现在回过头看《昆明的雨》，同学们认为作者只是抒发对昆明雨季的思念吗？

生：我认为不只是思念昆明的雨，还思念自己曾经遇到过的人，经历过的事情。

生：我也认为不只是思念雨，也包含着作者对昆明的热爱与怀念。

生：还有思乡！

生：还有青春岁月！

创意优化策略：阅读相关内容 → 寻找语言表达妙点 → 个性化品评 → 体验语言表达魅力

散文的语言不管是口头语还是书面语，都应生动而活泼，令人百读不厌，辅以叠词的运用、长短句、整散句的运用、修辞的运用等。

【典型微活动】

拓展阅读莫怀戚的《散步》

师：建议大家这样来品味语言，以"字、词、句、段对人物的表现作用"为话题，自选文句并联系上下文用简洁的语言进行评点。

生：第五段最后一句。小家伙突然叫起来："前面是妈妈和儿子，后面也是妈妈和儿子。"此句话表现了"我"的儿子很活泼、天真，家庭很幸福、温馨。

师：评价的句式很整齐。生命在文章中通过景色的亮丽表达作者心情的愉悦，也有对母亲身体健康的祝愿。

生：两个"蹲"。表达了"我"对母亲的尊重和使命感，句式整齐，优美；而且"我"和妻子各为这个小家庭尽心尽力。

师：真是蹲得坚如磐石，一蹲一背定格了一幅美好的充满亲情的画面。

生："母亲摸摸孙儿的小脑瓜，变主意了：'还是走小路吧。'"母亲开始未听从，"摸"表现了对孙子的疼爱。"吧"表明有商量的余地，体现出一种亲情的温暖。

师：这位老人很温柔，对小孩子非常关爱，这个细节很有意思。

生："一霎时我感到责任的重大，就像民族领袖在紧要关头时那样。"这说明作者是家庭的核心，要让全家人平静地度过每一天。

师：是啊，中年人有沉重的责任，亲情、责任感，这点在文中表现得很好，两个成熟的生命要呵护下一代，善待上一代。说到这篇文章语言的欣赏，我们可重点关注"句子"。要品味它们的造型美、用词美、情趣美、蕴意美，要感受它们对我们心灵的熏陶。

创意优化策略： 阅读相关内容 → 寻找"留白"之处 → 仿写补充 → 体验生命的灵气

"以我观物，物皆着我之色彩"，当人在观照外物的时候，他的情感就会投射到外物中去，使外物也好像有了人的感情，鲜活生动，形象逼真，充盈着生命的灵气。

【典型微活动】

拓展阅读老舍的《济南的冬天》

师：济南被称为泉城。泉多，湖就多；有湖，就有桥；有湖，就有柳。好，我们就来看这济南的水。

生："就凭这些绿的精神，水也不忍得冻上，况且那些长枝的垂柳还要在水里照个影儿呢！"

师：这里水怎么会有人的感情呢？

生：用了拟人。

师："不忍得"是一种什么样的感情？

生：善良。

生：慈爱。

生：似水柔情。

生：多情。

师：我们知道这是拟人，也知道水本无情。那这里其实是谁不忍得让这些绿萍、水藻被冻上？

生：作者。

师：可见，作者对济南的一草一木都很有感情。同样，我们再看垂柳。垂柳为什么要照影儿呢？

生：是因为它自我感觉很美。

师：说得好。垂柳因为觉得自己很美，便要照个影儿。但其实垂柳也本无情，这还是谁的感觉呢？

生：作者。

师：是的。是作者觉得垂柳很美。山水草木本无情，可因为老舍对冬天的济南有情，所以写出山水草木总关情，充盈着生命的灵气。

师：接下来同学们想一想，作者写济南冬天的水，除了水里的绿萍、水藻和岸边的垂柳，大家还能想到哪些与水有关的生命依然蓬勃在这个奇妙的地方、美妙的时节？

生：水里的鱼、虾。

生：水边的小朋友。

生：偶尔出来觅食的麻雀。

师：现在老师就请同学们张开想象的翅膀，学习运用作者描写济南冬天的水、绿萍、水藻和垂柳等的一些写作手法，创造性地、补白地描绘济南冬天水里的鱼、虾、水边的小朋友等任意一幅图画。

（二）串联梳理，挖掘散文真意

创意优化策略：创设学生活动场景 → 学生积极参加创设活动 → 体会总结文章情感

【典型微活动】

引导学生通过阅读《阿长与〈山海经〉》，用辩论的方式把握文章中心。

在活动中，让学生从作者对阿长的感情入手，思考整篇文章中作者对阿长的感情是以喜欢为主，还是以讨厌为主。然后抛出两种截然相反的观点：正方——以喜欢阿长为主，反方——以讨厌阿长为主。学生自由挑选正方和反方，开展八分钟的小辩论，唇枪舌剑，精彩激烈。

在《阿长与〈山海经〉》这一课的辩论环节中，选择"讨厌阿长"的学生可能占了绝对上风。因为作者采用的是"欲扬先抑"的写作方法，学生大多都可以发现阿长的"讨厌之处"，自然会觉得作者不喜欢阿长，其实这正是老师期望的结果。在这个过程中，老师需要反复提醒正方同学思考：难道阿长就没有一点优点？如果阿长是一个满身缺点的人，作者为什么对她这么难忘？作者小时候对阿长是什么态度？作者长大后对阿长又是什么态度？这些感情有关系吗？

通过学生之间激烈的思维碰撞，学生就比较能明白抒情线索："讨厌—敬意—怀念"阿长，从而理解了"欲扬先抑"的写作方法。

（三）由景入情，探究散文深意

创意优化策略：自读相关内容 → 摘录关键词句 → 概括提炼 → 分析总结

【典型微活动】

师：《白杨礼赞》一文中，作者在不同的段落反复赞美白杨树的"不平凡"，同学们有感情地朗读课文，找出课文是从哪些方面进行叙写的，结合课文品读关键语句，理解作者的感情。

生：寻找、勾画、概括。

生：对白杨树生长的环境的描写是从"望不到边际、黄绿错综的一条大毯子、无边无垠、坦荡如砥"的"所见"到"雄壮、伟大、倦怠、单调"的"所感"。

生："傲然地耸立，像哨兵似的"与"倦怠、单调"的对比更是突出了白杨树的不凡。

生：关于白杨树外部形态的描写，"力争上游"一词能总括出白杨树在外貌形态上的基本特征。白杨树的"干"是笔直的，绝无旁枝；

"枝"是一律向上的，紧紧靠拢；"叶"是片片向上的。粗笔勾勒及长短句结合，突出了白杨树的高大，拟人化的语言渗透着作者的情感。

生："皮"是"光滑而有银色的晕圈，微微泛出淡青色"，活现了白杨树的神韵风采。

生："白杨树算不得树中的好女子。但是它却是伟岸，正直，朴质，严肃，也不缺乏温和，更不用提它的坚强不屈与挺拔，它是树中的伟丈夫！"用"好女子"和"伟丈夫"对比，还运用了比喻及先抑后扬，突出白杨树的精神风貌，赞美之情溢于言表。

师：作者从境美、形美、神美三个方面直接抒发了对白杨树的赞美之情，形成了本文的抒情线索，与标题形成呼应。白杨树有什么象征意义？作者通过哪些词语层层深入地揭示了这种意义？

生：白杨树象征了北方的农民、抗日的军民，尤其象征了民族解放斗争中不可缺的朴质、坚强、力求上进的精神和意志。

生：作者连用四个反问句，第一个"难道"通过反问引起读者思考，为由树及人张本；第二个"难道"点明"至少"象征了北方的农民；第三个"难道"点明象征抗日军民——"守卫他们家乡的哨兵"；第四个"难道"进一步抽象化，点明"枝枝叶叶靠紧团结，力求上进"的白杨树象征着中华民族的抗日精神和意志。

师：托物言志的散文往往借某一具体事物寄托作者的情感或表达作者的思考。本文就是借赞美西北极普通的白杨树，讴歌了西北军民团结抗战的伟大精神和意志。

（四）朗读思辨，品鉴散文意蕴

创意优化策略：寻找相关内容 → 朗读指导 → 反复朗读 → 展示交流

【典型微活动】

师：聪明的你能否从文中找出作者瘫痪后都有哪些具体表现？

（学生自由找，自由读。学生需注意重音、停顿和快慢）

望着望着北归的雁阵——我会突然把面前的玻璃砸碎。

听着听着李谷一甜美的歌声——我会猛地把手边的东西摔向四周的墙壁。

"听说北海的菊花开了，我推着你去走走"——"不，我不去！"

我狠命地捶打这两条可恨的腿，喊着——"我可活什么劲儿！"

（师生共读，师读前半部分，生读后半部分）

师：此时此刻，作者内心的怨恨和怒火全都发泄在这几个词上（砸、摔、锤），一起读一下这几个词，读出史铁生内心的怨气和怒火。

（学生展示读，齐读，重读"砸、摔、锤"，带愤怒之情）

师：同学们想一想，我们看到的是作者史铁生暴怒无常，在砸，在摔，在锤，而无法看到他的内心，你能试着来体会一下作者此刻的心情吗？他暴怒无常的背后是什么呢？

生：心情沉重、悲伤。

生：对生活绝望，很悲观，认为生活没有意义。

师：就让我们一起带着这样的体会读，体会一下这个21岁的年轻人此刻内心的悲观和绝望。

（指名读）屏显：母亲扑过来，抓住我的手，忍住哭声说："咱娘俩在一块，好好活，好好活……"

（学生展示读，齐读）

师：读了这句话你有什么感受？联系上下文，谈一谈，母亲想扑去的是什么呢？母亲抓住的仅仅是我的手吗？

生："扑""抓"能看出母亲唯恐我自残身体，想不开做傻事，不顾一切地阻止。她要扑去我想死的念头，要抓住我的生命。

师：儿子已经有了轻生的念头了，她的心情一定很……（着急害怕）。把你的理解融进去再读……

专题二通过案例的方式将传统教学过程中以教师为主体的教育模式进行了描述，后又通过【典型微活动】等展现创意优化策略，带动学生对文本进行深层理解，激发学生对文本进行深刻体悟，这就要求教师对教学情境、教学设计等进行更加详细的设计与研发，以此引导学生产生自己关于文本的理解，形成以学生为中心的教育模式。

专题三
现代小说创意阅读微课例①

　　《语文课程标准》要求七年级至九年级学生"欣赏文学作品，有自己的情感体验，初步领悟作品的内涵，从中获得对自然、社会、人生的有益启示。能对作品中感人的情境和形象说出自己的体验，品味作品中富于表现力的语言"②。通过阅读小说，学生对人生、对生活、对社会的认识的深度、广度和高度都会有所提升。初中阶段，入选教材的小说篇目虽不多，但其中的现代小说都是中外名篇，在教材中占有重要的位置，也是学生非常喜欢的一种文学体裁。我们深知，小说阅读教学和平常的小说阅读是不同的。小说阅读大多具有随意性和散漫性，甚至是休闲娱乐性，小说阅读教学却有具体的教学目标和教学内容，有一系列的教学方法和完整的教学过程。

　　为此，我们着重研究初中阶段现代小说创意阅读教学的微问题，在微、细、精方面下功夫，从不同微"点"训练学生，从而全面提升学生的语文核心素养。

---

① 专题三负责人是四川省南部中学教师谢红秋，作者是谢红秋、朱琳、杨燕、李慧、凡姝阳、丁红英。
② 中华人民共和国教育部：《义务教育语文课程标准（2022年版）》，北京师范大学出版社，2022年，第14页。

一、现代小说创意阅读微问题群

（一）小说形象分析方法简单

我们发现关于小说阅读教学往往易忽视对原文的阅读，忽视学生的个性化理解，缺乏阅读理解能力的有效训练。文本解读和问题探讨浮在表面，缺乏深入领悟和准确把握，没有整体的概念，没有整合的意识。方法呆板，活动形式单一。对人物形象的分析，往往也是泛泛而谈或支离破碎的。

【问题描述】

师：同学们默读《故乡》，找出文中描写少年闰土和中年闰土的部分，分析人物形象，并做交流发言。

生：第 12 ～ 30 段，描写少年闰土。

生：第 55 ～ 77 段，描写中年闰土。

生：少年闰土是健康、快活的。

生：中年闰土生活贫困又显苍老。

生：中年闰土和"我"之间已经有了厚障壁了。

生：少年闰土见多识广又无忧无虑。

生："非常难。第六个孩子也会帮忙了，却总是吃不够……又不太平……什么地方都要钱，没有规定……收成又坏。种出东西来，挑去卖，总要捐几回钱，折了本；不去卖，又只能烂掉……"中年闰土，说话吞吞吐吐。

师：同学们找得非常好，对闰土形象把握得很准确。

【问题诊断】

上面教学情景中，学生对人物形象分析的问题缺乏整体的观念，只有支离破碎的感悟；不能抓住人物描写的关键词分析，缺乏具体、准确的描述，只有泛泛而谈；对人物形象的分析只停留在文字表面，没有透过人物的言行深入到人物的内心世界，对人物形象分析较肤浅。

从学生对人物形象分析中出现的问题反观教师阅读教学中的问题：教学过程中，教师对学生的人物形象分析缺乏指导意识，更缺乏对学生进行相关能力的训练，如批注的具体指导，抓关键词句来赏析人物的指导；在教学活动中，人物形象分析形式较单一，活动缺乏创意、融合，学生的参与兴趣不浓；教师评价笼统模糊。

（二）小说细节捕捉缺乏敏锐

语文阅读教学中，师生易忽略文章细节描写的赏析。细节虽小，但作用不小，我们经常可以通过一个小小的细节了解人物的精神世界和思想感情，所以对细节描写进行分析有助于把握人物形象和个性特征，更有助于在写作中更好地刻画人物形象。

【问题描述】

小说围绕父亲和台阶有许多生动传神的描写，读着较亲切自然，同学们，试着找出文章的几处细节描写，分析这样的描写有何妙处。

生：第十七段"那时已经是深秋，露水很大，雾也很大，父亲浮在雾里。父亲头发上像是飘了一层细雨……晃破了便滚到额头上，额头上一会儿就滚满了黄豆大的露珠。"这一处细节描写通过描写父亲在浓雾中踏黄泥的动作，写出了父亲的辛劳。

生：第二十六段"他抽了一筒，举起烟枪往台阶上磕烟灰，磕了一下，感觉手有些不对劲，便猛然愣住。……于是，他就憋住了不磕。"这里写父亲忍住了在新台阶上磕烟灰的动作，可以看出父亲对新台阶的爱护。

生："因为沙子多的缘故，父亲要了个板刷刷拉刷拉地刷。后来父亲的脚终于洗好了，终于洗出了脚的本色，却也是黄叽叽的，是泥土的颜色。我为他倒水，倒出的是一盆泥浆，木盆底上还积了一层沙。"详写了父亲洗脚，表现了父亲为了建新房所付出的艰辛和努力。

【问题诊断】

通过上面的教学环节，可以看出学生在寻找细节描写时存在的问题：学生对于文本的阅读不深入，对语文知识掌握不到位；不能抓住关键字词对细节描写进行分析。

从学生对细节描写赏析的问题反观教师教学的问题：在教学过程中，教师缺少对学生语文知识的讲解，教学方法单一，未关注学生圈点批注的细节，缺乏对学生的引导和对话交流；教学活动中缺乏创意，未能有效激发学生学习兴趣。

（三）小说情节梳理角度单一

提及小说最吸引人的地方便是小说的故事情节了。在教学中，学生对小说的故事情节概括也颇有兴趣，但是，我们发现常规课堂一般会按照"开端—发展—高潮—结局"引导学生梳理故事情节，这样的做法往往会造成课堂模式千篇一律，让明明很有趣味性的故事文本变得枯燥乏味，使学生的思维固化，不利于学生分析概括能力的提升。

【问题描述】

对《伟大的悲剧》这篇课文的情节进行梳理。请同学们快速浏览课文，梳理故事情节，划出关键语句，然后在小组内讨论交流。

师：每个小组派代表来说一说。

生：我们小组是按时间线索来梳理故事情节的。

师：梳理小说情节，我们还可以按"开端—发展—高潮—结局"的方式进行梳理，有没有小组是这样梳理的？

生：我们小组认为这个故事的开端部分是第一段至第三段，写的是斯科特一行人满怀希望地奔赴南极，却被阿蒙森捷足先登，只能满怀失望地踏上归途。

生：我们小组认为这个故事的发展、高潮部分是第四段至第十三段，写的是斯科特一行人在踏上归途之后，面临重重困难，最后全员牺牲。

生：我们小组认为这个故事的结局部分是第十四段至第十六段，写的是探险队寻找几位英雄的遗体，几位英雄虽已逝世，但他们的精神永存。

【问题诊断】

在上面的教学情景中，学生对故事情节的梳理问题有学生对《伟大的悲剧》情节梳理较单一化，没有多角度剖析问题；学生在梳理小说情节时，没有统观全文和结合文本来进行梳理；学生在梳理小说情节时，不能快速抓关键词进行简单的概括与梳理。

从学生对故事情节的梳理中存在的问题反观教师教学的问题：教师在小说情节梳理的方法上没有进行引导，缺乏相关技能方法的训练；按照"开端—发展—高潮—结局"的方式梳理情节，会使教学形式单一，课堂缺少新意，不利于学生发散思维的训练。

《伟大的悲剧》分为两条线索。一是明线，以时间线对"悲剧"展开记录，作者采用了传记文学必不可少的真实记录描述，我们姑且称之为"客观叙事"。二是暗线，以"悲"为感情线，夹杂着作者对"伟大"背后意义的解读，作者加入了许多自己的看法，借此表达自己的情感。"即使是主观的阐释，那也是作者基于这一悲剧事实的主观的合理想象。何为悲剧？何为伟大？我们需要细

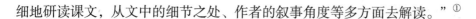

细地研读课文，从文中的细节之处、作者的叙事角度等多方面去解读。"①

（四）小说主题理解思维固化

在实际的教学情境中，学生对现代小说主题的理解通常是建立在教师教学目标的引导、背景的铺设、主要人物形象等要素基础上，如果教师在设置教学目标时，按照常规课堂的教学方法和思路，按图索骥，反而易禁锢学生的思维，阻断学生自主探究现代小说主题的路径，很难达到深刻、多元理解的目的。

【问题描述】

在《我的叔叔于勒》小说的课堂教学中，师生通过再现小说创作背景，梳理故事情节，把握全文情感线索，分析菲利普夫妇的人物形象，品析了菲利普夫妇的冷酷、自私、虚伪的性格特点和资本主义社会金钱至上、亲情淡漠的价值观念等。

师：能结合前两课时所学说一说你对这篇小说主题的理解吗？

生：这篇小说批判了资本主义社会金钱至上的价值观，赞美歌颂了美好的亲情。

师：你是如何探究得来的？

生：从文中的"我"的一系列心理描写和动作描写看出来的。

师：看来你站在了文中第一叙事视角的角度来品悟小说主题了。还有其他的看法吗？

生：这篇小说反映了社会底层人物的辛酸、社会的现实和残酷。

师：你的角度很不错，对主题的理解比较深刻。

【问题诊断】

在上面教学情境中，教师采用了比较常规的教学方式，自主探究和问答法教《我的叔叔于勒》，教学目标的设置、背景的铺设、情节的梳理、人物形象的分析等，这些都为学生探究小说主题奠定了良好的基础。但我们可以看出，在实际的教学过程中，依然出现了以下问题：大部分学生易受到前期背景铺设、人物形象、情节设置的干扰，自然归结到小说的主题是批判性质，即对资本主义社会人与人之间赤裸裸的金钱关系的批判，虽有理有据，但仍然不够深刻和多元。

学生能明确抓住文章的叙事视角探究小说主题，但没有形成系统的、自主

---

① 郭跃辉：《从作者视角解读〈伟大的悲剧〉》，《语文建设》，2018年第25期，第52～55页。

的知识建构能力。

学生能对一些侧面的人物或情节进行发掘，并能粗浅地探究作者意图，甚至可以共情，这是非常好的探究小说主题的方法，但在教学中仍有较大的挖掘空间。

二、现代小说创意阅读微设计群

（一）察言观色，解读小说形象

阅读教学的核心是对学生理解能力的训练，小说阅读教学中语句、语段的阅读训练，是提高学生阅读能力和阅读素质的重要举措。分析理解人物形象主要体现在细读、精读和质疑三个训练层面。教学中，我们要领会教材的编写精神，注重文本的阅读深挖，咀嚼品味，引导学生走进语言文字中欣赏文学长廊里一个个鲜活的人物，在一个个微点的探究中发现教学的亮点、训练的美点、能力的成长点，引导学生从生活的细微处去发现、去体悟、去思考，获得与别人不一样的体验。

教学中，怎样让学生积极参与活动环节有效进行人物形象的分析，做到具体、准确、有创意、有深度，是要思考的重点问题。语文课程学习语言文字运用在阅读中就是指学习作者对语言文字的运用。在阅读教学中，需要用足、用好文本资源，巧借文质兼美的文本进行深入解读，并通过探究给学生阅读、写作提供借鉴。

在现代小说中选择一个人物描写的精彩片段，引导学生品读、分析人物形象，思考人物形象分析的方法，形成人物形象分析的能力。

创意优化策略：自读相关内容 → 摘录词句（完成表格）→ 概括提炼 → 分析总结

【典型微活动】

师：闰土是《故乡》的主要人物之一，同学们自读描写闰土的相关部分。看看从哪些词句可以读出闰土的具体形象，做好圈点勾画。

生：自读，圈点勾画。

师：从文段中可以看出，作者用了什么手法来塑造闰土的形象呢？

生：对比，通过少年闰土和中年闰土的描写，突出了"变"。

生：语言、动作、神态、外貌描写。

师：非常好。作者运用对比手法，从多方面写出了闰土的变化。

请根据提示摘录词句，填写下面的表格。四人为一组，合作完成。

（学生活动：小组代表交流，并完善表格内容）

比较角度	变化	
	少年闰土	中年闰土
外貌	十一二岁，紫色圆脸，头戴小毡帽，颈上套一个银项圈，有一双红活圆实的手（健康壮实）	身材增加了一倍，脸色灰黄，有很深的皱纹……手又粗又笨而且开裂，像是松树皮（饱经风霜）
动作、语言、神态	活泼刚健，动作干脆利落，说话脱口而出，朴质、生动；有智有勇，热情、纯真（活泼机智）	说话吞吞吐吐，断断续续，谦恭而又含糊，显得迟钝麻木
对"我"的态度	"只是不怕我"，送我贝壳和鸟毛，告诉我很多稀奇的事。对"我"友好、热情，和"我"建立了纯真的友情	对"我"恭恭敬敬，称呼"我"为老爷，和"我"之间隔了一层可悲的厚障壁了
对生活的态度	热爱生活，知识丰富。天真活泼，无忧无虑	悲哀、痛苦，生活压得他喘不过气来，而他把幸福的希望寄托在神灵身上

师：有的同学直接摘录文中的词句，有的则是根据文段进行了概括，请同学们根据表格内容归纳人物形象。

生：少年闰土较天真活泼、无忧无虑，懂得很多生产知识，简直是个小英雄。

生：中年闰土变得满脸愁苦、麻木迟钝，但善良忠厚、勤劳朴实。

师：请根据前面的学习活动，总结小说中人物形象赏析的方法。

生：抓住文中语言描写、神态描写、动作描写、外貌描写来分析人物形象。

生：可以寻找文中直接概括人物形象的句子或词语，如"小英雄""木偶人"等。

生：可以用表格梳理文中的相关描写，较清晰和一目了然。

师：同学们总结得很准确，赏析小说中的人物形象，一定不能脱离了文本，只有紧扣文本，才能正确分析。

创意优化策略：自读相关内容 → 自我体悟 → 移情运用 → 分析人物形象

【典型微活动】

师：自读描写闰土的相关部分，找找儿时朋友闰土发生了哪些变化？比如：外貌、称呼、语言、动作、神态等方面。

（学生活动：先自读、勾画关键语句再小组交流）

师：请同学们深入理解，转换角色，用第一人称，以"我是少年闰土……""我是中年闰土……"为开头，任选一个方面向同学们做介绍。在介绍中体察人物心理、分析人物形象。

生：我是少年闰土，我是一个十一二岁的少年，紫色的圆脸，头戴一顶小毡帽，颈上套一个明晃晃的银项圈。……晚上我和爹管西瓜去，你也去……

生：我是少年闰土，我心里有无穷无尽稀奇的事……

生：我是中年闰土，我身材增加了一倍；先前的紫色的圆脸已经变作灰黄，而且有了很深的皱纹；眼睛也像我父亲一样……像松树皮了。

生：我是中年闰土，见到迅哥儿，我有很多很多话想说，脸上现出欢喜和凄凉的神情……分明的叫道："老爷！……"

师：非常好，同学们不仅仅抓住了人物描写的相关语句，而且在介绍中对语气、语调的把握很到位。

师：在揣摩品味中，你看到了一个怎样的闰土？

生：少年闰土是健壮结实、活泼开朗、说话滔滔不绝、身手敏捷、和我兄弟相称的小英雄。

生：中年闰土是外形穷苦、神情凄苦、语言悲苦、精神困苦的木偶人。

师：反复品读描写闰土的语句，充分体会闰土的内心活动，在闰土的"变"与"不变"中理解作者塑造"闰土"形象的意图。

创意优化策略：寻找相关内容 → 反复朗读 → 批注赏析 → 展示交流

【典型微活动】

师：同学们寻找描写闰土的相关语句，反复朗读，读出语气，读出情感，读出形象。

（学生活动：勾画、朗读）

师：请参考示例，把你的理解批注在书上（提示：仿照示例做好批注，可以是段落、句子、词语，甚至是标点）。

示例："不是。走路的人口渴了摘一个瓜吃，我们这里是不算偷的。要管的是獾猪，刺猬，猹。月亮地下，你听，啦啦的响了，猹在咬瓜了。你便捏了胡叉，轻轻地走去……"语言描写，生动形象地表现出少年闰土语言的生动、流畅，表现出农村少年生命的鲜活、快乐。

（学生批注并展示交流）

生："紫色的圆脸"，外貌描写，表现出少年闰土的健康活泼。"已经变作灰黄""很深的皱纹"，外貌描写，表现出中年闰土的生活艰辛。

生："他站住了，脸上现出欢喜和凄凉的神情；动着嘴唇，却没有作声。他的态度终于恭敬起来了，分明的叫道：'老爷！……'"运用了神态、语言描写，写出了中年闰土对"我"态度的变化，他不再把"我"当作儿时亲切、平等的朋友，而是尊敬中透出无奈，表现出他的痛苦、悲哀。

生：特别是"他的态度终于恭敬起来了，分明的叫道："老爷！……""这句中的省略号，让我倍感心酸。闰土的很多悲苦、无奈尽在不言中。

师：这个标点符号抓得好，体会很深刻，可以反复阅读，揣摩人物的内心活动。生活的苦难、精神的麻木、封建等级观念的桎梏，这一切都如一把把无形的枷锁压在闰土及千千万万底层农民身上，让他们的身体过早衰老，让他们的精神饱受摧残。同学们结合具体的描写，批注赏析，对人物形象的分析很用心。

创意优化策略：自读相关内容 → 创设情境，启发创新 → 各抒己见，交流汇报

【典型微活动】

师：自读《故乡》中闰土的相关描写，理解品味。

（学生活动：阅读勾画，简要批注）

师：同学们，如果要拍摄一部《故乡》的电影，闰土是里面的重要角色，你想拍摄闰土哪些特写镜头？选择并简述理由。

（学生活动：先分小组设计、讨论再交流汇报）

生：深蓝的天空中挂着一轮金黄的圆月，下面是海边的沙地，种着一望无际的碧绿的西瓜，其间有一个十二二岁的少年，颈上戴银圈，手捏一柄钢叉，向一匹猹尽力刺去，那猹却将身一扭，反从他的胯下逃走了——西瓜地上的小英雄。

生：他正在厨房里，紫色的圆脸，头戴一顶小毡帽，颈上套一个明晃晃的银项圈——健康可爱的小孩子。

生：闰土须回家里去，我急得大哭，他也躲到厨房里，哭着不肯出门，但终于被他父亲带走了——纯真可爱的小朋友。

生：他身材增加了一倍；先前的紫色的圆脸……却又粗又笨而且开裂，像是松树皮了——饱经风霜的中年人。

生：他站住了，脸上现出欢喜和凄凉的神情；动着嘴唇，却没有作声。他的态度终于恭敬起来了，分明的叫道："老爷！……"——凄凉悲苦的闰土。

生："阿呀，老太太真是……这成什么规矩。那时是孩子，不懂事……"闰土说着，又叫水生上来打拱，那孩子害羞，紧紧的只贴在他背后——深受封建等级思想毒害的闰土。

生：他只是摇头；脸上虽然刻着许多皱纹，却全然不动，仿佛石像一般。他大约只是觉得苦，却又形容不出，沉默了片时，便拿起烟管来默默的吸烟了——生活困苦的木偶人。

生：……

师：这一个个特写镜头的选择，是同学们对闰土形象的深刻理解。根据自己的理解，我们还可以给画面配上音乐，选择色彩。在小说阅读中我们透过文字，分析形象，创意表达。

创意优化策略：寻找相关内容 → 反复阅读 → 制作简书（美篇）→ 展示交流

【典型微活动】

师：同学们，赏读《故乡》中闰土的相关描写，反复阅读，制作一篇人物简书（美篇），并给人物配上文字说明、图片，力求形象、生动。

（学生活动：先阅读、编写文字说明、配图、制作，再展示交流）

师：通过同学们制作的一篇篇简书（美篇），我看到了你们对闰土形象、变化原因的深刻理解。

创意优化策略：分析相关内容 → 品读赏析 → 分析手法 → 微写作练习

【典型微活动】

师：同学们，在赏析了闰土的人物形象后，我们一起来分析小说中人物刻画的手法。

生：运用了对比的手法，突出了闰土巨大的变化，深刻表现了文章的主题。

生：运用了语言、动作、神态等方面的描写，细细描摹，人物形象鲜明。

生：细节描写传神，比如闰土二十年后见到"我"的神态，"脸上现出欢喜和凄凉的神情"。

生：标点符号运用巧妙，如"老爷！……""阿！闰土哥，——你来了？……"

师：同学们，借鉴、运用其中的手法，刻画一个人物，进行片段写作，200字左右。

一次次尝试，一次次改变，是为了心中不变。方法不同，形式不同，但内核是相同的，那就是不断提升学生语文核心素养。

（二）涵泳咀嚼，品味小说细节

在现代小说中选择一个细节描写的精彩片段，引导学生赏析细节描写对人物形象刻画的作用，从而掌握细节描写的赏析方法，欣赏小说的细节美。

创意优化策略：概说含义 → 勾画细节描写 → 分析形象 → 完成表格

【典型微活动】

细节描写是文学创作中的一种描写手法，是对人物的外貌、行为、心理、语言或周围事物某一细微特征所进行的具体而细致的描绘。细节描写就是把细小事物，如一个动作、一种表情、一个特点用特写镜头放大，通过准确、生动、细致的描绘，使读者"如见其人""如睹其物"。没有细节描写，就没有活生生的、有血有肉有个性的人物形象。

师：文中哪一处的父亲让你印象深刻？勾画出来，简要赏析父亲的形象特征。

语言描写	我们家的台阶低	父亲对想要建造高台阶新房的执着
动作描写	那根很老的毛竹扁担受了震动，便"嘎叽"地惨叫了一声，父亲身子晃一晃……他却很粗暴地一把推开我：不要你凑热闹，我连一担水都挑不——动吗	表现父亲因年老而挑水时有些吃力，可自己却不愿承认自己的衰老。说明父亲的倔强，要强

续表

神态描写	父亲坐在绿阴里，能看见别人家高高的台阶……这时，一片片旱烟雾在父亲头上飘来飘去	父亲的眼睛始终盯着别人家的高台阶，可以看出父亲对高台阶的执着向往，所以目光专注，连柳枝都摇不散。在这里，为我们刻画了一个有目标、有理想的农民形象
环境描写	那时已经是深秋，露水很大，雾也很大，父亲浮在雾里。父亲头发上像是飘了一层细雨，每一根细发都艰难地挑着一颗乃至数颗小水珠，随着父亲踏黄泥的节奏一起一伏	通过一个"挑"字，形象生动地写出了父亲的勤劳，连头发都在与父亲并肩作战，表达了他快活而骄傲的欢愉心情。同时，描绘了父亲早起建房屋的环境，表现了父亲的勤劳

师：细节虽小，但不可小视其作用。好的细节描写能够使人物性格鲜明，活灵活现，增强内容的真实性、生动性和感染力。通过本课的学习让我们看到了一个为了理想，吃苦耐劳、执着追求的父亲形象。

创意优化策略：自读相关内容 → 品析关键词句 → 尝试绘制课文插图→ 交流展示

【典型微活动】

假如现在需要为《台阶》一文绘制一个插图，你会画一幅怎样的图画来展现课文中的父亲形象呢？请同学们结合文中细节描写，寻读相关内容，并勾画关键语句。

生："许多纸筒落在父亲的头上肩膀上，父亲的两手没处放似的，抄着不是，贴在胯骨上也不是。他仿佛觉得有许多目光在望他，就尽力把胸挺得高些，无奈，他的背是驼惯了的，胸无法挺得高。"这里既有对父亲动作的描写，又有对父亲神态的描写，父亲奋斗了大半辈子，高台阶马上就造好了，他心里的高兴是无法形容的，但作者却抓住了父亲的尴尬和不适应来写，他低眉顺眼了一辈子，突然受到众人的关注会手足无措，表现了父亲的谦卑厚道。

生："那时我不知道山有多远，只知道鸡叫三遍时父亲出发，黄昏贴近家门口时归来，把柴靠在墙根上，很疲倦地坐在台阶上，把已经磨穿了底的草鞋脱下来，垒在门墙边，一个冬天下来，破草鞋堆得超过了台阶。""鸡叫三遍"出发，"黄昏贴近"归来，说明了父亲外出一天的劳动时间之长；"很疲倦"描写了父亲的神态，表现了他劳累的程度;"磨穿了底"说明他走路之多、之远,表现了父亲的辛劳。

生:"他那颗很倔的头颅埋在膝盖里半晌都没动,那极短的发,似刚收割过的庄稼茬,高低不齐,灰白而失去了生机。"与前文形成了对比,父亲在完成建房心愿后,失去了生活的目标,父亲是真的老了。

师:通过同学们的分析,我们脑海中可以浮现出许多关于父亲的画面,这都是父亲作为一个普通农民为了梦想而奋斗的见证。请同学们用文字或画笔,描述你心目中的课文插图。

生:画像(文字或图画),交流展示。

创意优化策略:寻找典型部位 → 品析具体描写 → 感知人物形象 → 交流分享

【典型微活动】

速读文章,你可以从对父亲的哪些描写中,感知父亲的人物形象?

生:父亲的脚。对于父亲的脚及父亲洗脚有非常详细的描写,从这里我们可以体会到"我"家的拮据,父亲为了建新房,一年到头的忙碌,连好好洗脚的时间都没有,也反映出父亲的艰辛及建新房的不易。

生:父亲的腰和背。对于父亲的腰和背的描写,让我们看到了一个尽力把胸挺高,把背挺直却无奈只得尴尬一笑的父亲。几十年的谦卑,让父亲习惯了弓背弯腰,习惯了低眉顺眼,即使他建好了高台阶的新房,他依旧是那个朴实老实的父亲。

生:父亲的头,父亲的发。文中记叙父亲的头和头用了比喻的修辞手法,写出了父亲的老态和父亲辛劳的一生,在建好新房后失去了信念和目标,终是老了。

生:父亲的目光。文中描写了父亲的目光,父亲专注地看着别人家的高台阶,内心一定是充满了羡慕和向往的,这也给了父亲无限的动力,让他为之而奋斗。

......

创意优化策略:知识储备 → 寻找文章美点 → 自主赏读 → 交流分享

【典型微活动】

师:这篇文章的美点很多,比如说遣词造句的精美,比如说开头的简约、结尾的象征等,请同学们认真阅读文章,体会文章的美点。

生:文章美在开头。"父亲总觉得我们家的台阶低。"用这句话作为文章开头,简明大方,一个"总"字表现了父亲对于自家台阶的

不满意，他希望自家的台阶再高些能提升自家的地位，这也是他为之奋斗的动力，体现了父亲的淳朴老实。

生：文章美在结尾。"好久之后，父亲又像问自己又像是问我：这人怎么了？怎么了呢，父亲老了。""我"和父亲一问一答，留下了无尽的思考空间。一个普通的劳动人民，为了建造新屋，为了提升自己的地位，为了赢得尊重，辛苦劳碌一生，终于建成了有高台阶的新屋，但父亲也为此付出了沉重的代价，他老了，身体也垮了，精神也没有了寄托，找不到下一个人生价值的体现，感到无比的失意，不禁让人叹息遗憾。

生：文章的美详略得当。新屋的主体工程写得非常简洁，但是造台阶却花了很多的笔墨，因为本文题目是"台阶"，台阶是父亲一生的追求，所以造台阶要详写，表明新台阶的建造之不易，表现了父亲梦想实现的不易，更能塑造父亲为了梦想不懈奋斗努力拼搏的形象，这就体现了详略是由中心决定的。

师：文章的细节美，不仅仅表现在形象美上，还体现在文体美、结构美、语言美、手法美、画面美等方面，只要我们细细揣摩，一定会有不一样的收获。

（三）转换视角，理清小说情节

把握故事情节，既是理清文章的脉络，也是读懂小说的关键。在梳理阅读教学的情节时，老师要对学生进行方向性的指导，巧用情节梳理的方法运用多种思考维度提取关键信息，多角度、多维度概括小说的故事情节，便于学生学会运用多种阅读方法，培养学生独立阅读的能力与发散思维。

在教学中，怎样让学生积极参与活动环节，做到多方面、多维度梳理小说情节，是教师要思考的重点问题。情节是小说用以表现主题或人物性格的一系列的事件。初中所涉及的小说阅读的取材多以短篇小说为主，是将某一行为或动作作为情节主体的，而动作或行动片段也是在矛盾冲突中得以表现的。因而，在阅读教学的情节梳理时，我们要善于从多角度梳理情节，巧用情节梳理方法。

在现代小说相关课文中选择一篇，引导学生用多种方法梳理情节，培养学生梳理故事情节的能力。

创意优化策略：概括内容 → 抓要素 → 填表格 → 理情节

【典型微活动】

师：请快速浏览《伟大的悲剧》，勾画文中的时间、地点等重要信息,用自己的话概括文章的重要内容。

（时间限制：10分钟）

生：斯科特与阿蒙森在南极展开角逐。

生：1912年年底,斯科特一行人在南极探险的归途中不幸全员牺牲。

……

师：斯科特一行人于1912年1月18日,继挪威人阿蒙森之后登上南极点。在返回途中,他们拖着"赢弱"的身子,"蹒跚"地行走在"皑皑白雪"上,经过七十多天的垂死挣扎,当燃油与食物用完时,被南极寒冷的暴风雪"吞噬",演绎了一场人类探险史上的悲剧。本篇文章大约有4000字,文章内容偏多,要想实现把书读薄、长文短学的目的,我们需要抓关键点。今天,我们从斯科特的日记入手梳理小说的故事情节。同学们再读课文,完成下面表格,梳理故事情节。[①]

（小组交流发言,并完成表格）

日记	内容	情节
第一则	历经千辛万苦,无尽的痛苦烦恼,风餐露宿——这一切究竟为了什么?还不是为了这些梦想,可这些梦想全完了	斯科特一行人与阿蒙森为首的挪威人南极角逐失败
第二则	这里看不到任何东西,和前几天令人毛骨悚然的单调没有任何区别	角逐失败后的失望沮丧的心情
第三则	回去的路使我感到可怕	开始踏上归途,对归途之路的担忧
第四则	"天气愈来愈恶劣,寒季比平常来得更早。他们的鞋底下的白雪由软变硬,结成厚厚的冰棱,踩上去就像踩在三角钉一样,每走一步都要粘住鞋,刺骨的寒冷吞噬着他们已经疲惫不堪的躯体。"	归途困境的描述,重重困难,让他们疲惫前行
第五则	"再这样,是不行了"或者"上天保佑呀!我们再也忍受不住这种劳累了"或者"我们的戏将要悲惨的结束"。"惟愿上天保佑我们吧!我们现在已很难期望人的帮助了。"	故事进入高潮,斯科特一行人面对重重困难时绝望、无助的心情

---

① 祝林：《抓日记,解悲情——〈伟大的悲剧〉长文短教反思》,《学语文》,2015年第3期,第92页。

续表

日记	内容	情节
第六则	"请把这本日记送到我的妻子手中！" "但他随后又悲伤地、坚决地划去了'我的妻子'这几个字，在他们上面补写了可怕的'我的遗孀'。"	英雄壮烈地牺牲将要落下帷幕。最终，斯科特一行人全员魂归南极

师：六则日记贯穿小说始末是从斯科特的角度讲述他们一行人南极探险的故事，透露了小说故事情节的发展。

师：随着日记一页页翻过，这场伟大的悲剧也落下了帷幕，六则日记贯穿小说始末，看似长篇幅的小说阅读，我们亦可将其长文短学。

创意优化策略：浏览课文 → 勾画关键词句 → 梳理情节 → 整理小结

【典型微活动】

师：请同学们快速浏览课文，勾画出文中表示地点的词句，并尝试概括相应地点的故事情节。

（学生浏览课文，小组交流并讨论）

生："他们发现雪地上插着一根滑雪杆，上面绑着一面黑旗，周围是他人扎过营地的残迹——滑雪板的痕迹和许多狗的足迹。" "斯科特海军上校和他的四名伙伴到达极点。"由此可知，斯科特一行人从事南极探险活动并不是第一名到达南极。

生："绝对不能偏离自己原来的脚印，以免错过事先设置的贮藏点。"

生："那一天他们刚刚走到屠宰场营地，重新找到了上个月屠宰的矮种马，第一次吃上比较丰盛的一餐。"地点为屠宰营地。

生："他们到了下一个贮藏点，但再次使他们感到可怕的绝望：那里储存的燃料又是非常之少。"地点为贮藏点。

生："现在只有三个疲惫、羸弱的人吃力地拖着自己的脚步，穿过那茫茫无际、像铁一般坚硬的冰雪荒原。"地点为冰雪荒原。

生："他们离下一个贮藏点只有20公里了。但暴风雪刮得异常凶猛，好像要人的性命似的，使他们无法离开帐篷。"地点为距离下一个贮藏点的帐篷。

生："在英国国家主教堂里，国王跪下来悼念这几位英雄。"

师：故事的起因为他们奔赴南极后失望地踏上归途，而作者着力描述的地点转换为故事发展与高潮处，也是他们一行人壮烈牺牲的过程，结局为几位英雄逝世，但他们的精神永存，国王在英国的教堂悼念英雄。

师：我们可以借助小说中地点的转变进行故事情节梳理，其实根据场景变化来梳理情节在本质上与"开端—结局"式有着异曲同工之妙。

（四）多元思考，理解小说主题

我们以发展学生思维为导向，以激趣为抓手，充分发挥学生的主体地位，设置了"演读""视角""演绎""补白""创作"等，给予学生丰富多样的探究线索和充分自主的探究空间，让学生通过多种角度实现对小说主题的探究，自然了解到文学作品与社会有着广泛的联系。通过多种视角、多种方法的运用助力学生多侧面、多纬度地分析作品更丰富的主题意蕴。

怎样激发学生从不同的角度多元化理解小说主题的热情？怎样教会学生初步认知叙述视角，并能转换视角，进而探知作者意图？怎样帮助学生充分挖掘文本资源、自主探究、自拟角度分析小说主题，并能形成探究结论？

采取截取文段，用自主创写、自编剧本的方式再现小说内容。转换叙述视角，从叙事视角的变化体会不同叙述视角的差异，从而进一步推知作者的创作意图。

演绎留白，将小说留白加以大胆合理的想象补充起来，从而体察人物内心世界，以理解小说主题。

创意优化策略：勾画矛盾冲突最激烈的文段→批注精彩的细节→弥补留白，创写剧本→小组汇演展示→形成结论

【典型微活动】

师：分组活动，自主朗读《我的叔叔于勒》情节的高潮部分，在脑海中还原事件场景，想象人物的各种表现。你更关注哪一个人物？请认真仔细阅读该人物的相关描写段落，根据你的想象，弥补留白，创写一个片段。

生：自主创写片段。学生小组合作，讨论各自的创写成果，并在小组内形成短剧剧本并试演。小组汇演展示。

师：你们觉得哪一组演得更加贴近故事情节，切合小说的主题？

（生分别发言，并阐述理由）

师：通过同学们的剧本创写和主要情节的表演再现，你对小说主题有怎样的理解？

生：通过同学们的精彩表演再现故事情节，我看到了小说最精彩的部分在矛盾与冲突最激烈时，我看到了人与人之间的矛盾，我还看到了小若瑟夫内心的矛盾，体会到了他对叔叔于勒产生了深深的同情和对自己人性的诘问。

师：你的见解也很独到，走到了人物的内心世界，体会到了作者的创作意图，这很不错。

创意优化策略：引入小说叙述视角的话题→以文中第一视角重新讲故事→精研文本，圈点细节→自选视角，再度创作→交流展示

【典型微活动】

小说家詹姆斯曾说："讲故事至少有五百万种方式。"作者在开始讲故事前，必须要找到一个最好的立足点，这个讲故事的人可以是旁观者，也可以是身在其中的参与者，更可能是这个故事的主人公。只有选好立足点，作者的情感体验、生活体验等才能更好地传达给读者。叙述视角就是"怎样说"的问题。教师展示关于叙述视角的相关知识，学生初步感知，认识叙述视角。请参考《我的叔叔于勒》一文进行相关训练。

师：请同学们以文中叙述的第一视角若瑟夫的视角再次讲讲这个故事，讲给你的同桌听听，讲完之后同桌之间互相评价、取长补短。

师：下面请同学们在文中勾画并批注一些你觉得必要的且不可删改的细节，如典型的人物描写、小说中富有人物性格特点的语言等。

生：自主研读。

师：同学们现在可以转换视角，改用其他的人物，如于勒、菲利普夫妇、姐姐、姐夫甚至船长等为叙述的第一人称，在刚才研读的基础上，加入合理的想象，大胆地对小说进行改编和创作。

生：交流展示成果。

师：通过转换视角叙述，我们发现采用若瑟夫的叙述视角有何优势？

生：孩童的天真视角，使我们能看到成年人世界无法看到的。

生：若瑟夫的视角也许更符合作者的心境。

师：作者选取了儿童时代的若瑟夫为叙述视角，他与文中的人物都有亲情关系，对于父母的自私、冷酷甚至虚伪，他无法过于苛责，因为他们也不过是生活窘迫的小人物，做着挤进上流社会的美梦。对于自己的亲叔叔，儿童的纯洁善良天性，使他对于勒生出了深深的同情，在这样的人性对比中，我们看出了作者对于人性的深刻思考，对纯真善良人性的呼唤，这也是这篇小说的主题价值之一。

创意优化策略：引导学生思考小说的艺术空白→从其他角度出发创写一个文段→走进人物内心→探究小说主题

【典型微活动】

教师引导学生思考：于勒在外闯荡多年，不可能只给兄嫂写信，极有可能写了很多封信，只不过后来由于生意失败，碍于自尊心没有寄出。假如你就是于勒，在这种情况下，你会对兄嫂倾诉些什么？请以书信体的格式创写一个文段。

师：菲利普先生没有勇气认亲弟弟都有哪些原因？

生：碍于情面。

生：担心重新被弟弟拖累。

生：怕影响女儿的婚事。……

师：同学们的设想很符合人物的心理。请设想在回去的路上，菲利普先生的心情一定难以平静，他的心绪一定很复杂，可能有释然，也可能会有愧疚……晚上回家后，他会写一篇怎样的日记呢？请你设身处地想一想，并以父亲的口吻，用第一人称来写一篇日记。

（学生限时创作，展示交流学生成果）

师：通过创写文段，我们发现大家明显走进了人物的内心世界，而且还发现了文中的主要人物菲利普和于勒都有各自的无奈和辛酸，我们既可以从资本主义社会金钱至上的观念对人性的异化来理解小说，也可以从小人物的心酸与无奈出发重新理解小说主题。

三、现代小说创意阅读微反思群

（一）细读精思，洞察小说形象的精神世界

"语文教育最具有创造性，特别是文学教育，可谓仁者见仁，智者见智。"[1]在充分了解作者的生活时代和创作意图的基础上，我们鼓励学生拥有自己独特的阅读体验，从多角度分析人物，从而训练学生的思维能力，提升阅读鉴赏能力。我们倡导细读和精读。细读就是通过仔细阅读、分析、研究达到对阅读材料全面深入理解、精确熟练掌握的阅读方法。精读就是选取全文的重点段细细地品味，进行重点训练或专项训练的阅读方法。精读的内容应是最能体现本文

---

[1]　于漪：《于漪全集4（语文教育卷）》，上海教育出版社，2018年，第80页。

训练重点的段落。因此，教师在教学设计时，既要紧扣重点，又要有所创新，从而引领学生感知生活、理解生活、热爱生活。

创意优化策略：自读相关内容 → 摘录词句（完成表格）→ 概括提炼 → 分析总结

【典型微活动】

师：《孤独之旅》一文中，放鸭之旅也是一场心灵之旅，同学们找出情节发展的不同阶段描写杜小康孤独旅程的文字，朗读并体会不同阶段杜小康的心理。

（学生活动：寻读，勾画相关描写的语句）

时间段	关键词句	心理	形象
刚刚出发时	现在……前方是什么样子？前方是未知的	茫然恐惧	他是一个在困境中成长，越来越坚强的孩子；是一个能理解父母苦衷，能为家庭分忧的孩子；是一个念念不忘求学上进，热爱生活的孩子
到达芦荡时	看到芦苇如绿色的浪潮直涌到天边时，他害怕了……眼中露出了一个孩子的胆怯	害怕胆怯	
芦荡安顿后	他们最大的敌人，也正在一步一步地向他们逼近：它就是孤独……注满了的孤独	孤独单调	
过段时间后	时间一久，再面对天空一片浮云……就不再忽然地恐慌起来	不再恐慌	
雨后天晴时	望着异乡的天空……他觉得自己突然长大了，坚强了	长大坚强	

师：部分同学直接选用了文中的词语或句子，部分同学根据语段或句子进行了归纳概括，这是我们分析人物形象时常用的方法。下面可根据杜小康的心路历程分析其人物形象。

生：他是一个在困境中成长，越来越坚强的孩子。

生：他是一个能理解父母苦衷，能为家庭分忧的孩子。

创意优化策略：自读相关内容 → 自我体悟 → 移情运用 → 分析人物形象

【典型微活动】

师：同学们通过自由阅读课文《孔乙己》，梳理关于孔乙己的语言、动作、神态等描写段落或句子，并细细体会作者意欲传达的主旨。

（学生活动：阅读、勾画）

师：品析人物形象描写透过文字走进人物内心世界。请细细品味，感知人物形象，用"我是孔乙己……"的句式向大家介绍，并揣摩人物心理。

生：我是孔乙己，我的名字是别人"从描红纸上的'上大人孔乙己'这半懂不懂的话里"取出的一个绰号。

生：我是孔乙己，我身材很高大；青白脸色，皱纹间时常夹些伤痕；一部乱蓬蓬的花白的胡子。穿的虽然是长衫，可是又脏又破，似乎十多年没有补，也没有洗……

生：我是孔乙己，我原来也读过书，但终于没有进学，又不会营生；于是愈过愈穷，弄到将要讨饭了。幸而写得一笔好字，便替人家钞钞书，换一碗饭吃。

生：我是孔乙己，我在柜台下对着门槛坐着。我脸上黑而且瘦，已经不成样子；穿一件破夹袄，盘着两腿，下面垫一个蒲包，用草绳在肩上挂住；见了伙计，又说道，"温一碗酒"……掌柜仍然同平常一样，笑着对我说，"孔乙己，你又偷了东西了！"

师：同学们从第一人称的角度，揣摩人物语言、动作、神态、心理，有的选用文本语言交流，有的用自己的语言表达，这为深刻领悟人物的形象做了准备。

生：我们可以看到孔乙己在封建腐朽思想和科举制度毒害下，精神上迂腐不堪、麻木不仁，生活上四体不勤、穷困潦倒，在人们的嘲笑戏谑中混度时日，最后被世态炎凉的社会吞噬的悲惨形象。

生：哀其不幸，怒其不争。

生：孔乙己，让我想到了范进，同是悲苦的人物，同是封建科举制度的牺牲品。

创意优化策略：寻找相关内容→反复朗读→批注赏析→展示交流

【典型微活动】

师：寻找《我的叔叔于勒》描写菲利普夫妇的语句，并勾画出来反复朗读。注意重音、语气、语速。

（学生活动：阅读，勾画）

师：在朗读中同学们一定有自己的想法，可以做好批注赏析，准备在小组交流。

示例：父亲总要说那句永不变更的话："唉！如果于勒竟在这只船上，那会叫人多么惊喜呀！"运用了语言描写，"唉"表示叹息，包含了十年来的多次失望，"竟"表示意外，父亲希望于勒能出乎意料地来到身边，表现了他急切盼望的心情。

（学生活动：朗读、自主赏析）

师：赏析文中人物描写的方法，体会人物心理，概括人物形象。同学们说说你的理解。

生：当他从船长口里证实老水手就是于勒时，"脸色早已煞白，两眼呆直，哑着嗓子说'啊！啊！原来如此……'"这是神态描写和语言描写，他惊惧极了，因而连声惊叹，语无伦次，这都表现了他发财美梦成为泡影后心情的沉重。

生："突然暴怒起来"，破口大骂于勒是"贼""流氓"。从这些语言、神态、动作描写中，可以看出克拉丽丝是个势利、冷酷、刻薄、唯利是图的泼妇，是个比丈夫更有心计的人。

生："他坐在长凳上，结结巴巴地说：'是他，真是他！'然后他就问：'咱们怎么办呢？'"这是语言描写，表现出他的懦弱、冷酷。

生："突然好像不安起来，他向旁边走了几步，瞪着眼睛看了看……他的脸色十分苍白，两只眼也跟寻常不一样。"动作描写和神态描写反映出他突然发现自己心目中的百万富翁竟变成眼前的穷汉时那种惊恐狼狈、复杂微妙的心理状态。

师：同学们运用人物描写的知识，对人物的相关描写进行了批注赏析，表达了自己独到的见解，非常中肯。

创意优化策略：寻读人物描写相关内容 → 创设情境，启发创新 → 各抒己见，交流汇报

【典型微活动】

师：《台阶》一文成功地塑造了父亲的形象，请同学们寻读相关内容，并勾画相关语句，细细品读。

师：假如你是一位摄影师，要拍一组父亲形象的照片，你会抓住父亲的哪些细节拍成特写镜头呢？首先从文中圈点勾画细节，然后品读语句，再拟一个镜头名称。

示例：他的脚板宽大，裂着许多干沟，沟里嵌着沙子和泥土，父亲的这双脚是洗不干净的——我的辛劳的父亲。

生：结果父亲一下子背了三趟，还没觉得花了太大的力气。只是那一来一去的许多山路，磨破了他一双草鞋，父亲感到太可惜——我的健壮的父亲。

生：父亲的准备是十分漫长的。他今天从地里捡回了一块砖，明天可能又捡进一片瓦，再就是往一个黑瓦罐里塞角票。……大热天父亲挑一担谷子回来，身上淌着一片大汗，顾不得揩一把，就往门口的台阶上一坐——我的勤劳执着（辛苦劳累）的父亲。

生：那时我不知道山有多远，只知道"鸡叫三遍"时父亲就出发了，黄昏贴近家门口时归来，把柴靠在墙根上，很疲倦地坐在台阶上，把已经磨穿了底的草鞋脱下来，垒在门墙边。一个冬天下来，破草鞋堆得超过了台阶——我的艰辛的父亲。

生：那时已经是深秋，露水很大，雾也很大，父亲浮在雾里……亮亮的，红得很耀眼——我的忙碌的父亲。

生：许多纸筒落在父亲的头上和肩膀上，父亲的两手没处放似的，抄着不是，贴在胯骨上也不是。他仿佛觉得有许多目光在望他，就尽力把胸挺得高些，无奈，他的背是驼惯了的，胸无法挺得高——我的谦卑的父亲。

生：到第四级时，他的脚抬得很高，仿佛是在跨一道门槛，踩下去的时候像是被什么东西硌了一硌……厨房里又传出一声扁担沉重的叫声，我和母亲都惊了惊，但我们都尽力保持平静——我的倔强的父亲。

师：刚才我们分析了文中对父亲的细节描写，通过同学们深情地朗读、讲述，我们看到了一个坚韧不拔、勤劳辛苦、渴望受人尊重的父亲。

创意优化策略：分析相关内容 → 品读赏析 → 分析手法 → 微写作练习

【典型微活动】

同学们，在赏析了"父亲"的人物形象后，我们一起来分析人物刻画的手法。

生：运用了语言、动作、神态等方面的描写，细细描摹，人物形象鲜明。

生：细节描写传神，比如"父亲的两手没处放似的，抄着不是，贴在胯骨上也不是""磨穿了底的草鞋"。

生：数字运用较巧妙，如"一年中他七个月种田，四个月去山里砍柴，半个月在大溪滩上捡屋基卵石，剩下半个月用来过年、编草鞋。"

生：侧面描写、衬托等。

师：同学们，借鉴、运用其中的手法，刻画一个人物，片段写作，200 字左右。

【创意微反思】

紧扣阅读，深研细作。每一篇小说的教学内容都是特定的，同时又有一些共通的东西。人物形象的赏析是小说教学的一个重点内容。它不同于休闲式的小说阅读，所以在教学过程中要摒除随意性、盲目性，教师主动参与课程资源的开发和设计，创造性地整合、加工、运用教材，由"教教材"转向"用教材教"，教师要教会学生学习、发展思考，学会分析，培养良好的阅读习惯，提高阅读现代小说的能力。

从聚焦"问题设计"到"活动设计"，是尝试，也是创新。余映潮曾说过："指导学生进行默读、朗诵、查阅、听读、记背、改写、编演等……让学生动起来。"[①] 在微设计中，我们以人物形象的赏析为任务，以活动为抓手，给予学生充分的阅读、思考、表达的时间和空间，落实语言文字的赏读。

通过同课异构、异课同构的方式和一个个人物形象分析的教学尝试，让学生学会怎么进入小说人物的内心世界，置身其中去感受、体味，最终走出文本，理性客观地分析小说中塑造的人物形象，思考其形成的原因，体会作者的创作意图，并形成现代小说的阅读理解能力。

同时，我们还可以大胆尝试将读与写相结合。经典的小说人物描写往往有细致的观察、独特的表现手法，可以带给我们不同的审美体验。我们也可以引导学生走出文本，鼓励学生将读与写相结合，从不同角度去模仿、练习和创新，进而提升自身阅读和写作的素养。

（二）批注赏析，涵泳小说细节的内在意义

在教学过程中，教师把课堂交给学生，教师可以适当引导学生思路，揭示方法，把握课堂节奏，充分发挥教师对课堂的组织和指导作用，让学生深入文本，反复揣摩文章语言，体味语言特色，理解小说中鲜明的人物形象，形成独特的情感体验，从而享受审美乐趣，提升人文素养。

创意优化策略：自读课文 → 阅读批注 → 赏析细节描写 → 交流展示

【典型微活动】

师：阅读批注，充分利用批注的提示作用，赏析细节描写的妙处。

示例（课件展示）

---

① 余映潮：《余映潮语文教学设计技法80讲》，广东人民出版社，2014年，第14页。

写牛：牛们早卧在地下，两眼哀哀地慢慢眨。两个汉子拽起一头牛，骂着赶到索头。那牛软下去，淌出两滴泪，大眼失了神，皮肉开始抖起来。汉子们缚了它的四蹄，挂在角框上，又将绳扣住框，发一声喊，猛力一推。牛嘴咧开，叫不出声，皮肉抖得模糊一层，屎尿尽数撒泄，飞起多高，又纷纷扬扬，星散坠下峡去。过了索子一多半，那边的汉子们用力飞快地收绳，牛倒垂着，升到对岸（批注5：这里为什么细写牛的情状？）

写鹰：一只大鹰旋了半圈，忽然一歪身，扎进山那侧的声音里。

那只大鹰在瘦小汉子身下十余丈处移来移去，翅膀尖上几根羽毛被风吹得抖。

那鹰斜移着，忽然一栽身，射到壁上，顷刻又飞起来，翅膀一鼓一鼓地扇动。首领把裤腰塞紧，曲着眼望那鹰，说："蛇？"几个汉子也望那鹰，都说："是呢，蛇。"（批注：第三次写鹰）

（学生讨论交流）

生：牛溜索前"早卧在地下""两眼哀哀地慢慢眨""大眼失了神""皮肉开始抖起来"，溜索中"牛嘴咧开，叫不出声，皮肉抖得模糊一层，屎尿尽数撒泄"逼真地描写出牛溜索前后惊恐失态之状，烘托出峡谷的险恶；而这些牛们又反衬出汉子们的沉着、果断。

师：非常好。那写鹰有何用呢？

生：第一次写鹰，用了"旋"和"扎"这样的动词，很有力量。是以大鹰的英勇象征人物的无畏；第二次写鹰，以老鹰进一步衬托人物的勇敢，并突出溜索的惊险。前两次写鹰是要衬托人物英勇。

师："翅膀尖上几根羽毛被风吹得抖"是在暗示什么？

生：暗示当时溜索的位置高，风很大，环境惊险。

师：第三次写鹰呢？

生：我觉得第三次写鹰成功抓蛇，正是象征马帮汉子们顺利渡江！

师：既有多感官多角度描写，又有对比烘托，既突出了怒江峡谷环境的险恶，又表现出了马帮汉子们的从容不迫、沉着稳重。

创意优化策略：自读课文 → 寻找细节描写 → 品析关键词句 → 完成表格

【典型微活动】

品读《孔乙己》人物描写细节，分析孔乙己形象特点。

外貌描写	孔乙己是站着喝酒而穿长衫的唯一的人。他身材很高大；青白脸色，皱纹间时常夹些伤痕；……似乎十多年没有补，也没有洗	既说明孔乙己穷，也说明他懒惰，更表现了他穷酸、迂腐、死爱面子的特征，把孔乙己的社会地位、思想性格和所受的封建教育毒害之深揭示得十分深刻
动作描写	他不回答，对柜里说，"温两碗酒，要一碟茴香豆。"便排出九文大钱	"排"的动作活灵活现地揭示了孔乙己明明穷困潦倒却还要摆阔的迂腐性格
语言描写	孔乙己便涨红了脸，额上的青筋条条绽出，争辩道，"窃书不能算偷……窃书！……读书人的事，能算偷么？"接连便是难懂的话，什么"君子固穷"，什么"者乎"之类	揭示了孔乙己深受封建教育的毒害，爬不上去却又不肯下来的典型的封建知识分子形象

【创意微反思】

在教学过程中教师应注重方法的积累，引导学生圈点勾画，让学生能找准细节描写，从关键词句处入手品析刻画人物形象的作用。在平时的教学中要注意渗透语文知识，让学生能更多地积累语文知识，并运用到语言表达中来。同时，作为语文教师，在课堂上要注重训练学生的语言表达和对文本的深读技巧，培养学生阅读一类文章的能力。

（三）创意训练，领会小说情节的巧妙安排

情节是小说中用来体现主题或刻画人物性格的一系列的有组织的生活事件。情节梳理得是否清楚，往往与后面人物形象的分析、主题的明确息息相关。运用多样的阅读教学策略，是教师多角度、多方向的点拨情节梳理的关键点；追寻情节梳理阅读教学多样化，将增添课堂的丰富性与趣味性，亦培养阅读文本、创意表达能力。

研究不同的现代文本，从中把握这一类课的教学规律。通过对这一系列课例的研究，发现小说故事情节梳理的教学规律。

创意优化策略：概括文章内容 → 抓线索 → 理情节 → 完成表格

【典型微活动】

师：请快速地浏览课文《孤独之旅》，勾画出文章里的时间和地点等重要信息，并尝试概括文章内容。

生：交流并发言。

师：课文描写了少年杜小康因家景败落，被迫与父亲离家去遥

远的地方牧鸭生活的故事。课文刻画了柔弱、幼稚、恋家的少年杜小康，经历了牧鸭生活的孤独和恐惧，终于战胜自我，变得坚强的一段生活历程。①

师：请同学们寻读课文，找出主人公杜小康在文中说的四句话。

生：第三段，"我不去放鸭了，我要上岸回家……"

生：第三十一段，"我要回家……"

生：第四十一段，"还是分头去找吧。"

生：第五十二段，"下蛋了，下蛋了……"

师：接下来，我们以这杜小康的话为抓手来梳理课文的故事情节。这四句话分别是杜小康在什么样的情况下说的？分别反映了杜小康怎样的心情？

生：交流发言并展示，如下表。

杜小康的话	主要情景	不同的心理感受
我不去放鸭了，我要上岸回家……	离开油麻地出发时	茫然与恐惧
我要回家……	在芦荡安顿下来	孤独
还是分头去找吧	经历暴风雨后	坚强、长大
下蛋了，下蛋了……	八月的一天早晨	惊喜

师：通过以"杜小康"的话为抓手，同学们能快速地梳理出故事情节，能迅速地感受到主人公杜小康的心路历程——由茫然恐惧变得逐渐坚强，最后真正地长大了。

【创意微反思】

整体而言，本次教学设计思路清晰，目标明确。然而，此次故事情节梳理教学的引导方式稍显单一，无法使学生灵活运用情节梳理的方法。对于教学要深挖一口井，方能掘得万担粮；嚼透知识点方能触类旁通。对于故事情节梳理的教学应以学生"学的活动"为出发点，深挖文本，抓住关键点——人物和事件，使学生能掌握长文短学及触类旁通掌握情节梳理的方法。

---

① 陈敬学：《小说情节梳理是否可多几种形式》，《语文月刊》，2018年第4期，第50～51页。

（四）智慧引领，体悟小说主题的生活意蕴

无论是哪一种教学方式，在教学过程中，我们都必须注意着重培养学生全文把控、精细研读和语言再现的能力。选取文段、勾画批注、补写留白、求同存异等教学方式，只不过是教师为了达到教学目的而采取的手段。教师如何教会学生运用好这些手段，是需要教师在实际的教学情境中结合文本和学情具体实践操作的。小说教学的最佳效果就是通过对课文的学习，激发学生课外阅读的强烈兴趣。学生对小说阅读的学习拥有了更丰富的体验感受，学生的语文核心素养就在潜移默化当中得到了提升。

创意优化策略：类文阅读→搜寻信息，精细研读→求同存异，各抒己见→形成结论

【典型微活动】

出示材料：《孔乙己》《我的叔叔于勒》《故乡》相关文段（以人物经典细节描写和高潮部分为例）。

师：这三篇小说的人物形象有没有共性？

生：孔乙己、于勒、闰土都是生活悲惨的社会最底层人物。

生：几乎没有人在意他们的死活，哪怕是自己的亲人。

生：他们的人生都笼罩着一层悲剧色彩。

生：他们都怀揣人生圆满的美梦，然而都破裂了……

师：请在这三篇文章当中找出并勾画出能生动鲜明地体现人物性格特征的细节描写段落并分角色读一读，仔细体会体会。

（生分别展示读，师精炼点评）

师：三篇文章当中，通过侧面人物对主人公评价的语句多吗？

生：很多。举例展示（略）。

师：我们一起来读一读，注意转换了角度，那么朗读的语气、语调会发生改变。

师：从刚才的朗读、赏析中，我们能再找一找三篇小说的共性吗？

生：叙述的视角相似，《孔乙己》和《我的叔叔于勒》一个是酒店的小伙计，一个是小若瑟夫，都是孩童视角。

生：都运用了对比的表现手法，如《故乡》中少年闰土和中年闰土的对比，《孔乙己》中孔乙己首次出场和最后一次出场境遇的对比，《我的叔叔于勒》中对于勒称呼的前后对比、环境描写的前后对比等。

生：对于主人公的性格特征，《孔乙己》和《我的叔叔于勒》都采用了大篇幅的侧面衬托的手法，如《孔乙己》中看客的"笑"，《我的叔叔于勒》里菲利普夫妇对于勒称呼的变化等，都从侧面展现了孔乙己和于勒的人物形象。

师：能够体会到这三篇小说主题的共性吗？

生：残酷的社会现实压榨得人没有温情可言，人变成了金钱的奴隶，自私又冷酷。

生：孔乙己、于勒、闰土等社会底层小人物在这样的社会和家庭环境中，是不可能飞黄腾达的，因为社会和家庭的双重枷锁，已经牢牢地套在他们的头上了。

师：同学们的角度很新颖，也很全面，咱们再来看看三篇小说主题的个性之处……

【创意微反思】

小说类文阅读型课的文本选材广泛，但是从学生的实际知识水平能力而言，从教材中节选是比较好的素材来源。在实际的教学当中，长文本的类文阅读还面临着筛选文本信息的任务，教师需要在课前根据教学目标适当进行删改，这非常考验教师的备课功底。同时，大容量的教学内容也使得教学过程需要教师拥有强有力的课堂驾驭能力。

通过类文对比阅读，虽然课堂容量变大，但是学生的横向思维扩展了，学生能够非常快速而清晰地把握住三篇小说主题的共性与个性，这既是一种高效的阅读训练，又不失为一种新颖的主题探究方法。

创意优化策略：群文阅读 → 设置议题 → 精细研读，求同存异 → 搜集资料，形成研究成果 → 交流分享

教师提供数篇现代小说（主题以揭露社会现实为主）的文本资料（篇幅以短篇或中篇为主），学生根据自己的实际学情，选择两三篇文本。

【典型微活动】

师：现在请同学们自主选择以下议题，以小组为单位，合作学习。精细研读文本，并从中勾画有用的信息。"说一说文学作品中的小人物——从人物当中看主题"，"不同社会背景下的情感异化——从社会当中看主题"，"也说小说中的细枝末节——从细节当中看主题"，"悬念设置是否有必要——从手法当中看主题"。

师：根据议题自主搜集整理相关资料，并写一写你如何看待这类小说主题的异同之处。

生：自主搜集资料，小组合作形成成果，并在课堂上展示。

师：总结，集体形成研究结果。

【创意微反思】

探究型的课程有助于学生纵向把握学习目标，训练学生的自主探究能力和高阶思维能力，但是我们发现探究型的课对于学生自主学习的能力要求很高。基于不同的学情，教师可以先对文章作者及创作的时代背景进行深入研究，同时做到对同类型小说的主题有深入的、全面的见解和体会。在课前，教师要为学生提供充分的课程资源，包括读本推荐和背景资料等。

该教学设计以群文阅读为基点，文本群由学生根据教师提供的几个议题来自主选择。探究型的课程对学生自主学习的水平要求高，在实施过程中，学生会遇到困难和瓶颈，教师的支持和引导尤为重要，最终能够极大地提升学生的自主探究能力。

在相关教学中，对于基础较弱的学生在课堂中还不能达到教师预设的目标。课堂中教师还应给予学生更具体的作答指导，以便学生形成一定的答题思路。在教学情境中，对于学生的作答教师的点评还不到位。

每一次反思，都是我们的回望；每一次改进，都是我们的成长。一个个微课例，是我们对现代小说教学的思考和尝试。一组组"异课同构"和"同课异构"，是我们在现代小说创意阅读教学中的实践。我们期望不断发现问题，不断优化设计，找到更好的小说阅读教学策略，多方面提升学生的阅读能力，提高学生的语文核心素养，看见更好的自己、更好的学生、更好的课堂和更好的生活。

专题四
现代诗歌创意阅读微课例[①]

一、现代诗歌创意阅读微问题群

诗歌阅读承担着语文审美教育的重任，是落实语文四大核心素养特别是"审美创造"的重要路径。[②] 然而现代诗歌阅读是初中阶段的一块教学短板，每个老师都能说出一些问题，但具体是什么问题，问题的症结在哪，却又模棱两可。我们对现行初中语文教材中的现代诗歌进行了梳理，有十六首之多。根据现代诗歌教学课例及相关文献，结合教学实际，我们把现代诗歌教学中的常见问题归结为四个方面：朗读指导、抒情体悟、意象探究、诗意理解。本节力求从一个个小切口入手，找问题、诊病因、谋策略。

（一）形式单一缺乏创意，朗读指导举步维艰

【问题描述】

同学们，《天上的街市》是一首现代格律诗，节奏明晰，音韵优美，读起

---

① 专题四负责人是德阳市旌阳区柏隆学校教师许必华，作者是许必华、秦军、詹梅、罗玲、李育蓉、顾欢、张扬蓉。
② 中华人民共和国教育部：《义务教育语文课程标准（2022 年版）》，北京师范大学出版社，2022 年，第 4～5 页。

来有一种美感，下面我们开始诵读诗歌。

第一，可自由朗读。要求学生自由试读诗歌并给自己不认识的字注音，给生词释义（多媒体出示要求）。

第二，可有节奏朗读诗歌。请两名学生分别朗读诗歌，其他学生点评其朗读效果，然后开展教师评价。

第三，可教师在多媒体上展示全诗，让全体学生读出节奏，由教师进行点评。

第四，可全班齐读诗歌。要求节奏恰当，读音正确，表情合宜。[①]

【问题诊断】

朗读是现代诗歌教学的起点。朗读的目的，一是看学生是否读得准确、流畅，二是看学生是否读出了节奏感，读出了音韵美。准确流畅是基础要求，节奏感和音韵美主要表现为对重音、停连、节奏、语气、语调、语速的把握，是对学生朗读较高要求。

就一般教学而言，这个朗读教学设计是没有问题的。学生通过自由朗读，解决了读准的问题；对生词释义，不仅有诗意理解的价值，对读得流畅也有意义。问题出在第二个教学环节——学生有节奏朗读诗歌：请两名学生分别朗读诗歌，其他学生点评其朗读效果，然后由教师进行评价。问题是学生依据什么样的标准评价朗读效果？或者说学生对朗读效果的好坏参照什么评价？评价的标准是在准确流畅的基础上，朗读有节奏感和音韵美。节奏感主要表现为对重音、停连、节奏的准确把握，音韵美主要表现为语气的重轻、语调的高低、语速的急缓上，非经训练是难以把握的，所以，这里的朗读需要教师的指导。直观的指导是给学生一个参照，这个参照就是教师的范读或专业人士的朗读。从教学设计看，这一环节是缺失的。

听韩军、贾国友等名师的课堂朗读，足以声情并茂，技惊四座，令听者终生难忘。现代诗歌的朗读教学或教师范读的意义不只是给学生一个评价的参照，也便于学生模仿、内化甚至移情，这样，学习才会真正发生。当然，如果学生的朗读水平已经较高，或者教师的范读不足为"范"，听听专业的朗诵，或让水平较高的学生朗读，既是一种引领，也是一种欣赏。

第四个教学环节，对学生的要求是读音正确，节奏恰当，表情合宜。表情（还有动作）是朗诵的要求，对于全班齐读，显然是高要求，不容易落实。

---

① 刘浩军：《〈天上的街市〉教学设计》，《读写月报（语文教育版）》，2020年第10期，第38～42页。

从教学设计看，整个朗读教学有四个问题：一是朗读形式较为单一，二是指导不够到位，三是训练不够充分，四是缺乏教学创意。

（二）浮在表面缺乏理解，体悟抒情有心无力

【问题描述】

现代诗歌中有一些看似平常实则意蕴深厚的词语，这些词语往往会被忽略，教师要善于引领学生发现并体味这些词语的深意，如《我爱这土地》中那句"假如我是一只鸟，我也应该用嘶哑的喉咙歌唱"中的"也"与"应该"，这两个词看似平常却体现出喉咙虽已嘶哑却依旧歌唱的悲壮，体现了爱国是使命，是担当的决绝……对"嘶哑"一词的感悟，有学生理解为可能是无能为力了，因为这只鸟唱了很久，却没有用，所以从它的嘶哑中可以看出它的无能为力。还有学生将"嘶哑"理解为竭尽全力，即使嗓子嘶哑了，只要有一口气，都要继续歌唱下去，歌唱到"然后我死了，连羽毛也要腐烂在这土地里面……"也要和这土地连在一起，生死相依。诗歌是诗人的歌，而一旦诗歌进入了阅读的视野，它又同时成为"我"的歌，即学生自我的"歌"，"我"的气质势必会影响"我"对诗歌的理解，因而对同一首诗歌的解读难以达成共识，课堂中会出现不同的解读也不足为奇。这时，教师过多的讲解和矫正反而易割裂诗歌的美感。不如在没有知识性错误的前提下，尊重多元解读，"隐"在学生背后，让学生各自"抒情"，留下想象的自由。如此，既尊重了学生多样化的体验，也成全了诗歌的朦胧之美。①

【问题诊断】

诗歌可以叙述，可以描写，可以议论，但诗歌不善叙述，不善描写，不善议论；诗歌最讲以情动人，因而抒情是诗歌这种文体的本质特点。对于现代诗歌来说，语言的形式美、诵读的音乐美都只是花形与花色，可触可感，而情感之美犹如花香，是最容易感知的美，也是最难以把握的美。情感作为作者传递诗歌表达的灵魂与核心，是初中语文现代诗歌教学的难点。"不如在没有知识性错误的前提下，尊重多元解读，'隐'在学生背后，让学生各自'抒情'，留下想象的自由"，真是这样的吗？

问题一：对"嘶哑"一词有学生理解为无能为力了，因为这只鸟唱了很久，却没有用，所以从它的嘶哑中可以看出它无能为力。也就是说，学生读出

---

① 林爽：《读出"我"的语言，读出"我"的情感——谈谈"学为中心"的现代诗教学》，《语文教学通讯》，2015年第5期，第45～46页。

的是绝望之情，同意吗？

问题二：诗歌的理解可以多元，但并非无界。在教学时，教师在尊重学生想象的自由和多元化体验的同时，是否应该与学生在文本的边界达成共识？

问题三：没有知识性错误能代表认识正确吗？认识错了，情感的理解也可能随之而错。

作为课外阅读，教师必须尊重每个学生的独特理解与感受；作为专业阅读，教学须在保留和尊重学生"个人意见"的同时给予全班学生以共识。教学不是"朦胧艺术"，是语言、思维、审美、文化建构与发展的技术和艺术，要可感知、可理解、可悟得、可迁移。

（三）构境艰难缺乏画感，意象探究思路狭隘

【问题描述】

意象是包含诗人独特情感的客观物象，或者说是用来寄托作者主观情思的客观物象，是主观的"意"和客观的"象"的结合。《你是人间的四月天》中"四月天"是总的"意象"，同时也是诗人歌咏的"你"的化身，代表爱、温暖和希望。教师在教授《你是人间的四月天》时，需要把"四月天"特有的"春风""春光""云烟""细雨"等一组具体意象挑选出来，分析其营造的优美意境，才能感悟诗人表达的情感。

第一，探"象"。意象是一个个富有特殊意蕴的具体物象，是客观、具体之象，可以感知。教学现代诗要引导学生找出每节中的意象。《你是人间的四月天》中，第一节中的意象有"四月天""春风""春光"，第二节中的意象有"云烟""春风""星子""细雨"，第三节中的意象有"百花""月圆"，第四节中的意象有"绿芽""白莲"，第五节中的意象有"呢喃的燕"。

第二，究"意"。《你是人间的四月天》中林徽因把四月天最具代表性的"春风""春光""云烟""星子""细雨""百花""月圆""绿芽""白莲""呢喃的燕"等意象组合在一起，并精心选取富有灵性、梦幻、温暖的词汇，如"娉婷""鲜妍""鹅黄""绿""白""柔嫩"等与其构成一幅充满生机、喜庆的春天图景，形成唯美的意境，表现出一种生机勃勃而又色彩绚烂的柔美，并在最后发出"你是爱，是暖，是希望"的生命感悟。[①]

---

① 杨建利：《多种任务驱动学习的现代诗教学策略——以教学〈你是人间的四月天〉为例》，《语文教学通讯》，2018年第35期，第48～49页。

【问题诊断】

上述课例提到了诗歌阅读时两个重要的术语：意象、意境。意象和意境都是诗人意识世界里的图景，这些图景源于现实世界，经过意识的过滤、修饰、重组而成为一个高于现实世界的虚拟世界。诗人是这个虚拟世界的主宰，可以任凭自己的意志，从现实世界中取材，把自己的理想、情感、志趣、精神烙印上去，赋予这些物象以艺术生命。作品是诗人的私家花园，而一旦被发表，也就成了读者的艺术公园。当读者通过文字及想象走进这座艺术公园时，发现里面的物象都似曾相识，却又更加美好，于是能获得审美的愉悦。

尽管每个人都可以在诗人营造的艺术公园里徜徉，但并不是每个人都能获得心灵的共鸣。诗人的心灵之门并不为所有人开放，只有得到钥匙的人才能够进入。这是一个博大精深而又有许多迷宫和陷阱的艺术圣殿，我们靠意象这把钥匙能够打开诗歌艺术大门吗？

问题一：诗歌中所写的客观物象，都可以称之为意象吗？

问题二：客观的"象"是如何与主观的"意"融合而成为意象的？

问题三：物象成为意象，需要增加哪些附加值？

问题四：诗歌中的空白，是诗人为读者留下的再创作空间吗？

我们发现诗歌的世界留下了太多的空白，召唤着读者用自己的经验和想象去填补，从而形成自己对诗歌的独特理解。或许可以说，没有读者的共鸣、共情与感发，诗歌的生命就没有如此的丰厚、绚烂。

（四）方法陈旧缺乏新意，诗意理解黔驴技穷

【问题描述】

在平时教学内容的安排上，我们一般不提倡对作者及写作背景做过多介绍。但我认为诗歌教学有其特殊之处，一首小诗常常凝缩着诗人一生的际遇且有其风格的连贯性，若孤立地看其作品，很难读透。因此，在初次接触某位诗人的作品时，不妨多花点时间在知人论世上。全方位了解诗人的一生，才能了解其创作诗歌时的情境，亦是诗歌解读的关键……

关于阅读和理解诗歌思想感情的方法，需要读者在文、辞、意、志四个方面都有了解。"文"指文字，"辞"指语句，"意"指读者的意，"志"指作者的志。孟子认为解诗者不能从文字表面简单机械地理解诗的意思，而是要通过解诗者自己的体会（"意"），去推测或探求作者在诗中所要表达的思想感情（"志"）。在今天的中学语文诗歌教学中，谈论最多的恐怕要数"解读"二字了。把想象力还给学生、尊重学生的个人体验、多元解读诗歌、扩展阅读

等活动，无非就是为了理解诗歌。然而理解诗歌的根基在哪里？不论解读的过程如何，最终只有一个评价标准，即是否落脚在诗人本身的"志"上。①

【问题诊断】

上文提及用传统方法解读现代诗歌的问题。现代诗歌脱胎于古典诗歌，传承性是肯定有的，但现代诗歌又有其自身显著的特点，那就是多义性和朦胧性。在诗歌的文本语境中，多义或"朦胧"，并非不可解读。诗歌绝不是快餐，也绝不会一览无余，所以诗歌阅读或多或少会存在一些障碍，越过这些山重水复的障碍，便会有柳暗花明的喜悦。

问题一：阅读现代诗歌，需要读者去全方位了解诗人一生吗？或者说，不"知人论世"就无法读诗？

问题二：阅读诗歌的唯一评价标准是读出诗人的"志"，即读懂诗人要表达什么，真是这样吗？

问题三：一首诗，假如不知道作者是谁或作者名不见经传，只有诗文本，这首诗就没有读的价值了吗？

问题四：把想象力还给学生、尊重学生的个人体验、诗歌多元解读、扩展阅读等活动，最终需要给出统一的"答案"吗？

《诗经》都是无名氏所作，因为不知道作者是谁，所以《诗经》就没有读的价值了吗？显然不是。诗歌之所以多义，就在于诗歌语言的高度凝练，被读者的阅读稀释之后，由于溶剂的不同，当然有不同的阅读体验。诗歌无论如何多义，必然有解。其解可归为三类：作者之义、文本之义、读者之义。读诗，究竟是为了探究作者之义，还是文本之义，抑或是读出自己的感受？站在不同的角度，都可以给出足够的理由。传统讲知人论世、以意逆志，或是由言及象、由象及意，说的都是探究作者之义。然而文本一旦孕育，就有了自己的生命，其发展甚至连作者本人都无法控制，这就是文本的应然之义。当然，读者的价值取向、知识背景、生活阅历不同，对文本的感受也自然不同。文本是一个召唤结构，其意义的丰富还需要读者的滋养。无数的学者研究《红楼梦》，于是有了"红学"这门学问；研究诗，便有了"诗学"。一般读者读诗为的是获得一种美好的阅读体验，因此在阅读时，大多重视诗歌本身的艺术魅力及自己的感发。我们要重视传统方法，也要学习新的方法，获得新的感悟。

---

① 王宁宁：《把握现代诗教学之"根"》，《青少年日记（教育教学研究）》，2019年第9期，第282页。

二、现代诗歌创意阅读微设计群

找到了问题和原因，教师就要在课堂上进行教学实践。怎样入手呢？课标要求学生在阅读文学作品时，能"学习欣赏、品味作品的语言、形象等，交流审美感受，体会作品的情感和思想内涵"[①]。现代诗歌阅读是"文学阅读与创意表达"学习任务群中的一个重要子任务，课标的这一要求实际上为诗歌阅读指明了方向。针对上述问题，教师分别进行了一课多上微设计和同课异构微设计，并通过课堂进行教学实证，力求从一个个"点"上去化解这些问题。

（一）目的技巧层次方式，朗读指导拔节有声

朗读，对诗歌教学而言，特别是中小学，既是教学手段，又是教学目的。一般认为诗与歌、舞、乐同源，诗歌的起源本就是和乐而歌的生活，人们在歌咏中抒情言志，遂成一种文学体裁。要想真正理解一首诗，必须经由语言的路径（尤其是吟诵）去感受和体悟。同时诗歌这种文学体裁也是最适合进行朗读教学的载体，学会朗读是诗歌朗读教学的应有之义。朗读教学需要注意朗读的目的、朗读的技巧、朗读的层次和朗读的方式。我们以《天上的街市》为例进行简要说明。

其一，朗读的目的。朗读需要有明确的目的才不至于让朗读流于形式，避免为朗读而朗读。朗读是在理解的基础上的朗读，朗读是为了更好地理解。朗读指导不只是对朗读技巧进行训练、指导，而是在一次次朗读过程中指导学生对文本有所理解与领悟，如此，朗读与理解才能水乳交融和相得益彰。比如在《天上的街市》朗读教学中，我们设计了明确的目标：第一，读准确，要求读准字音，字正腔圆，主要是在读的过程中解决生字词问题；第二，读流畅，要求对节奏、停连、重音、押韵、语气、语调、语速有较好的把握，读出音韵美；第三，读出感情，要求在理解诗意的情况下再读；第四，诵读，举行诗歌朗诵会，要求熟读成诵，脱稿配乐进行诵读表演。

其二，朗读的技巧。在读准的基础上，教师应指导学生画出节奏、停连、重音，标出韵脚，在读中指导学生的语气、语调、语速把握，把诗读流畅。技巧的把握离不开教师的示范，反复示范，反复训练，形成语感，学生才能在读别的诗时进行迁移。

其三，朗读的层次。朗读教学是多层次的教学。初读时，要求读准确，在

---

① 中华人民共和国教育部：《义务教育语文课程标准（2022年版）》，北京师范大学出版社，2022年，第27～28页。

一次次读的过程中，解决生字词的问题，也是一个初步熟悉的过程；再读时，读流畅，指导朗读方法，教读、范读、齐读、分组读，让学生听与评，多方式让学生熟悉朗读技巧；三读时，读出感情，这是在学生理解诗意之后的提升朗读，在读的过程中听学生是否读出了感情，从中感知学生对诗意的理解。四读时，当堂成诵。多层次的训练之后，学生多能当堂背诵，这时可以配乐演读，把学生带入诗歌的情境中。

其四，朗读的方式。诗歌教学要以"读"贯穿整个课堂教学，在不同的教学环节可以设计不同的朗读活动，如自由读以查学情、范读以正指导、配乐读以美诵、分角色读以进入情境，还有齐读、比读、演读、默读、你读我评、举行诗歌朗诵会等，也可以让学生把朗读录成视频，放在班级群里欣赏交流。

从朗读的目的、技巧、层次、方式等方面对诗歌进行朗读教学，四个方面是四位一体的，在教学中要有机融入，不可割裂。

创意优化策略：指导朗读→教师范读→学生跟读→学生范读→全班齐读

【典型微活动】

第一步，按诗歌朗读要求自由朗读，要读准字音，力求正确流利。

节奏和重读示例如下。

天上的明星／现了，

好像／点着／无数的街灯（"无数的"重音重读）

你看／那浅浅的／天河

你看那／浅浅的／天河（"浅浅的"重音轻读）

第二步，教师示范朗读，学生跟读。

第三步，抽生示范朗读，师生点评。

第四步，全班齐读。①

该设计有效解决了指导不到位、训练不充分、教师范读缺失等问题。所谓指导到位，就是教师要依据自由朗读所反映出来的问题一一进行指导，如读音有错、节奏不准、重轻不分、缺乏抑扬顿挫等，在第一步进行指导。训练充分，就是通过学生自由读教师指导、教师范读学生跟读、学生示范朗读师生点评等方式，对学生的朗读进行多层次训练，最后以全班齐读的方式收束，既是对教学起点的呼应，也是朗读教学提升后的成果展示。须知，朗读教学的最终落脚点是学生。

---

① 王登兵：《〈天上的街市〉教学设计》，《语文天地》，2020年第2期，第9～10页。

创意优化策略：互读互评 → 组内串读 → 边评边读 → 教师范读 → 学生诵读

【典型微活动】

读出诗歌的音韵美。

其一，教师活动设计：第一，同桌间进行互读互评。第二，每一组推荐一位同学朗读一节，串联全诗。第三，师生边评边读，交流朗读方法。第四，根据学生诵读情况做出两种安排：齐诵，引导学生融入感情、读出诗歌美好的画面；教师范读，引导学生想象诗歌画面。

其二，学生活动设计：第一，学生互读互评。第二，总结出诗歌音韵美的方法。

其三，本环节分层次、分梯度让学生对诗歌内容进行多次诵读，既有利于加深学生对诗歌内容的理解，又能在每一次诵读中注意到新的问题。从诗歌的节奏、重音的划分到语气、语调、语速的调整，再到感情的融入，读出诗歌的音韵美。①

该设计解决了教学创意问题，其创意在于：一是教学目标明确，专注于诗歌的音韵美；二是依据学情进行预设，相机生成指导；三是教师指导到位，学生训练充分；四是有强烈的教学设计意识，并能为设计提供理据。

创意优化策略：唱诗激趣 → 教师范读 → 学生齐读 → 多层联想 → 情境再现

【典型微活动】

导入。全体师生静听《天上的街市》的录音。教师进行示范性朗读。由学生齐读，以此引入多层联想的学习。

新授。主要是学习多层联想，如天上的街灯—天上的街市—街市上陈列的物品—世上没有的珍奇，这是四层联想。

巩固。用后两节巩固多层联想，如天河—不甚宽广—牛郎织女—骑牛来往—天街闲游—提着灯笼，这是六层联想。

迁移。现在朗诵课文。男、女生分别读第一、三、五层联想，第二、四、六层联想，由教师读开始的实写。师生一齐感觉一下多层联想的效果。

（师生朗读）

师：我们能不能用这种"多层联想"的方法口述一段景物？比如，"江上数峰青"意思是平静的江水如同镜面一般能清晰地倒映出几座山峰。大家就以

① 陈雪儿：《〈天上的街市〉教学设计》，《科教导刊（电子版）》，2020 年第 9 期，第 174～175 页。

这句诗为题，先写后说。[①]

该设计中的朗读教学不再是一个单独的环节，而是引入和巩固学习重点的手段。其创意之处在于：一是全班静听歌手的演唱给学生以激趣；二是教师范读给学生以示范；三是生齐读，检验学习效果；四是在理解学习重点后，再设计朗读，巩固学习重点。

创意优化策略：学生听读 → 读准节奏重音 → 听读联想 → 析读体悟 → 全班背读

【典型微活动】

《天上的街市》的教学过程，表现出明晰的"整体反复"的教学思路。

步骤一：听读，感受诗的内容（3分钟）。

步骤二：诵读，体会诗的节奏（3分钟）。

步骤三：诵读，表现诗中的重音（3分钟）。

步骤四：听读，领会诗中的联想与想象（3分钟）。

步骤五：赛读，体会诗的意境（5分钟）。

步骤六：析读，品析诗的虚与实的构思艺术，用词与造句的精妙（20分钟）。

步骤七：诵读，理解诗的中心意思（5分钟）。

步骤八：背读，掀起课堂教学的高潮（3分钟）。

全诗的教学以"整体"诵读、"反复"理解为主要手段，层次明晰，内容实在，重点突出，教学效果显而易见。[②]

该设计将朗读教学贯穿于整个教学之中，朗读形式丰富多彩。有配乐听读，让学生初步感知诗的内容，能得到美的熏陶；有教师诵读，学生听一次，跟一次，把握节奏；有男女生分组诵读，对发现的问题进行指导；有赛读，分组进行训练、比赛；有析读，重在理解诗歌的语言艺术和构思艺术；有背读，重在集体训练，当堂成诵。

（二）人事物景皆可寄情，抒情体悟踏雪有痕

诗歌所反映的社会生活往往比散文、小说等更隐晦。而现代社会的复杂和

---

① 王春勤：《〈天上的街市〉教学设计》，《语文教学通讯》，2015年第26期，第42～44页。

② 余映潮：《整体反复——教学设计艺术例谈之九》，《语文教学与研究》，1996年第9期，第28页。

多元价值观反映到诗歌上，也必然是复杂而多样的。现代诗歌反映的是诗人敏感的心灵，因此抒发的感情会带有"朦胧性"也是必然的。所谓的朦胧，并非不可道，道不明，而只是表达情与思的多样、复杂、交织，需要读者从字里行间和诗内诗外，结合自身的知识和经验去体悟，才有可能准确把握。

教师个体的经验虽可分享，却不能代替，但知识是可以传递的，因此有效的课堂教学能够让学生了解和掌握抒情技巧。诗歌教学有哪些抒情知识可以传递给学生呢？我们设计了如下微课。

其一，直接抒情：又叫直抒胸臆，是指诗人在诗歌中比较直观地祖露襟怀，不假掩饰地抒发感情，诗句中有直接表明情感的字、词、句，语言风格明快、直白。例如"为什么我的眼里常含泪水？因为我对这土地爱得深沉……"就是直接抒情的诗句。间接抒情比较复杂，也不易识别。间接抒情往往将情寄托在景、物、人、事上面，可设计多堂微课进行教学。

其二，借景抒情：诗人把自身所要抒发的情感、表达的思想寄寓在景物之中，通过描写景物予以抒发。借景抒情的术语有借景抒情、寓情于景、情景交融、触景生情、以景结情等。像《我爱这土地》中的土地、河流、风、黎明等意象都寄寓了诗人的情感，这些情感读者是可以感受到的。在教学时要注意：写景的句子常与描写手法相联系（如视听等"五觉"的描写、视角的变换、点面结合、动静结合等）；要关注修饰语，这是抓住景物特点的关键；要懂得一些传统意象的内涵，如土地、暴风雨、黎明等。

其三，托物言志：诗人借自然界中某物自身具有的特征表达某种意志或情感，这样，诗中的"物"带有了人格化色彩，又叫托物寓理。像《我爱这土地》，诗人把自己化身为一只鸟，唱出了对土地的一往情深。

其四，借用典故：在诗歌中援引史实，使用典故抒发感情，典故包括古代的历史人物、神话传说、古代诗文中的词句等。化用他人诗句也是用典。在《我爱这土地》一诗中，诗人为什么要把自己化身为一只鸟，而不是一棵树、一道光？这里除了鸟有歌唱的特点外，还暗含了"杜鹃啼血"的典故，言简而意丰。[1]

其五，抒写时代：现代诗歌多抒写时代，像《我爱这土地》写于抗日战争时期，离开这一段历史背景，很难理解诗人的爱国之情。还有《回延安》《乡愁》《祖国啊，我亲爱的祖国》《我看》等，也须与时代背景进行勾连，才能理解诗情。

---

[1] 邱水灵：《从"深沉"里见艾青的"深沉"——〈我爱这土地〉教学解读》，《课程教材教学研究（中教研究）》，2020 年第 3～4 期，第 89～91 页。

我们可以用一个知识点设计一堂群文阅读微课，给学生传递抒情知识，让学生对整个初中阶段的现代诗歌是怎样抒情的有一个整体把握。随课而教，着力解决一个点，而不必在一课中多点生发。

创意优化策略：锚定抒情形象 → 关注修饰语 → 体会诗意 → 体悟情感

【典型微活动】

我们来看看本诗中出现了哪些抒情形象？

其一，"诗人"和"鸟"。这只鸟要做些什么？歌唱。歌唱什么？找歌唱的对象。土地、河流、风和黎明，这些就是抒情形象。组合起来："假如我是一只鸟／我要歌唱土地、河流、风和黎明，直到死去，腐烂。"这还叫诗吗？抒情形象依赖于前面的修饰语，这才是丰富的形象性和强烈的抒情性关注的重点。

其二，聚焦这四个形象，一起朗读这四个诗行。然后示例"被暴风雨所打击着"这个修饰语，给了我们更加丰富直观的画面感，丰富了"土地"的形象，结合时代背景，我们更理解了"被暴风雨所打击着"的象征意义，从而深入把握了"土地"的象征意义。那么，"河流""风""黎明"呢？它们仅仅就是三种景物吗？请同学们讨论一下。

"永远汹涌着我们的悲愤的河流"，"河流"象征我们心中强烈的民族情感；"无止息地吹刮着的激怒的风"，"风"象征中华民族不屈不挠的反抗精神，诗人的情感由"悲"土地之苦难转入"赞"土地之抗争；"黎明"可以看作斗争前景的象征或者是对"美好的未来"的憧憬。短短的四个诗行，诗人的情绪是多变的。朗读这四行诗，相信同学们能读出这种起伏变化。[①]

该设计主要让学生理解诗歌的抒情形象。抒情形象既是诗歌的物质元素，也是诗歌情感的载体。抒情形象的修饰语可以表现诗歌所承载的情感。抒情形象是诗歌物质元素和意志情感的有机体，没有情感的注入，物质的精神就难以焕发，形象性和抒情性都无法成立。所以，要理解抒情首先要把握抒情形象，即打上了人的情感烙印和承载了人的精神寄托的物质形象。

创意优化策略：运用修辞 → 巧妙蓄势 → 情感铺叙 → 直抒胸臆

【典型微活动】

师：艾青的名句"为什么我的眼里常含泪水？因为我对这土地爱得深沉……"这朴素得近乎直白的诗句，为什么能够打动亿万人的心灵，使读者情不自禁地像诗人一样流出激动的泪水呢？

预设一：采取了直抒胸臆的写法，直接抒发诗人的爱国之情。

---

① 赵清：《〈我爱这土地〉教学设计》，《新课程（中学版）》，2018年第12期，第98页。

　　预设二：运用设问的修辞手法，诗人自问："为什么我的眼里常含泪水"？激问之下，长期激荡于内心的感情如潮水般直泻而出，化作一句诚挚朴素的话语——"因为我对这土地爱得深沉"。一问一答之中体现了诗人那颗真挚、炽热的爱国心。

　　预设三：前面的铺叙写出诗人与祖国患难与共、生死相依的情感。脱口而出的直白是情感的喷薄，不直白不足以表达这种真挚的爱国之情。

　　预设四：它道出了人类社会一种最深沉的感情，拨动了人们心灵深处最易引起共鸣的心弦，那就是土地之恋。①

　　该课例主要学习直接抒情。直接抒情易流于单薄、苍白，成为口号。如何让这种写法厚重起来呢？本课例告诉我们要运用修辞手法，做好情感铺垫并写出普世价值，这样才能够打动读者。当然还不止有这些方法，这就有赖于教师在教学时进行创意设计。

　　创意优化策略：删词比较 → 换词比较 → 放大差别 → 还原情感

　　【典型微活动】

　　诗歌情感的抒发往往通过字词体现，不同的字眼所表达的情感与态度是截然不同的，比如第二句诗歌中的"也""应该"，我们来比较一下：

　　假如我是一只鸟，我也应该用嘶哑的喉咙歌唱：

　　假如我是一只鸟，我应该用嘶哑的喉咙歌唱：

　　假如我是一只鸟，我也应该用嘶哑的喉咙歌唱：

　　假如我是一只鸟，我也必须用嘶哑的喉咙歌唱：

　　"也"，表明我和鸟儿的共同之处，为歌唱而生，为副词，强调这种天性，可重读。去掉之后，一是语气生硬，二是视爱国为己任的情感减弱了。正确的理解是：假如我是一只鸟（即使喉咙嘶哑了），我也应该用嘶哑的喉咙歌唱。

　　师：理解了意思之后，请同学们再读一读，体会是不是这样的。

　　为什么用"应该"而不是"必须"？"应该"指情理上的必然或必须如此，表明一种可能性和主动性，而"必须"有一种强迫性、被动性蕴含在内。"应该"二字更表明了"我"对祖国与大地的热爱。②

　　师：请同学们自选一两个词语，用删词法或换词法比较，体会其中的情

---

① 胡志宏、张文俊：《〈我爱这土地〉赏析》，《语文教学与研究》，2017 年第 6 期，第 58 ～ 59 页。

② 梁峰：《以〈我爱这土地〉为例谈新课改下的诗歌教学》，《语文教学与研究》，2021 年第 7 期，第 146 ～ 147 页。

感。小组内交流。

本设计主要让学生学习抓住关键词体会抒情，主要方法有两个删词法和换词法，通过比较，将其中细微的差别放大，诗歌的情感和意义才能得到还原。这就是孙绍振先生常说的比较还原法，是文本解读的一把利器。

创意优化策略：体会感情色彩 → 分析具体语境 → 品析褒贬义 → 辨析色彩偏移

【典型微活动】

师：《我爱这土地》所用词语本身就有强烈的感情色彩，比如，"嘶哑""打击""悲愤""激怒"与"温柔"等，诗人在写到祖国被践踏的痛苦、悲愤时常用贬义词，写到希望和土地时常用褒义词，试作体会。①

词语本身有感情色彩，像温柔、爱等表达肯定、赞美之情，腐烂、悲愤等表达否定、厌恶之情，恰当地选用词语可以增强诗歌的表现力和感染力。词语蕴含的感情色彩要放在具体的语境中去分析，要看作者的主观是赞扬、喜爱还是贬斥、憎恶。像"连羽毛也腐烂在土地里面"中的"腐烂"，本身是贬义，但诗中是明贬实褒，表达了诗人至死不渝、生死相依的爱国之情。"打击"本是中性词，放在"这被暴风雨所打击着的土地"中，就有了作者痛苦、悲愤的情感，但偏向了贬义。

师生还可以从词语的感情色彩入手体会诗人的情感。对于词语感情色彩的体会要学会关注语境并进行具体分析。

（三）意象意境情感主旨，意象探究多元有界

正是因为空白多，跳跃大，诗歌的理解难度较大，留下的解释空间异常空阔，这就为一诗多解留下了可能。但无论怎样多解，都有一定的边界。

对于诗歌的理解，古人给出的思路是"言—象—意"。"言—象—意"有两层意思：一方面对作者而言，先有意——思想感情，再生象——在头脑中产生承载思想感情的形象，后显现于言——用语言表达出来；另一方面对读者而言，则可以从言语入手把握形象，然后通过形象把握意蕴。由是观之，"象"是把握诗歌艺术的关键，解读"象"隐含的密码，诗歌的阅读也就找到了正确的路径。为了让学生对意象有一个较为透彻的理解，以《你是人间的四月天》为例，设计了如下微课。

---

① 巩英莉：《用诵读焕发诗歌的魅力——〈我爱这土地〉教学例谈》，《语文教学通讯》，2018 年第 8 期，第 55 页。

其一，物象和意象。第一，物象是指物体的形象或自然现象、情况状态等客观存在，意象是指融入了诗人主观情感的物象，如《你是人间的四月天》中的四月天、春风、春光等。作为物象，为自然中的客观存在；作为意象，为本诗中有特定意义的艺术形象。写入诗歌的万物万象皆可称为意象。第二，语义是理解意象的基础。意象与语义共同构成语境义，表现为引申义、象征义、隐喻义等，须结合语境、读者的知识储备和人生阅历才能理解。

其二，意象和意境。意境指诗中所表现出来的氛围和境界，是一种韵味无穷的诗意空间。意象是意境构成的物质元素，若干个和谐统一的意象构成一个完整的意境。意境是由意象群营造出来的，是诗人意识世界里的虚拟图景。

其三，意象与情感。梳理诗中的意象，如诗中描写了哪些意象。抓住意象的特征，如四月天有怎样的特征？理解意象的语义，包括本义和语境义，如春风、春光仅指自然界的春风、春光吗？第四，理解意象中蕴含的情感，如四月天带给作者的喜悦之情。第五，掌握一些常见的意象，如春代表温暖、美好、希望等。

其四，意境与主旨。这首诗营造了怎样的意境？或描绘了怎样的场景？梳理诗中的意象群会发现它们共同营造的意境，如《你是人间的四月天》通过春风、春光、云烟、细雨、百花、月圆等一组具体意象，营造出了一种如诗如画的美好意境。从意象群中抽象出共性的感受、氛围，用简洁的语言对意境进行提炼与表达，常见的意境概括语有凄苦悲凉、萧瑟落寞、苍凉悲壮、荒凉衰败、凄凉悲怆、低沉幽暗、雄浑壮阔、高远开阔、恬淡自然、清幽静谧、清新明丽、空灵秀美等。这种意境传达了诗人怎样的思想感情？体会意境表达的主旨，如本诗表达了林徽因对自然、生命、生活的热爱之情。

站在不同的角度或不同的语境，意象又可用形象、景物、事物等名词进行表达，意境又可以用画面、景象、场景、图景、氛围等表达。让学生逐步了解这些知识，学会这些分析工具，学生阅读诗歌才有路径、有支架。

创意优化策略：提取意象群组 → 选点批注赏析 → 抓住意象特点 → 理解意象之美

【典型微活动】

诗人以"四月天"为喻，选择了哪些意象来写"你"？

明确意象：春风、云烟、星子、细雨、月圆、白莲、燕子、花和树及树的花开。

这些意象又突出了"你"的什么特点呢？请任选一节，做批注赏析（学生批注，展示点评，完善批注，再展示点评，朗读体会）。

师：诗人要写下心中的爱，要将这样的春景比作心中的你。是啊，这是怎样美好的四月天啊！它轻灵而满含情意，它妩媚而充满希望，它是花开，是燕来，是生命的初启，是诗人满心的喜悦，美好得就像这人间最美的四月天。[①]

理解意象就要抓住意象的特点，像春风的软，星子的闪，百花的鲜妍，绿芽的新鲜，白莲的柔嫩，燕的呢喃。抓住意象的特点首先要依据文本，其次是以生活经验和背景知识为依托，使这些意象在读者的意识世界里仿佛能够被看见，仿佛能够被听见。读者进入诗歌营造的意境后能得到美的体验和享受。

创意优化策略：利用意象组合 → 引出陌生表达 → 实现意象新颖

【典型微活动】

充满着新意：笑响点亮了四面风　黄昏吹着风的软　燕在梁间呢喃（播放幻灯片）

师：这些意象组合在一起充满新意，林徽因有意突破词语搭配习惯的限制。"笑响点亮了四面风"中的"点亮"，把笑比喻成点亮漆黑夜晚的明亮火焰；"黄昏吹着风的软"中的"软"，这个字形象地描绘出了吹面而来的杨柳风的姿态。林徽因常以古建筑为诗歌意象，如"在梁间呢喃"选取了房梁这一意象，实现语言与建筑意象的和谐组合。[②]

这课例告诉我们，意象的选择要有新意。意象如何选择？靠的是诗人对生活的敏感和创作的灵感。保持着一颗敏感的心，世界万物就会拨动心弦，唱出心灵的歌谣。万物皆可入诗，就看谁善于捕捉。一首好诗意象的选择看似是信手拈来，实则是匠心独运。

创意优化策略：读出意象本义 → 理解意象语境义 → 悟得意象隐喻（象征）义

【典型微活动】

本诗中的四月天有什么隐喻？请做分析。

师：轻灵如"娉婷"的步态，"鲜妍"如"百花的冠冕"，还有"夜夜的月圆"，都突出了"你"的美好。"鹅黄""新绿""梦中的白莲"则是"你"崭新的一种体现，"你"具有新之特征；而繁花满树与呢喃的梁间燕，则给人一种美好及温馨之感。通过进一步解读、分析，不难发现"雪化后那片鹅黄"与"新鲜/初放芽的绿"，暗示了"你"是春天的新生命；而春天的"梁间燕"让人联想到衔泥垒窝、繁衍与哺育幼雏的传统含义。整首诗中的"四月天"是创造新生、哺育新生的代名词，字里行间流露出的是看到新生命的喜悦、温馨

---

① 娄翠芳：《〈你是人间的四月天〉教学设计》，《语文教学与研究》，2021年第1期，第86～87页。

② 赵华丽：《〈你是人间的四月天〉微课设计》，《中学语文》，2019年第22期，第71～72页。

与甜蜜。①

读诗要从意象的本义入手，读出意象的语境义。语境义要理解具体的意象的意义，如课例中的"美好""新生""温馨"，再通过理解意象代表的情感，如喜悦、爱意、暖意；再结合对意象的联想和想象，悟得意象中的象征或隐喻，如新生、青春、理想……这些生命中最美好的状态，这样对诗歌才能有一个理义上的正确解读。阅读诗歌的过程也是读者建构诗歌的过程。不同的人由于不同的知识背景、不同的生活经历、不同的价值取向对诗歌有自己独特的解读，是对诗意的丰富和拓展。

创意优化策略：关联诗人前后作品 → 寻找相同意象 → 结合传统文化

【典型微活动】

例如白莲的意象，白莲意象值得注意，莲花具有寄托希望和理想的象征意义。而在《你是人间的四月天》中，"水光浮动着你梦期待中白莲"也有着相同的意味。当现实困住了她，文学便成了她的精神乐园。②

关于意象的解读可以关联诗人前后的作品，以诗解诗。意象在一种文化中有相对稳定的意义，也同样暗含了莲花是理想和希望的隐喻。在中国传统文化中，莲是高洁的代名词，喻君子；采莲以怀人，也是中国的文化传统。各种文化隐喻的叠加便成了梦中白莲。

创意优化策略：描绘意象画面 → 再现诗歌意境 → 体会诗中情感

【典型微活动】

诗人通过这些意象描绘了怎样的画面或营造了怎样的意境？表达了诗人内心怎样的感情？（播放幻灯片）

这些意象温馨美好，洋溢着春天的灿烂色彩和勃勃生机，令人感受到诗人内心的欢心和喜悦，读出了诗人对爱的赞美、对生命的赞美及对自然的赞美（播放幻灯片）。诗人的情感随着画卷的展开逐渐流露，情与景已完全交融，形成诗中有画的审美风貌。③

这是现代诗歌考查中最常见的问题，主要考查的是意象、意境、情感三者的关系或者说是诗意、诗境、诗情的关系。明白了这三者的关系诗歌阅读也就

---

① 诸定国：《〈你是人间的四月天〉解读与教学内容的确定》，《语文教学通讯》，2018年第26期，第57～59页。

② 王璐：《理想的写照 生命的律动——〈你是人间的四月天〉解读》，《语文教学与研究》，2020年第5期，第32～35页。

③ 赵华丽：《〈你是人间的四月天〉微课设计》，《中学语文》，2019年第22期，第71～72页。

有了基本的思路。

（四）传统诗论与新理论，诗意理解循之有迹

中国是传统的诗歌王国，有非常丰富和优秀的诗歌遗产。文论有"诗言志"说、"得意忘言"说、"文质兼美"说、"知人论世"说、"以意逆志"说，集大成者是王弼的"言—象—意"说，这些理论成了一个基本的分析框架，师生可依据这些理论寻找诗歌创作的基本规律和评价的基本标准。诗歌要有感而发，要积极出世有益于社会和人生，要炼字炼句，语言要有新意，要有滋味韵味、情语景语、意象意境等。在阅读诗歌时，师生均可以借鉴上述理论。

一些新的理论对于我们阅读诗歌有新的启示，如文本层次理论、诠释学、接受美学、图形—背景理论、解构主义、认知心理学等，这些理论我们不必给学生讲，但可以用于指导教学，给教学以新的分析工具。现以一首纯粹的现代诗《我看》为例，来看看如何运用这些理论指导教学。

其一，画面感是如何形成的？第一，我们先来读几句诗：我看飞鸟平展着翅翼／静静吸入深远的晴空里／我看流云慢慢地红晕／无意沉醉了凝望它的大地。第二，这里面有两组意象，飞鸟与晴空，流云与大地，这些意象共同构成了一幅意境深远静穆的图景。第三，这些造境元素中，飞鸟只是一个视觉的关注点，晴空是飞鸟的背景；流云也是一个视觉的关注点，大地是流云的背景，这组意象构图简洁、对比强烈，有鲜明的画面感，其背后支撑的认知原理是图形—背景理论。

其二，文字是如何形象起来的？第一，我们先来读几句诗：我看一阵向晚的春风／悄悄揉过丰润的青草／我看它们低首又低首／也许远水荡起了一片绿潮。第二，怎样的"青草"才能叫"丰润"？这就需要调动我们的生活经验，你见过池塘边生出的绿油油的水草吗？第三，丰润是什么意思？在数量上多，在长势上也很茂盛，在色泽上明亮，充满生命活力。要将平面的文字通过理解立象化，这需要调动生活阅历和知识背景，其理论支撑为接受美学。

其三，物象是如何成为意象的？第一，我们先来读几句诗：去吧，去吧，哦生命的飞奔／叫天风挽你坦荡地漫游／像鸟的歌唱，云的流盼，树的摇曳／哦，让我的呼吸与自然合流／让欢笑和哀愁洒向我心里／像季节燃起花朵又把它吹熄。第二，这节诗有三个重要的意象：鸟、云、树作为客观的物象，都是作者与读者所熟知的；从自然的"鸟的鸣叫""云的流动""树的随风而动"，到诗意的"鸟的歌唱，云的流盼，树的摇曳"，这时的物象就成了作者和读者的审美对象，加入了人的情感与意志，于是成了诗歌中的意象。第三，作为审

美对象的意象，诗人的所想和读者的理解有相同之处，如物象的本义或意象的语境义（如"鸟的歌唱"中能体会出美好、自由等），这在诠释学中叫视阈融合，主张读者的个性化解读和多元解读。

其四，意象的刻画技术。第一，围绕主题选择意象。"我"看到了怎样的一幅图画呢？读者最直观的感受或许就是诗中充满一系列与自然有关的意象，比如春风、青草、飞鸟、晴空等，这些意象本身就给人以生命的气息。第二，精心遣词造句。作者在动词的使用、意象的组合方面颇为用心，使读者能够更深刻地感受到动态的视觉美，巧用一个"揉"字就刻画出了草在春风中起伏的场景。第三，巧用修辞。作者巧妙地将拟人、比喻两种手法相结合，把青草的"低首又低首"比作"远水荡起了一片绿潮"，强化了视觉的"动"。第四，视角的变换。"我"的视角从低处转向天空，看到了"飞鸟"被"吸入"深远的"晴空"，看到了"流云慢慢地红晕"。"红晕"还和第一节的"绿潮"形成强烈的色彩对比，使画面感更为强烈。[①]此处的理论支撑为文本层次理论，较重视模式与技巧对诗歌的审美作用。

现代诗歌诗意的不确定性和朦胧性决定了我们要用新的理论破解隐藏在文字丛林中的意义密码。理论是有力思维工具，是内功。教师不仅要做到知其然，还要能够知其所以然，这样的教学才有深厚的根基和雄浑的底气。

创意优化策略：认识诗中的"我"：抒情主人公 → 理解诗中的"你"：抒情对象

【典型微活动】

现代诗中常见"我"和"你"，《我看》中"我"指的是作者吗？

明确：现代诗中的"我"，一般称作抒情主体或抒情主人公。《我看》中的"我"既包含作者自己，又代表一类群体，"我"所代表的是有朝气有活力有希望的年轻人。

那诗中的"你"又指的是什么？把诗中的你圈起来，结合全诗进行体会。

明确：诗中四次出现"你"："哦，逝去的多少欢乐和忧戚／我枉然在你的心胸里描画／哦！多少年来你丰润的生命／永在寂静的谐奏里勃发。""也许远古的哲人怀着热望／曾向你舒出咏赞的叹息……""去吧，去吧，哦生命的飞奔／叫天风挽你坦荡地漫游……"在第五节的第四句有："哦，让我的呼吸与自然合流！"结合全诗，把这句中的"自然"换成"你"，也同样讲得通。

---

① 吴昊、王欣欣：《感受视听美感 体验时空变幻——细读穆旦的〈我看〉兼谈中学生现代诗细读》，《学语文》，2021年第4期，第64～66页。

因此，本诗中的"你"指的是自然，也是大地母亲。①

正如小说中的"我"是小说中的主人公一样，诗中的"我"是诗中的抒情主人公，这个抒情主人公可能代表作者自己，也可能代表一个群体意象，如"我是你河边上破旧的老水车"诗中的"你"通常是诗人的抒情对象，它可能是人，也可能是物，是景，是诗人的心中所指；诗人或倾述，或褒贬，在诗中形成一个自我言说的话语系统，以实现抒情言志的意旨。

创意优化策略：结合背景资料 → 理解诗中的"你"

【典型微活动】

材料：1935 年，穆旦考入清华大学，就读外国文学系。1937 年，"七七事变"爆发，清华大学搬迁至长沙，不久后长沙告急，1938 年 2 月，被迫再次迁校。面对千疮百孔的祖国，二十岁的穆旦迷茫了，在西南联大三千公里的"长征"中，他体验了面临读书与救国的不同人生道路选择的困惑。1942 年 2 月，二十四岁的穆旦响应国民政府"青年知识分子入伍"的号召，以助教的身份报名参加中国入缅远征军，在副总司令兼任军长杜聿明的第五军司令部，以中校翻译官的身份随军进入缅甸抗日战场。

结合上述材料，"丰润的生命、寂静的谐奏、季节的起伏"让我们发出"咏赞的叹息"的"你"，只是指自然吗？还能是什么？

（明确：还能是信仰、信念、梦想、生命、爱……它们像自然一样美好，一样广博，一样让人沉醉。在它们面前，个人的欢乐与忧戚、欢笑与哀愁，如沧海一粟。穆旦将自己的生命投入到战场上，也投入到了信仰、信念、梦想、生命、爱中，个体的生命只有与时代、与祖国血肉相连，才能飞奔起来②）

在诗歌中，"你"这个代词的所指是由文本的内容决定的，如《我看》中的"自然"；然而其所指的往往只是表象，还有更深刻的情感隐藏在文字深处，这就要结合时代背景与作者经历等助读资料，因此《我看》中的"你"还能指一些概念的升华，如国家、民族、信仰、信念、梦想、生命、爱等某些认知、情感和意志。看来要真正读懂一首诗，特别是像《我看》这一类的抒情诗，传统的"知人论世"与"以意逆志"还真不能缺席。

---

① 陈一芒：《细读穆旦的〈我看〉》，《文史资料》，2019 年第 26 期，第 15 ～ 17+49 页。
② 张雪：《盛放一朵不落的花：品读穆旦的〈我看〉》，《文学教育（上半月）》，2021 年第 4 期，第 38 ～ 39 页。

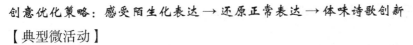

创意优化策略：感受陌生化表达 → 还原正常表达 → 体味诗歌创新

【典型微活动】

话题：陌生化表达。

诗的最后一句"像季节燃起花朵又把它吹熄"，通常的表达是"像季节花开花落"，作者为什么不写"绽放花朵"或"怒放花朵"而要写"燃起花朵"，为什么不写"花落"而要说"把它吹熄"？这种表达并不影响理解却给人新奇或震撼的感受，我们称之为"陌生化表达"。陌生化的诗意语言摧毁了平易的传达和接受的桥梁，糅合传统与现代，熔熟悉与陌生于一炉，给读者耳目一新之感。请从诗中找找，还有哪些陌生化表达的诗句，试作赏析。

预设一："静静吸入深远的晴空里"，是说飞鸟越飞越远，消失在深邃高远的晴空，好像被天空吸进去一样。"吸入"是不由自主的，不是"滑入"，语言的陌生化将一种生命在无垠的天空里的虚无感表现出来了。

预设二："悄悄揉过丰润的青草"再联系后面"丰润的生命"，"丰润"一词让人想起青春少女的丰满润泽。这里形容青草汁液饱满、青翠欲滴，富有生命的活力，陌生化效果明显。

预设三：还是这一句"悄悄揉过丰润的青草"，正常的表达风应该是吹过或拂过，用"揉过"的表达方式既是拟人的修辞，也是陌生化表达。①

诗歌最讲究创新，而创新之一就是陌生化表达或是精心挑选陌生化的词语，像"吸入"；或者是摧毁平庸的搭配，像"燃起花朵"；或者是大胆运用易引起丰富联想的词语，像"丰润"；或者是新鲜的修辞，如风的"揉过"……这是诗歌语言求新求异的特点，也是传统诗歌"语不惊人死不休"的延续。但是，在教学时也要提醒学生，如果一味地追求陌生化表达、大胆新奇的语言、朦胧晦涩的诗意，破坏了语言的表达规范，也会将现代诗歌带入死胡同。

诗歌翻译会遗失许多神韵，但诗歌是可以理解的，特别是现代诗歌。把对诗歌的理解用自己的语言转述出来，把诗句中的"留白"用自己的语言进行合理填补，是阅读诗歌的基本功之一。现代诗歌并非只可意会而不可言传，语言的表达虽然有苍白的时候，但只要意会合理，语言便会如风行水上，行所当行，止所当止。

---

① 郑丹：《我愿是一片绿潮里的丰润青草——读穆旦〈我看〉》，《语文教学通讯》，2018年第29期，第62～63页。

三、现代诗歌创意阅读微反思群

现代诗歌有许多不确定因素致使读者理解困难，在教学时，我们常常苦恼要如何评价现代诗歌教学的效果呢？课标指出："评价应围绕学生阅读文学作品的过程性表现进行……第四学段，侧重考察学生对语言、形象、情感、主题的领悟程度和体验，评价学生文学作品的欣赏水平，关注研讨、交流以及创意表达的能力。"[1] 在教学过程中，我们以此为指导，把整个初中阶段的诗歌教学视为一个整体，希望从中找到解决问题的策略。通过反思，我们找到了一些，更多的还在路上。

（一）组合拳打破天花板，朗读指导更上层楼

现代诗歌朗读教学在朗读上有节奏、平仄、押韵，有语气、语调、语速、有停连、重轻、缓急等；在方法上有自由读、朗读、诵读、吟诵、默读、齐读、听读、配乐演读、分角色读等，在前面的微课例中都有实证，至此，现代诗歌朗读教学是不是就已经到了天花板？学无止境，教亦无止境。通过异课同构，进行教学反思，不断优化组合，我们发现诗歌朗读教学还可以更上层楼。

创意优化策略：材料优选——选择最适合朗读的诗歌进行朗读教学

所有的诗歌都适合朗读，但并非所有的诗歌都适合朗读教学。朗读的作用一是感受诗歌的音韵之美，二是培养语感，三是理解诗意。通过读，能读得准确流畅、悦耳动听、有感染力，通过听，能感受到准确流畅、悦耳动听、有感染力，朗读教学的目的也就达到了。因此，最适合朗读教学的诗歌，通常是能够通过听即能理解的诗歌，它一般要回避陌生化语言，回避艰深的象征或隐喻；要做到明白如话，一般人都能听懂。这种诗，靠节奏、押韵实现悦耳动听，靠充沛的情感迸发感人的力量，因此适合朗读教学，如《黄河颂》《回延安》《乡愁》《周总理，你在哪里》等。这里以《黄河颂》为例，来看看是怎样进行朗读教学的。

【典型微活动】

活动一：教师范读。教师配乐范读，将学生带入情境，唤起他们的朗读欲望。

活动二：朗诵词的朗读指导。抓关键词、句重读。明确"伟大而又坚强"是中心句、关键句，要重读，要加强语气，读出昂扬斗志、慷慨激情，表达出

---

① 中华人民共和国教育部：《义务教育语文课程标准（2022年版）》，北京师范大学出版社，2022年，第28页。

我们民族的精神。学生齐读，体会。

　　活动三：歌词的朗读指导。第一小节关键词：望、奔、掀、结、奔、劈等动词，要读出黄河水一往无前、无坚不摧的气势。第二小节至第四小节，以读促讲，以读解文，在读中明确情感基调，在读中明确内容结构有以下几个特点：历史贡献（摇篮—养育了中华民族—深情舒缓），地理特征（屏障—保卫了中华民族—坚定有力），自然特点（臂膀—激励了中华民族—激昂高亢）。

　　活动四：分角色朗读。朗诵词，教师读；第一小节，选个男生读；第二小节，女生读；第三小节，男生读；第四小节，全班齐读。①

　　创意优化策略：技巧掌握——诗歌的朗读技巧须反复训练才能掌握

　　技巧只有内化于心、反复训练才能真正被掌握。从小学开始，教师在教学诗歌时就非常重视朗读，所教学的知识无非就是节奏、停连、重音、押韵、语气、语调、语速等？有一个反复训练与内化的过程，到九年级时，从理论上讲学生应该已经有了较好的朗读技巧，在教学时，应让学生自由朗读，教师仔细聆听，发现问题再相机指导。

　　【典型微活动】

　　在教授《乡愁》时，我们设计了"诵读——感受音韵之美"的环节：自由朗读诗歌，个别学生试读，教师点评指导。重点关注学生朗诵时的语速、语气、语调、重音处理、节奏划分，耐心给予引导，指导个别再读。全班学生再次自由朗读，PPT 提示朗读时要注意停顿、节奏、重音和语调。②

　　创意优化策略：诗意理解——理解了诗歌才能读好诗歌

　　朗读仅仅是技巧吗？诗歌朗读，技巧固然重要，更重要的是理解诗歌。理解诗歌的内容、情感、旨趣，做到了然于心，这样才能把诗歌读得声情并茂。把自己的理解用声音展示出来，就是好的朗读。

　　【典型微活动】

　　在教授《回延安》时，教师先让学生自由朗读，然后分小组选取自己最喜欢的两三小节进行朗诵表演（第一组诵读"千万条腿来千万只眼……母亲延安换新衣"）。

　　生：我们在诵读的时候有意在"千万"处拉长声音，在"不够"这个词语重读。在念到"头顶着蓝天大明镜"时，我们小组集体把右手挥向天空。

---

① 马莹：《〈黄河颂〉教案设计》，《课程教育研究·中旬刊》，2016 年第 6 期，第 53 页。
② 汪凤：《〈乡愁〉教学设计》，《语文学习》，2016 年第 2 期，第 6～7 页。

师：想通过这样的方式诵读出这两小节诗歌表达的情感及运用了怎样的语言形式？

生："千万条""千万只""不够"运用了夸张的手法，表达了延安变化之大及作者对延安的思念和热爱。

师：是思念吗？是热爱吗？

生：热爱，惊喜。

师：有热爱，更多的是对延安变化的惊喜。

生："头顶着蓝天大明镜"运用了比喻的手法，把延安的蓝天比作大明镜，表达了"我"的惊喜与热爱。还有后面的排比句让我们读起来特别带劲，整齐而有气势。

师：这个小组的诵读有激情，把自己的理解通过声音的方式展现出来了。他们率先发现了夸张、比喻、排比等独特的语言形式。还有没有其他小组要继续展示？①

创意优化策略：比较反复——通过比较朗读以更好地体会诗歌的情感

对节奏、停连、重音、押韵、语气、语调、语速等的不同把握表达的情感也各不相同。在教学时，师生通过听读，通过与自己内心的范本进行比照，优劣自显；通过增删、换词的方式比较朗读，表达的效果也会各不相同；听不同的人用不同的方式进行朗读，更好地体会诗歌的情感。

【典型微活动】

这是《我爱这土地》中的一个教学环节：

其一，请同学朗读这首诗，把自己对这首诗的初读感受通过朗读表达出来。

教师在停顿、重音等方面的处理与对诗的感情基调"爱"的把握和诗的题目分不开。这首诗题有什么特点？这首诗的题目可不可以改成"我爱土地"？试着读一读，说说自己的体会和其中的不同。

其二，结合背景说说这里"被暴风雨所打击着"的含义，这里的"着"能换成"过"吗？读一读细细体会其中的不同。②

创意优化策略：情境演读——依据诗歌本身的旋律，像舞台剧一样设计朗读

技巧的操作如对节奏、停连、重音、押韵、语气、语调、语速的准确把握最终都会通过朗读表达出来。把诗歌当作朗读的脚本，把"怎样读"设计到每

---

① 吴健勇、卓巧文：《〈回延安〉教学实录》，《语文教学通讯》，2019年第C2期，第109～112页。

② 赵清：《〈我爱这土地〉教学设计》，《新课程（中学版）》，2018年第12期，第98页。

一句诗，在教师的引导下进行演读，把学生带入诗歌的情境中，融入课堂的情境中。

【典型微活动】

在《假如生活欺骗了你》一课中，余映潮老师是这样进行朗读教学的①：

师：其实当眼前都是乌云的时候，我们要透过乌云看到太阳。好，谢谢同学们的各抒己见。现在我们带着这种感受。再读一遍。首先这首诗给我们的启迪就是要乐观坚强！面对生活中的挫折，要咬牙、握拳！（屏显）

假如生活欺骗了你，	（男合：舒缓地）
不要悲伤，不要心急！	（女合：亮丽地）
忧郁的日子里需要镇静：	（男合：沉稳地）
相信吧，快乐的日子将会来临。	（男女合：乐观地）
心儿永远向往着未来；	（男合：平稳深沉地）
现在却常是忧郁：	
一切都是瞬息，一切都将会过去；	（女合：响亮亲切地）
而那过了的，就会成为亲切的怀恋。	（男女合：乐观稳重地）

（二）小切口成就大突破，抒情体悟创意有方

诗歌的最大特点是抒情。诗人在诗中抒发的情感犹如花香，通常情况下，我们都能闻到花香，若是细细品鉴，这花香的香型、浓淡、雅俗、久暂和层次，却因读者的不同、环境的不同、心境的不同而各异。那么，对诗歌的抒情体悟是否会因为其复杂难辨就浅尝辄止了呢？在实际的教学中，我们通过异课同构进行反思和实证，实现师生抒情体悟教学的大突破。

创意优化策略：以朗读为基——结合朗读学习抒情

朗读是诗歌教学的起点，师生在朗读中体会抒情，在朗读中理解抒情。只有理解了诗歌中的情感，才能做到有感情地朗读，才能进入诗歌的感情世界。这里以《黄河颂》教学片段为例来看看教师是怎样进行"朗读—抒情"创意教学的。

---

① 余映潮、钟东明：《〈假如生活欺骗了你〉教学实录与评点》，《中学语文》，2007年第 C1 期，第 61～64 页。

【典型微活动】

师：诗人以巨人的形象，想象自己站在高山之巅，远眺黄河，有磅礴的气势、天地的胸襟。现在我们欣赏诗的第一节，哪一句最能让我们感受到黄河的雄浑气魄？

生：我从"惊涛澎湃，掀起万丈狂澜"中感受到了黄河的力量。

师：请你读时把这一句中最有表现力的词强调出来。

（生重读"掀起"）

师：还需要加重语气，注意停顿。你为何要重读"掀起"？

生：这个"掀"字用得好，黄河的雄壮和震撼全在这个词中。

师：李白浪漫地想象出"黄河之水天上来"，黄河则是迎天击水，势不可当。一个是诗仙的浪漫想象，一个是巨人的势不可当。"掀起"真是神来之笔。让我们一起读出这种力量。

（师生同读，读"掀起"时，师做有力量的"掀起"的动作）①

创意优化策略：重视背景色——结合背景学习抒情

传统的诗歌解读，讲究知人论世。自五四运动以来的新诗，深受传统的影响，深深地烙上时代的印迹，读这一类诗歌，要结合时代背景，才能读出隐藏在文字背后的深沉情感。读《我爱这土地》如是，读《天上的街市》亦如是。

【典型微活动】

师：郭沫若先生把天上的街市想象得这么美好，但他当时身处的人间又是怎样的一种现实呢？同学们课前了解过吗？

生：当时的中国很黑暗，人们过着苦难的生活。

师：的确是这样。这首诗创作于 1921 年，当时五四运动的高潮已经过去，帝国主义列强的铁蹄已踏上中华大地，中国正处于北洋军阀混战时期。老师这里有一些图片真实地反映了当时的社会现实。

（屏显旧中国贫穷、落后、黑暗的图片，学生静静观看）

师：这是一个什么样的社会？

生：很黑暗，人们的生活痛苦无比。

师：是啊，当时民不聊生，哀鸿遍野。诗人在同一时期的另外一首诗中，发出了这样的怒吼。

（屏显）冷酷如铁！黑暗如漆！腥秽如血！

---

① 孙鸿飞：《〈黄河颂〉教学实录》，《语文教学通讯（初中）（B）》，2018 年第 7 期，第 81～83 页。

师：大家一起来读。

（生充满情感地读，语气强烈。师在"联想和想象"下面板书"身处的人间：黑暗、痛苦"）

师：诗人身处的人间那么黑暗，人们生活那么痛苦，那诗人的心在哪里呢？

生：天上的街市。

师：对，就是在"天上的街市"。

（师在板书的"光明自由、繁华富庶、幸福美好"上画了一个大大的爱心将其圈起来）

师（深情地）：虽然诗人身处于死一般沉寂的黑夜，但他的心从来没有放弃对理想生活的渴望与期盼、向往与追求。这首诗当中的哪些词语流露出了他的这种渴望和期盼之情呢？请大家圈画出来。

生（杂）："我想""定然""定能够"。

师：现在，请同学们带着这种向往和憧憬之情，再齐读一遍这首诗歌，女生读第一、三小节，男生读第二、四小节，要读出郭沫若先生的渴盼与坚信。[①]

创意优化策略：修辞藏玄机——结合修辞学习抒情

诗歌的语言形式常常是独白式，这种独白式的语言最便于抒发个人的感情。独白不是直白，除非表达出感情，否则很容易空乏。诗人往往把感情寄托在物象上，而物象的使用，又往往会采用修辞的手法，使语言表达的情感更细腻、更准确，更易于被读者理解和接受。我们来看看《回延安》的教学片段，你能从中读出里面的教学创意吗？

【典型微活动】

师：我们运用朗诵读出了民歌炽热的情感，在赏析中发现了民歌背后语言形式的奥秘。有没有哪个小组在诵读赏析中还有新的发现？（第五小组诵读"树梢树枝树根根……肩膀上的红旗手中的书"）

生：这里"树梢树枝树根根"引出"亲山亲水有亲人"，"羊羔羔吃奶眼望着妈"引出"小米饭养活我长大"，"东山的糜子西山的谷"引出"肩膀上的红旗手中的书"。这应该是民歌中常见的比兴手法吧？

---

① 朱海瑶、陈俭：《〈天上的街市〉教学实录》，《语文教学通讯》，2018年第C2期，第153～155页。

师：对，比兴手法，先言它物，再引出所说之事。

生：同时也包含比喻，寄托着延安对作者的养育之情象征着他们之间的血肉联系。

师：比兴之间充满着情感的联系，也让信天游更具备了情感的温度，意象的宽度。谢谢你们小组带领我们又发现了一个民歌的奥秘。充满激情地诵读，细致入微地赏析，我们的同学都是语文学习的有心人。同学们能不能总结一下刚才在诵读赏析中的发现？

生：民歌中的修辞手法特别丰富。比喻、拟人、夸张、排比、反复等，还有比兴手法，都更有力地表现了作者强烈的感情。

生：还有许多特别有表现力的动词、形容词也值得我们学习。

师：是的，炽烈的情感更需要独特有力的语言形式来展现，这就是民歌的生命力，这就是《回延安》震撼我们的魅力所在。[1]

创意优化策略：意象寄深情——结合意象学习抒情

意象是诗歌的物质元素，同时也是情感和精神的载体。意象的选择，往往暗含了诗人的生活经历，寄托着诗人的深沉情感。在教学时，我们要善于抓住这些意象，由象及义，缘象寻情。

【典型微活动】

师：我们在朗读中要抓住具体的意象和重点词语来细细品味作者的情感。下面以诗歌的第一小节为例，请同学们找出具体的意象，在品味意境中读出作者的感情来。

小组1："破旧的老水车""熏黑的矿灯""干瘪的稻穗""失修的路基"这些意象，展示了祖国的贫穷和落后及祖国蒙受着的苦难。读的时候要缓慢、沉重一些（生范读）。

小组2："淤滩上的驳船"展现了在灾难中艰难挣扎、缓慢前行的祖国的形象。"把纤绳深深勒进你的肩膊"一句，要读出痛苦的感受（生范读）。

小组3：这一小节写了"我"与祖国一起经受苦难，因此"祖国啊——"读的时候应该带有一种深深的期盼（生范读）。

师：第一小节每两行表现一个意象，仿佛是一首以低音缓慢升起的乐曲，给人一种沉重感。每两个小组再以竞赛的方式进行朗读。[2]

---

[1] 吴健勇、卓巧文：《〈回延安〉教学实录》，《语文教学通讯》，2019年第C2期，第109～112页。

[2] 石仁爱：《微课在朗读教学中的尝试与探索——〈祖国啊，我亲爱的祖国〉的创意设计》，《中学语文教学参考：中旬刊》，2014年第9期，第33～35页。

创意优化策略：关注关键词——结合关键词学习抒情

意象是情感的载体，那意象又是如何承载情感的呢？这就需要抓住诗歌中的关键词。何谓关键词？就是诗歌中经过诗人精心锤炼，使意象更加丰满的词语。试比较"乡愁是一枚邮票""乡愁是一枚小小的邮票"，邮票是"小小的"，而乡愁是大大的，内隐的比较一下子把情感凸显在聚光灯下。那关键词要怎样教授给学生呢？下面的课例或许能给人以启示。

【典型微活动】

（生齐读最后一节）

师：思念的味道是出来了，我觉得还是少了一点味道。主要是"浅浅的"没读好。为什么说"乡愁是一湾浅浅的海峡"？

生：我觉得"浅浅的"能表明海峡是可以逾越的，不像前面生离死别那样，只要台湾回到祖国的怀抱，它就是可以逾越的，就是"浅浅的"。

师：你的意思是诗人表达了渴望台湾回到祖国怀抱的情感，这是你的解读。本诗写于1972年，当时大陆和台湾完全被隔断，不要说与亲人见面了，连书信交流都不可能。你说，"浅浅的"蕴含着怎样的感情？

生：诗人渴望回到大陆，回到祖国的怀抱。

生：这里面有一种无奈的情感，他是如此的渴望回来。

师：的确有无奈。因为现实会有不尽如人意的地方，无奈下是深深的遗憾。多么渴望回去，可是却不能。刚才的朗诵是否读出了无奈？（生摇头）那我们再来试试。

（生齐读第四节）

师：交流朗读建议时，有位同学提醒大家，朗读时要抓住一些关键词，的确如此。下面我们来朗诵整首诗，既要注意起伏，还要处理好关键词的诵读技巧。①

（三）小幽径抵达大通道，意象探究柳暗花明

诗歌的重点在意象。意象的选择决定了诗歌的品位。诗人在选择意象时，那意象便已不再是自然之象，而成了心中之象，必然氤氲着诗人情感的花香，

---

① 叶映峰：《诗境·诗情·诗心——余光中〈乡愁〉教学设计思路与实录》，《全国优秀作文选》（写作与阅读教学研究），2012年第4期，第77～82页。

潜藏着诗人不愿示人的心语。不愿示人并非不可示人，只愿君心似我心而已。因此诗歌意象的探究成为诗歌教学的重点，也是教学难点，很难讲清楚。古人的办法是涵泳，意思是反复吟诵玩味，慢慢就懂了。现代诗歌教学是不是也需要涵泳呢——反复地把玩意象，慢慢就懂了？涓涓细流汇成江河，条条幽径通向大道，我们在大量的教学实践中，通过异课同构进行实证和反思发现了意象探究的多条有效路径。

创意优化策略：走时代通道——结合时代读懂意象的隐喻性

意象的隐喻指的是意象背后的潜藏话语，是诗歌语言的一种艺术表达。为什么不直接说出潜藏的话语？大白话如同白开水可以传递信息，却失去了玩味。隐喻就像走在文字的迷宫中，历经曲折找到出口才有意思。用常见的事物去分析和理解另一种事物，用已知事物表达未知事物，正是隐喻的本质所在。问题的关键是在二者之间创建某种联系，这种联系恰恰是通过本体和喻体之间的相似性得以实现的，而诗人内心的情感也恰恰潜藏在其中。

【典型微活动】

"破旧的老水车、熏黑的矿灯、干瘪的稻穗、失修的路基、淤滩上的驳船"这些看似平常的事物景象，却给我们贫穷、落后的感觉，试做具体分析。

示例：河边上驾着一台破旧不堪、久经沧桑的老水车，吱吱作响毫无生气，以"河"为背景，凸显"老水车"的形象，辅之以修饰词"破旧、疲惫"，以事物比喻祖国的贫穷、落魄。

预设：第一，隧道内昏暗的矿灯忽闪忽灭，失去它却寸步难行，以"隧道"为背景，凸显"矿灯"形象，再用"蜗行摸索"加以描绘，用事物景象喻说祖国多年的痛苦磨难。第二，残败的稻穗飘零在广阔土地上，以隐藏的"大地"为背景，凸显"稻穗"的干瘪形象，喻说祖国的饥饿和苦难。第三，路基年久失修，坑坑洼洼，给人以破败之感，一幅凄零悲惨之景象，以此景象喻说祖国千百年来的闭塞、凋零。第四，停靠在淤滩中的驳船，道道勒痕格外刺眼，此句以"淤滩"为背景，凸显"驳船"形象以此隐喻前行的艰难。将这些凸显出来的景象加在一起，在各自的小环境下衬托出大的时代背景和国家现状，同时用诗中的多个喻体喻说一个本体——以"我"为本体，"老水车、矿灯、稻穗、路基、驳船"为喻体，将这些景物上的隐喻义投射到指代一切凋敝、痛苦的总和即本体"我"当中，给人以强烈的艺术震撼。①

---

① 杨婧元、解芳：《图形背景理论视角下诗歌隐喻现象的解读——以〈祖国啊，我亲爱的祖国〉为例》，《英语广场》，2018年第1期，第52～54页。

创意优化策略：开想象之门——用想象再现意象的画面感

意象的生命不仅活在诗人的心中，也活在读者心中。意象往往有鲜明的画面感，用想象再现意象的画面，把诗歌的空白处用合理的想象填补，再用自己的语言描绘出来，是学习诗歌的一种好方法。

【典型微活动】

《乡愁》四个小节其实就是四幅画，说说你喜欢的那个小节，展开想象，把你所看到、听到的写下来，并说说你喜欢的理由。

余光中所表达的乡愁是深沉且丰富的。想一想，我们曾学过哪些乡愁诗，对比阅读马致远的《天净沙·秋思》。

追问余光中的《乡愁》如果没有第四小节，你觉得怎样？明确诗是从个人情思升华为家国情怀；意蕴更加丰富，格调更为高远。[①]

创意优化策略：启动多语境——从多语境中发现意象的附加值

意象的物质基础即物象是有确定性的，无论是风雨、土地、鸟、树甚至较为抽象的春光、黎明等，读者的生活经历都可以再现其具体的形象；然而意象的精神意义却有不确定性，除文本语境的规定外，还有环绕文本的社会、文化、政治、时代等不同语境，以及不同读者的知识背景、个人阅历、价值取向等，因此意象的附加值有无限的可能性。

【典型微活动】

以《回延安》为例——延安作为一个地名入诗而成为诗中一个重要的意象，这个意象叠加了太多的意义，你能发现吗？

明确：对诗人而言，延安是他学习、生活和战斗过的地方，是他革命理想的孵化地，有一段难忘的岁月情结，有非凡的个人意义。对时代而言，延安是一个时代的地理坐标，是革命的圣地，是"延安精神"的发源地。对新中国而言，延安是民族记忆、政党历史和革命叙事中一个绕不开的时空交汇点。所以，意义叠加后的"延安"，不仅是一个历史坐标，还是一种理想符号，更是一段岁月情结。不理解这些意义，就不能理解诗人直白热烈的情感流露。[②]

创意优化策略：背景非白纸——重视背景意象承载的特殊意义

诗歌中所有意象皆有意义。一般的诗歌阅读往往只重视主要意象，如《祖国啊，我亲爱的祖国》中的"破旧的老水车""干瘪的稻穗""失修的路基""淤

---

① 丁卫军：《在意象中体味情感的丰厚——〈乡愁〉教学设计》，《初中生世界》，2017年第16期，第57页。

② 韩一嘉、贺沁：《症候阅读：抒情文体的意象呈现——细读〈回延安〉》，《语文教学与研究》，2020年第17期，第27～31页。

滩上的驳船"等，没错，它们是祖国曾经贫穷落后的象征，而河边、隧洞、淤滩以及隐含的大地呢？河的意象作为老水车的背景隐喻祖国悠久的历史长河；蜗行摸索的隧洞作为矿灯的背景意象暗示了中国人在黑暗中的长期摸索；淤滩作为驳船的背景隐喻着祖国曾经长期的积贫积弱；还有稻穗干瘪和路基失修隐藏的背景意象是贫瘠的祖国大地。阅读诗歌，只有结合背景意象，才能更加深刻地理解主要意象，突出主要意象的意义。我们以《未选择的路》为例来学习背景意象。

【典型微活动】

在《未选择的路》中，诗人选择的背景意象不是草原、河流或牧场，而是树林，为什么？

明确：黄色的树林里有两条路，极目望去消失在树林深处，诗人在岔路口面临着抉择。作为背景的意象是树林，不是草原、河流或牧场（这些地方视野开阔，缺少神秘），而只有神秘幽深的树林才能衬托出诗人在面临选择、无法预见未来时的那种矛盾和痛苦的心理。以树林反映其真实的精神世界，继而揭示出人类的心灵真相，这使得树林成为其诗歌中"持久的象征"①。

（四）多角度加持新视野，诗意理解豁然开朗

对于诗意的理解，我们大都建立了这样的模式："通过……表达了……"这种模式简单而有效，却往往难以深入，读者各持所见，挂一漏万。诗意是诗人隐藏在文字、意象、结构、章法背后的秘密，又岂是简单的"通过……表达了……"就可以通达的。窥人之心是如此艰难，却也并非无迹可寻。我们在长期的教学实践中，通过异课同构进行反思和新理论的学习获得启迪，发现了诗意理解的多个角度、多种方法，有一种豁然开朗之感。

传统的"知人论世"和"以意逆志"都是以作者为中心，努力通过文本探究作者之意。这不是一件容易的事。诗人通常把心思深藏在文本之中，一望而知的可能性几乎没有。这就需要阅读大量的外部资料，从中找出相关的蛛丝马迹，从而"走进"诗人的心灵世界，获得一种人所不知的新发现，这就是阅读的快乐体验或称之为艺术享受，这是一种高品质的精神愉悦。

创意优化策略：理解文本义——探究诗人通过文本旨在表达什么

读一首诗，弄明白作者想表达什么是诗歌解读的任务之一，但并非唯一任

---

① 万秀增：《浅析自然诗人罗伯特·弗洛斯特诗歌中的树林意象》，《辽宁教育行政学院学报》，2009年第8期，第99～100页。

务。要注意的是，读者通过自己的体会推测或探求作者在诗中所要表达的思想感情并不一定是作者真正之所想，依然只是一种自圆其说的猜测。如果我们得不到一首诗的外部资料，只能从文本本身阅读，那我们就得从文本内部找出理据，自证其圆。文本是一个有机的生命自组织，一定有其存在的合理性。

【典型微活动】

有一点我们必须要清楚，诗无达诂，一首好诗的意蕴和情感指向一般不是单一的，而是复杂、多样的。比如顾城的《远和近》这首诗："你 / 一会儿看我 / 一会儿看云 / 我觉得 / 你看我时很远 / 你看云时很近"。这首诗非常短也非常简单，却给人很多想象和理解的空间：你是谁？你和我是什么关系？是恋人？是亲人？还是朋友？从不同的角度理解就会有不同的答案。这就是诗歌所具有的一种独特的朦胧之美。而在课堂上对诗歌进行单一的解读，会将这种朦胧之美破坏殆尽。

师：除了美好的四月天，真正带给作者这样美好体验的是谁呢？

生：你。

师：那这个"你"是谁呢？为什么这么美好？让作者爱得如此深？同学们来猜一猜。

生：是诗人的母亲。

生：是徐志摩。

生：是梁思成。

师：（播放 PPT 展示林徽因的生平）原来这首诗是林徽因写给她儿子梁从诫的。表达了……

生：母亲对儿子的爱。

在这样的教学引导下，学生就会往母亲对儿子的爱这个方向去理解，这并没有错，但只是一解，并非全解。

这首诗中的"你"究竟是谁？其实这首诗中的"你"可以着眼副标题——"一句爱的赞颂"，我们可以这么理解，诗中的"你"实际上是"爱"，是一种"爱"的感觉，它可以是母子之爱、情人之爱、亲人之爱。把握"爱"这个核心理念来理解诗中所传递的这种充满温暖、轻柔与希望的爱的感觉，就非常容易了。学生也能够结合自身的经验去理解诗人想要表达的这种"爱的感觉"。教师在指导学生阅读诗歌的时候，应避免单一固定的解读，而是尽量多角度、多元的解读。①

---

① 李雅丹：《"误读"诗歌 体验诗情——以〈你是人间的四月天〉教学实践为例》，《最小说》，2020 年第 2 期，第 48～49 页。

创意优化策略：以读者视角——探究读者读出了什么

从获取信息的角度看，探究一首诗的作者表达、文本表达当然是重要的，也是必要的，然而，诗歌阅读还有非常重要的一部分，那就是读出读者自己的感受。用叶嘉莹先生的话说，就是要能够从诗歌中得到自己的"感发"。真正的阅读快感是读者要有所感，有所悟，有所启发。诗歌把读者带入了它自己的艺术世界，读者亦成了诗歌的一部分，给诗歌注入了新的生命力。

【典型微活动】

师：假如生活欺骗了我，假如我欺骗了生活，生活都要重新开头。那么假如生活重新开头，我们要以什么样的态度对待生活呢？我们需要抒发一下对生活的感怀，现在请每位同学以"假如生活重新开头"为第一句话写诗，写三句诗，当然，如果大家写六句、写八句就更好！

（生写诗）

师：好了，老师来听一下，欣赏一下你们的诗歌。哪位同学来朗诵你的诗作？

生：假如生活重新开头，我会毫不犹豫地弥补自己的过错，一步一步地面对困难，在孤单徘徊中坚强，失败过后也不会哭，一切都在我的真心实意中改过。望着蓝天，挥一挥手，成功正在向我探头。

师：啊，太好了，太好了。我最喜欢的一句诗是"不会哭"，要看到生活是多么的美好。

生：假如生活重新开头，我的旅伴，我的朋友，仍是一次夜晚无尽的征程，悄悄地把思绪抛在脑后，大家一起举起整齐的双手。

师：他是模仿着我们推荐的阅读诗重写的，把它改了，人家是早上走，他是夜晚走。夜晚走更孤单一些啊。（生笑）

生：假如生活重新开头，我的旅伴，我的朋友，走的还是一条坎坷不平的道路，但要把过去的困难抛于脑后，快乐地走向新的旅程。

师：好，你用了押韵的方法。

生：假如生活重新开头，我的旅伴，我的朋友，迎着晚霞的余光，昂着头，向前走，把我的心声向你诉说。

师：好好，你也是在晚上走的啊。（生笑）

生：假如生活重新开头，我会谨记张大双眼，不再被生活欺骗；假如生活重新开头，我会一步一个脚印，与诚实为伴，不再欺骗生活；假如生活重新开头，我要把以往不愉快的泪水留下，带上微笑和幸福，重新开始那明亮而又漫长的征程。

师：她使用了反复的手法，这样诗就显得丰富了。

生：假如生活重新开头，把昔日的伤痛抛到身后，我的信念，我的希望，插上理想的翅膀，飞向成功的大门。

师：言简意赅，而且意蕴高远，为了理想而放飞自己的思绪。

生：假如生活重新开头，我将抛开一切，尽情洒脱，迈着自信的步子，奔向远方。

师：哦，就是要自信。

生：假如生活重新开头，我的生活，我的未来，将是一个新的开始。将过去的记忆抛在身后，让欢乐陪伴我左右。

师：因为生活重新开头，所以用了一个"新"字。

生：假如生活重新开头，我的黎明，我的黄昏，将会灿烂依旧，把不顺心的挫折抛于脑后，愉快地享受生活。

师：他这个诗中的"黎明"和"黄昏"很有含义啊，表示一天到晚或时光在流逝。好，下面听听老师的好不好？

生：好。

师：老师也有四句诗：假如生活重新开头，新的美景在温馨地招手。我欣喜地拥抱我的时光，把两步当作一步走（生鼓掌）。①

创意优化策略：向他人借智——参考他人解读择善而从

一个人的学养和视野毕竟有限，参考他人的解读，尤其是名师大家的解读，对诗歌的阅读与理解不无裨益。教学解读是一种特殊的阅读方式，有教学目标的规定性，有教学内容与教学方法的适切性，也有学情的限制性与不确定性，因此我们在参考他人的解读时，还要依据教学的需要，择善而从。

【典型微活动】

材料一：卞之琳写于1935年的《断章》，"你站在桥上看风景／看风景人在楼上看你／明月装饰了你的窗子／你装饰了别人的梦"，寥寥数语却使人们在阅读时读出了多种意义。有人倡哲理说，有人主爱情说。哲理说又可分为相对关联说和装饰悲哀说，爱情说又可分为相思说和单恋说，还有其他多种说法。

第一，相对关联说。作者自己解说："我在这里形象地表现相对相依、相通相应的人际关系。"可见，他是在强调相对的关联。"你站在桥上看风景"，

---

① 余映潮、钟东明：《〈假如生活欺骗了你〉教学实录与评点》，《中学语文》，2007年第C1期，第61～64页。

你在欣赏、玩味风景中逐渐陶醉，在一般人眼里，你是享受者、消费者；而在作者的眼里，你又成了别人的风景，"看风景人在楼上看你"，你因此变成了服务者和生产者。在这个世界上没有绝对的主体和客体，一切都在相互转换着，又相对相依、相通相应。第二，装饰悲哀说。李健吾认为："还有比这再悲哀的，我们的诗人对于人生的解释，都在装饰：明月装饰了你的窗子，你装饰了别人的梦。"也就是说人生如同正在舞台上表演的一场戏，这里没有主角，每个人在此只是配角。人与人之间都是相互陪衬、相互利用的关系。这样诗中就充满着无限的、无奈的悲哀情怀。

爱情说。第一，相思说。"你站在桥上看风景 / 看风景人在楼上看你"，"你"和"看风景人"都把对方当作风景一样欣赏，相互眷念、爱慕，久久不肯离去，直到明月照窗，悄然入梦。第二，单恋说。"你站在桥上看风景"，你是无意的；"看风景人在楼上看你"，那人是有心的，甚至还要连同你窗上的明月带入他的梦境。

当然，有关这首诗的主题还有"热爱生活说""人际扬善说""参禅悟义说""寻求隐逸说""距离生美说"等……所以读诗可以读出作者没有意识到的意蕴，只要言之成理，就不是歪曲。[①]

创意优化策略：打开新视野——用新理论进行解读

随着研究的深入，新的理论和方法层出不穷。作为教师，我们要经常关注新的著作和新的期刊，了解语文学科前沿的学术研究，获得新的解读工具，如前面所说的文本层次理论、诠释学、接受美学、图形—背景理论、解构主义、认知心理学等，这里再用一个案例来看看怎样用叙事学理论解读诗歌。

叙事学讲究从视角、虚构、隐含作者、叙述者、叙事时间、话语模式、故事、人物、情节、叙事语法等角度解读文本。像《乡愁》中的"我"，有四个视角：作为儿子的"我"（小时）、作为新郎的"我"、作为儿子的"我"（成年）、作为赤子的"我"；有四个叙事时间：小时候、长大后、后来、现在。叙事学理论为现代诗歌提供了一种新的解读视角。

【典型微活动】

《未选择的路》既是一首哲理诗，也是一首叙事诗。通过叙述诗人"我"的经历来讲述人生道理，诗中的"我"既是经验者，又是叙述者，同时也是展望者，试做分析。

---

① 张心科：《卞之琳〈断章〉主题多义例说》，《中学语文》，2004年第13期，第29～30页。

明确：第一节至第二节中的"我"是经验者，可称之为"经验之我"，叙述的视角是"体验者视角"，即事中的"我"正在经历事情的发生，随着作者的叙述，读者仿佛看到黄色的树林里分出两条路，一个人在做艰难的选择。

第三节中的"我"是叙述者，可称之为"叙述之我"，叙述的视角是"回顾性视角"，一个"那天"即为回顾往事的标示。"我"想起了"那天清晨落叶满地"选择的无助和纠结，恰是我纷乱的心绪，是该做出一个选择了，读者仿佛能够听到作者的无奈、无助的咏叹。

第四节中的"我"是展望者，可称之为"未来之我"，叙述的视角是"展望性视角"，一个"多少年后"即为展望的标示。诗人通过想象自己将来回顾选择的情景，将经验之"我"、叙述之"我"和未来之"我"融为一体，写出了人生命运的不确定性。"我"将来会怎样呢？就留给读者去回答吧。①

在诗歌中得到感发，从中获得精神的愉悦和前行的力量，是现代诗歌的生命之所在。现代诗歌教学就是要培养这种感发的力量，让学生们懂诗、爱诗，进而热爱生活，向善向美。邱俊老师对此深有感触："'我看一阵向晚的春风 / 悄悄揉过丰润的青草 / 我看它们低首又低首 / 也许远水荡起了一片绿潮……'遇见穆旦的《我看》，像是遇见了多年来我心之所向、神之所往的语文模样。静态的草，动态的风，一日日唤醒新生的力量，把蓬勃的热情和美的希望带向远方，感受语文大地的辽远无边和语文生命的蓬勃生机。时空之中，我的呼吸与自然合流，我的语文和生命同在。"②

---

① 刘浪：《一唱三叹：〈未选择的路〉叙事学解读》，《语文学习》，2012 年第 11 期，第 35～37 页。
② 邱俊：《向新而生　向美而行——我的语文教学追寻之路》，《语文教学通讯》，2020 年第 17 期，第 4～6 页。

专题五
现代说明文创意阅读微课例①

一、现代说明文创意阅读微问题群

（一）说明内容概括不精

【问题描述】

课前准备：提前准备一篇有关台风的现代说明文阅读，了解学情。课堂上，教师用屏幕显示了该说明文，并提出了三个与该说明文相关的问题请学生进行回答，其中有两道选择题、一道简述题。

【问题诊断】

通过答题的方式对学生进行测试，了解他们的情况，学生的答案正确率较低。

选择题的答题情况，进行选项与原文的比较；进行选项之间的比较，细心比较是关键，简述题的答题情况，学生筛选信息概括要点的能力较弱。部分学生没有看分答题，随机从文本中抽取信息，而非依次概括归纳，导致给定答案不完整。

针对学生存在的这些问题，教师的教学应先侧重于对说明文进行指导性阅

---

① 专题五负责人是四川省宜宾市第六中学校教师舒晓芳，作者是舒晓芳、徐江南、谢辉、赵志宇、吴杰穗、曾必慧、蔡佳、苏娜、代武红。

读，让学生学会筛选关键信息和概括归纳。

要点概括能力是深层阅读理解的前提。说明性文章归纳概括题主要考查同学们对文章或某一段的整体感知能力，主要有四种考查形式概括说明对象的特征或事理、概括全文或段落要点、给文章加标题和为事物下定义。

（二）说明顺序判断不准

【问题描述】

教师走进教室，看了看同学们，微笑着说："每学期我们都有社会实践，这学期我们准备去翠屏山赵一曼纪念馆参观，大家觉得怎样？"

"太好了！"同学们大声喊了起来。

"但是学校安排社会实践肯定是要锻炼我们的能力，"我接着说，"除了锻炼我们的身体之外，还可以把我们所学的知识融入社会实践中。那怎么融入呢？我们这周学习了什么文章？"

生："说明文。"

师："很好，既然我们学习了说明文，那我们能不能也写一篇说明文呢？"

生："老师，说明文怎么写啊？我们不知道。"

师："比如我们这次社会实践需要我们从学校出发到达目的地，再参观博物馆，最后分享交流，那从这次活动中，我们可以采用说明文中哪些说明顺序来完成呢？"

生："时间顺序。"

生："空间顺序。"

生："逻辑顺序。"

师："看来大家都不确定哦。"我笑着回答。

同学们纷纷议论起来。

师：以"社会实践"为话题，写一段说明文字（板书）。

【问题诊断】

学生说明文顺序掌握并不到位，并不能很好地了解各种说明文顺序如何使用。

（三）说明方法区别不明

1. 下定义和作诠释难分辨

【问题描述】

教授《中国石拱桥》一文，对说明方法进行判断和分析作用时，有教师是这样处理的。

师：为了更好地说明中国石拱桥的特点，作者以赵州桥和卢沟桥为例进行具体说明。请你找出作者所使用的说明方法，并分析这些方法的作用。勾画出相关的句子，并做好批注。

生："赵州桥非常雄伟，全长50.82米，两端宽9.6米，中部略窄，宽约9米。"这句话运用了列数字的说明方法，说明了赵州桥的长和宽。

师：说明方法判断准确，作用分析不够准确。

生："桥洞不是普通半圆形，而是像一张弓，因而大拱上面的道路没有陡坡，便于车马上下。"这句话运用了打比方的说明方法，生动形象地说明了赵州桥桥洞的形状。

师：方法判断准确，作用分析得还是不够准确，除了能形象地说明赵州桥桥洞的形状，还有什么作用呢？

（生沉默）

师：说明赵州桥的形式优美啊！还用了哪些说明方法呢？

生："由于各拱相联，所以这种桥叫作联拱石桥。"这句话运用了下定义的说明方法，准确说明了什么叫"联拱石桥"。

师：这句话用作诠释的说明方法，下定义和作诠释容易混淆，请大家记录下来，下定义是抓住事物的本质特征，更科学和准确，作诠释通常是更加通俗易懂的一种说明方法。

【问题诊断】

在上面的教学情境中，学生存在的问题有：下定义与作诠释不能准确判定；说明方法的表述术语使用不准确，不能根据具体说明方法选择准确的作用术语。

教师存在的问题有：说明方法的判断方法指导不到位，尤其是"下定义"和"作诠释"；没有准确地将说明方法表述术语的规范使用教给学生，教师评价笼统，表述不准确，或者做无意义的追问而达不到效果。

2. 打比方和摹状貌易混淆

【问题描述】

判断和分析《中国石拱桥》一文中打比方和摹状貌说明方法的

教学片段:

师:什么是打比方的说明方法?

生:打比方就是把一样东西比喻成另外一样东西,就是比喻的修辞手法。

师:很好,有什么作用?

生:使文章生动形象。

师:那什么是摹状貌呢?

生:摹状貌是描摹事物的样子。

师:摹状貌又有何作用?

生:使说明的对象具体形象。

师:现在请同学们找出文中的这两种说明方法并分析其作用。

生:"石拱桥的桥洞成弧形,就像虹。"这句话用了打比方的说明方法,生动形象地说明了石拱桥的特点。

生:"全桥结构匀称,和四周景色配合得十分和谐;桥上的石栏石板也雕刻得古朴美观。"这句话用了摹状貌的说明方法,生动形象地说明了石拱桥的特点。

生:"桥洞不是普通半圆形,而是像一张弓。"这句话用了打比方的说明方法,生动形象地说明了桥洞的特点。

师:继续找,看还有没有使用这两种说明方法的句子。

【问题诊断】

在上面的教学情境中,学生存在的问题有不易辨识摹状貌的说明方法;对一个句子只判定一种说明方法,说明方法未找全;分析说明方法作用时,对说明对象及其作用不明确具体,偏于格式化。

教师存在的问题:没有结合具体的句子和学生的回答对打比方和摹状貌进行辨识;没有引导学生找出并总结打比方和摹状貌一般连用的规律;分析说明方法的作用时,没有引导学生找出具体的说明对象并进行具体的作用分析。

(四)说明语言理解不深

1.理解说明语言特点不到位

【问题描述】

上周开始我们进入了说明文单元教学。在讲《中国石拱桥》之前,我特地询问了学生预习情况。"同学们,你们是否对《中国石拱桥》进行了预习?"

学生纷纷摇头。

"为什么不做预习呢？"我接着问。

"说明文太枯燥乏味，我们不喜欢读！"学生们大声说道。

"意思是你们大部分人都认为说明文的语言是枯燥而乏味的，是吧？"我忍不住笑起来。

学生们也笑了，其中有很多学生望着我，目光坚定地点点头。

对于这个问题我并没有做正面回答，而是一边打开多媒体课件，一边说："那这节课我们就来分析分析说明文的语言到底有些什么特点。"我播放了一张关于赵州桥的图片，让学生们用自己的话说明大拱和四个小拱的位置关系。学生说，我按照学生说的意思在黑板上画图形。

一位学生说："大拱的两边各有两个小拱。"

我根据她说的内容画出了第一幅图片。

又有一位学生说："不对，大拱两边的顶部有四个小拱。"

根据第二位孩子的回答，我画出第二张图。

第三位学生接着发言："我认为是桥身的左右两边各有两个小拱。"

第四位学生不同意前面三位学生的看法，他说："在大拱的左右两端各有两个小拱。"

待四位同学回答完毕，我的四幅图片也画好了。于是我让学生打开课本，体会文中"大拱的肩上各有两个小拱"这个句子与他们的回答有什么差异，并请学生找到句子中最重要的字词是哪些？

有的学生说"大和小"比较重要，有学生认为"两个"这样表示数量的词很重要，部分学生能找出句中的"各"字和"肩"字，但仅仅停留在感觉层面，不能分析具体原因，连部分优生的答题思路也很混乱，组织的语言不够规范。

【问题诊断】

上面教学情境中，学生对说明语言的把握存在这样的问题。

第一，学生认为说明文是枯燥乏味的，不能理解为什么说明语言跟其他文体的语言特征不一样，没有从根本上去认识这个问题，就会对说明文不感兴趣，自然会影响整体书的阅读效果和质量。

第二，学生不能使用准确的词语说明事物特征。说明文的语言要具有准确性，四位同学分别对赵州桥图片中大拱和小拱的位置进行了描述，但他们使用语言都不够准确。

第三，学生对说明语言的理解仅仅停留在"枯燥乏味"上，没能体会说明语言也有生动性、形象性的特点，认识较单一。

第四，学生没有形成规范的答题思路，对文中的重点字词或是无法体会，或是凭感觉找出来却无法言说，缺乏说明文语言的答题训练。

2. 说明文语言赏析不深刻

【问题描述】

教授《中国石拱桥》一文，在对说明语言进行分析时，有教师是这样处理的：

师：请你自读《中国石拱桥》第二段和第三段，找出相关词句体会说明文语言的准确、严密等特点。请勾画出相关的句子，并做好批注。

生："赵州桥非常雄伟，全长 50.82 米，两端宽 9.6 米，中部略窄，宽约 9 米。"这句话中的两端、中部两词说明了赵州桥的外形。

师：词语找得很对，但分析不够准确。

生：这座桥修建于公元 605 年左右，到现在已有 1300 多年了。这句话中的"左右"说明了这座桥的修建时间是推测出来的，是大概时间。

【问题诊断】

上面教学情境中存在的问题有，学生能很快地找出体现说明语言准确性的词语，但在回答时忽略了对说明文词语的原意及其语境的理解。

教师存在的问题有未能将说明文语言的特点准确地教给学生，教师仅笼统评价为表述不准确。词语找得对，但分析不准确。

二、现代说明文创意阅读微设计群

（一）理解句子，提取关键信息

教学中如何读懂说明文内容？如何引导学生针对说明文阅读审清题目要求？如何根据题干筛选信息？如何有效提炼概括？学生如何梳理文路，筛选信息概括要点？

其一，同文共识。从选文中引导学生养成阅读文章的层次意识和耐心细致的阅读习惯。

其二，同题异文。以学生感兴趣的时事内容为例，譬如对于事物性说明文

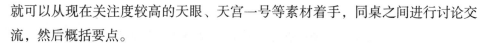

就可以从现在关注度较高的天眼、天宫一号等素材着手，同桌之间进行讨论交流，然后概括要点。

其三，异文互改。以群文阅读的形式，同桌之间相互评改。

其四，异题同评。同组同学一起评改，最后相互交流。

【同课异构微设计】

说明文重在介绍知识，传递信息。因此，阅读说明文时一定要理解文章内容，弄懂文中介绍的知识，明白传达给我们的信息，并简要概括主要内容要点，把握文章的中心。这是说明文阅读一个重要的考点。概括要点时，要重视首括句、尾结句和提问式语句的作用，重视给概念下定义或解说语句的作用。阅读时可以把这些语句勾画出来。概括要点时最好用完整的句子，意思要简明扼要。

其一，概括说明对象的特征或事理，需要提取信息和整合信息两个步骤，即从原文中找出相关段落文字，把关键点提取出来进行整合。提取信息时考查学生能否对信息进行迅速准确的定位和排序；整合信息时考查学生是否能够排除干扰，筛选出重要信息。

其二，概括全文或段落要点。概括全文或段落要点难度稍大，学生要用自己的话概括。解答这类题首先要根据各段的关键词句概括各段的大意，然后整合各段的大意，再用简明的句子表达出来。

其三，给文章加标题。为文章加标题，通常是对全文中心的概括，不过这种概括要用简明的语言表述出来。同时，需要从作者的角度考虑写作意图，从而准确把握全文中心，给文章加上恰当的标题。

其四，为事物下定义，即对重要的信息进行筛选整合及运用"下定义"的方法说明事物。下定义要求准确、严密、语言简明，常用的是判断句的形式，即"××是××"句式。解答这类题目时要根据题目的指向意义，明确在文中搜索信息的范围。有的要求筛选的信息可能只涉及几句话，也有的可能涉及一段、几段乃至全篇；有些信息，直接在筛选范围中摘录即可获取；有的信息不是直接传递的，需对一定范围的内容进行归纳、整合后才能获得。最后将提取的内容进行优化整合，以简洁、恰当的语言表述出来。

说明文阅读"理解说明内容，概括内容要点"涉及的考点主要有：能用准确的语言概括、表述被说明事物的特征。阅读说明文要学会从说明对象的形态、性质、结构、制作、用途、分类、发展变化等方面去领会文段是怎样具体说明事物特征的。处理对策有以下方法。第一，提取要点，直接找到中心句，这种方法适于中心明确、论述简洁鲜明的文章。第二，抽象说明，即自己组织语言对文章的主要内容进行揭示。这种方法适用于评价事理、剖析事理、阐明特性等各类文章。抽象说明的关键在于全面把握文章内容，抓住本质。第三，综合归纳，这种方法适用于比较复杂的内容。它要求首先明确有关的若干要点，然后再把几个要点归纳起来进行整合。以摸底测试中的第一篇阅读为例，进行说明。

【常规教学】

教师先针对学生做题过程中存在的问题进行细致引导，最后总结解题思路和落实知识点。

审清题目要求："概括台风"的"功劳和益处"。

学生根据题目筛选信息（明确筛选信息的依据——题目要求）。

交流优化，提炼概括（请学生作答，教师引导，注意方法的总结）。

提问：文中哪些段落阐述了台风为人类带来的功劳和益处？原文中可有标志性字句的提示？这些段落中，哪些句子阐述了台风的功劳和益处？

文本思路分析：第二段的段落结构是阐述—总结（中心句）—补充，中心句在中间。由第二自然段关键信息的概括，提醒学生注意耐心阅读找到段落中最有总结性的语句。第三自然段的中心句简洁明了，要点概括可直接引用中心句。第四自然段没有明显的中心句，层次之间存在递进关系：节约用水用电—节约原煤—用于风力发电。引导学生将"节约用水""节约用电""节约原煤"概括为"节约能源"，"而且""甚至"表明是递进关系，最后概括为"节约能源，用于风力发电"。第五自然段属于承接式阐述，关键信息在段末，比较明显，提醒学生注意表述的简洁性。第六自然段的段落结构属于：中心句—阐述—例子。首句就是中心句，比较明显。但文末的句子"台风发生其实有助于减轻地震带来的损害"容易误导学生。提醒学生注意分层，理清各层次之间的关系。概括要点时，如发现一段内有多处类似的表述，要对关键信息的内容进行比较，明确哪些是中心信息，哪些是辅助信息。

出示参考答案，归纳特点。语言简洁：一般情况下多用动宾结构的句子表述。条理清晰：按照文段顺序，标清序号，分条陈列。

回顾做题过程，归纳提炼方法：有段落中心句时存在以下问题：第一，理清层次，找到段落中心句；第二，中心句表述简明，直接引用，即提取主句法；第三，中心句表述不够简洁，进行删减、组合，即组合要言法；第四，若发现一段内有多处类似的表述，要对关键信息进行比较，确定哪些是中心信息，哪些是辅助信息，即组合要言法。没有明显的段落中心句时要弄清各个信息点之间的关系，再来分类、组合，即分层归并法。

　　　　方法归纳：提取主句法、组合要言法、分层归并法。

【创意微教学】

　　学生课前完成"台风"的调查研究报告，针对"什么是台风""台风有何好处和危害"做调查研究。以展开此次教学活动。最后教师出具阅读文段，让学生在文段中用简洁的语言概括本段说明文的要点。课内课外知识结合，激发学生的学习兴趣，使学习变得更贴近生活。

（二）归纳特点，掌握说明顺序

【一课多上的微设计】

　　教学中，怎样让学生掌握说明文顺序？说明文顺序在中考考点中主要考察对文章结构的把握和对上下文的照应，提问方式以选择题或简答题的形式，要求学生指明整体和局部的说明顺序。怎样通过有创意的教学促进学生对说明文顺序的把握？教师提出了以下三个解决问题的思路。

　　其一，群文共识。从所学课文中精选包含典型的说明文顺序特点的片段，引导学生分析和归纳说明文顺序的特点。想一想怎样才能更好地掌握说明顺序？

　　其二，异文同体。以所学文章为切入点，同桌之间进行讨论和交流，归纳各种说明文顺序的不同特点。

　　其三，同题异文。再以社会实践为话题，写一段说明性文字，同桌之间相互评改，最后相互交流。

【同课异构微设计】

　　在学习说明文顺序时，可以从《苏州园林》《梦回繁华》《中国石拱桥》《蝉》这四篇文章进行比对学习，先给出概念，说明文的顺序主要有以下三种。

　　其一，空间顺序，按事物空间结构的顺序进行说明，像介绍一座建筑、一处园林和一片山水。

　　其二，时间顺序是指按照事理发展过程的先后来介绍某一事物的说明顺序。有时候，为了说明事物的制作过程或撰写实验报告，我们也常常按照步骤或程序的先后顺序来写，这是一种特殊的时间顺序。

　　其三，逻辑顺序是按照事物或事理的内部联系及人们认识事物的过程来安排说明顺序。或由个别到一般，或由具体到抽象，或由主要到次要，或由现象到本质，或由原因到结果，分别做出说明。这种说明顺序一般运用于事理说明文中。

我们可以从《苏州园林》《梦回繁华》《中国石拱桥》《蝉》中，更深入了解采用何种说明顺序。我们首先应该知道选择说明顺序的标准，一般选择说明文的顺序，可以从两个方面考虑。

第一，与说明对象有关，比如课文《梦回繁华》是对《清明上河图》画面内容的介绍，当我们介绍一座建筑物或景点时，用于说明事物的形状、构造特征，一般采用空间顺序。法布尔的《蝉》介绍蝉卵从孵化转变为幼虫到蜕皮再钻入土中的过程，当我们介绍事物的发展过程时，就采用了时间顺序。《苏州园林》先总说苏州园林的特点，然后从四个角度对其加以分说。当我们介绍事物的道理时，依据事物之间或某一事物各部分之间的逻辑关系进行说明，一般会采用逻辑顺序，逻辑顺序表现为：总—分、现象—本质、主要—次要、概括—具体、一般—个别、原因—结果（结果—原因）等。因此具体采用什么样的说明顺序要根据说明对象而定。

第二，与说明对象的特点有关。说明文是介绍事物和事理的文章，要写好一篇说明文就要抓住说明对象的特点，用适合的说明顺序更有利于凸显说明对象的特点。

当然，到写作实践中具体采取哪一种顺序，并非一成不变，而是要视具体情况而定。通常情况下，一篇说明文往往以一种顺序为主，兼用其他顺序。如《中国石拱桥》全篇采用了从概括到具体的逻辑顺序，而在举桥梁例子的时候，采用的是从古到今的时间顺序。

在这次社会实践中，从出发时间到结束时间，以时间为脉络我们可以采用时间顺序。但是当我们的重点放在参观博物馆时，使用逻辑顺序可以更好地凸显建筑的特点。

在我们把握了整篇文章的说明顺序后，还要注意文章结构顺序和上下文的照应。说明文的语段顺序是否能颠倒，比如《中国石拱桥》倒数第二段中，"首先—其次—再次"顺序能否颠倒？不能，因为本段落是按照从主到次的逻辑顺序说明的。《苏州园林》中"四个讲究的内容"第三段至第六段与第七段至第九段顺序能否颠倒？也不能，因为这部分文章是按照从整体到局部的逻辑顺序进行说明的。从这两个问题出发，我们又可以总结说明顺序是否能颠倒顺序的问题。说明文一般讲究严密的说明逻辑，即遵循这一条明确的主线来说明事物（事理），需注意这些段落之间是否存在逻辑关系。从这个角度分析，那考题中这个问题就很容易回答了，不可以调换，因为分写的内容采用了逻辑顺序，是由具体到抽象的说明顺序。

教学中，重点解决学生对说明方法的判断及作用的分析问题，使他们能准确将"下定义"与"作诠释"进行区分。针对不同知识点，可以采用同一教学方法达成目标，也可以在综合运用中达成教学目标。

其一，学习说明方法的作用，让学生复习本课中已知的说明方法，能准确判断。接着，老师讲解说明方法常见问题及答题模式，让学生结合具体句子进行强化记忆，同桌互相抽查，最后再进行强化。

其二，学习说明方法的判断，让学生复习课文中已知的说明方法并准确判断，然后出难点句让学生试错，再教给学生"下定义"和"作诠释"的区别，同桌之间合作强化记忆，接着再拓展迁移，从其他文章中摘取"作诠释"和"下定义"的说明方法（课内较少）进行判断练习，从而达到举一反三的效果。

其三，综合运用说明方法对某一事物进行说明，然后对自己选用的说明方法及作用进行分析。

（三）理解本质，辨析说明方法

1. 辨析本质，分清下定义和作诠释

创意优化策略：复习旧知 → 强化训练 → 迁移训练

【创意微设计】

学习分析说明方法的作用。

首先，复习旧知，激发兴趣。你能判断下列句子使用了什么方法吗？

赵州桥非常雄伟，全长 50.82 米，两端宽 9.6 米，中部略窄，宽 9 米。

唐朝的张嘉贞说它"制造奇特，人不知其所以为"。

石拱桥的桥洞成弧形，就像虹。

永定河发水时，来势很猛，以前两岸河堤常被冲毁，但是这座桥从没出过事，足见它的坚固。

我国的石拱桥几乎到处都有。这些桥大小不一、形式多样，有许多是惊人的杰作。其中最著名的当推河北省赵县的赵州桥，还有北京丰台区的卢沟桥。

每个柱头上都雕刻着不同姿态的狮子。这些石刻狮子，有的母子相抱，有的交头接耳，有的像倾听水声，有的像注视行人，千态万状，惟妙惟肖。

设计目的：这六个句子分别用了列数字、引用、打比方、作比较、举例子、摹状貌的说明方法，这些方法都比较容易判断，旨在激发兴趣，巩固旧知。

其次，理解作用，强化训练。教师出示说明方法常见问题及答题模式，并结合具体句子进行强化记忆。问题格式：运用了什么说明方法，具有什么表达效果？答题格式：通过××（说明方法），××（术语）地说明了××（事物的特征/事理）。教师讲解：术语是指具体有力（举例子）、生动形象（打比方）、突出强调（作比较）、准确有力（列数字）、条理清晰（分类别）、科学准确（下定义）、简明直观（画图表）等词语。

示例：石拱桥的桥洞成弧形，就像虹。不能说"通过打比方，说明了事物的特点"。应说："运用了打比方的说明方法，将'桥洞'比作'虹'，生动形象地说明了石拱桥形式优美的特点。"

师：分析说明方法的表达作用时，一要结合语境（上下文）说出这种说明方法的特性，二要答出使用这种说明方法后产生的具体效果（联系说明对象的特点）。"术语"是学生在实际学习中不太能准确使用的，需要结合语境进行强化记忆，养成一种表达习惯。

强化训练：比较下面两个句子，看哪个句子表达效果好。同桌互相解答。

永定河发水时，来势很猛，这座桥（卢沟桥）从没出过事，足见它的坚固。

永定河发水时，来势很猛，以前两岸河堤常被冲毁，但是这座桥（卢沟桥）从没出过事，足见它的坚固。

明确：第二句运用了作比较的说明方法，将两岸河堤和卢沟桥进行比较，突出强调了卢沟桥的坚固。通过两个句子的比对，学生更容易理解通过比较突出对象特点的说明方法。

最后，教师带领学生开展了举一反三和迁移训练。

判断下列划线句子使用的说明方法，并分析其作用。

大豆蛋白纤维备受宠爱，玉米纤维也不甘示弱。在意大利的一些球队，俱乐部为球员们特别配备了含有玉米纤维的球服，这种运动衣具有比一般的棉制服装高好几倍的吸汗性。

石油被称作工农业生产中流淌着的黑色血液，是人类生活中不可或缺的重要能源。很多交通运输工具如汽车、飞机使用的汽油、航空煤油等都是石油产品。油像黑色的金子一样，吸引着人们去寻找、去开采。

以上两个句子综合展示了说明方法的判断及作用分析，从方法的判断到作用的分析，由易到难、由浅入深，体现了练习的层次和梯度，也符合学生的认知情况。

【创意微设计】

区分"下定义"与"作诠释"

首先，复习旧知，激发兴趣。

能几十年几百年甚至上千年雄跨在江河之上，在交通方面发挥作用。

如福建漳州的江东桥，修建于 800 年前，有的石梁一块就有 200 来吨重，究竟是怎样安装上去的，至今还不完全知道。

唐朝的张嘉贞说它"制造奇特，人不知其所以为"。

由于各拱相联，所以这种桥叫作联拱石桥。

设计说明：前三个句子分别用了列数字、举例子、引用的说明方法，第四句学生容易判断为"下定义"。

其次，了解区别，强化训练。

学习方法：你能判断下列两个句子分别用了什么说明方法吗？

词是能独立运用的最小语言单位。

雪是在云中形成的一种固态降水物。

师：下定义与作诠释的区别是什么？下定义和作诠释常采用"某某是什么"的语言形式。它们形式相同，一般来说，"是"字两边的话题能够互换，就是下定义；如果不能互换，就是作诠释。如"人是能制造工具并使用工具进行劳动的高级动物"这句话，改成"能制造工具并使用工具进行劳动的高级动物是人"意思不变；但"雪是在云中形成的一种固态降水物"这句话，如果改成"云中形成的一种固态降水物是雪"就不行，由此可以辨别，前一句是下定义，后一句是作诠释。

设计目的：对这两个句子说明方法的判断，学生肯定比较摇摆，教师要进行具体深入的指导，让学生明确掌握"下定义"的说明方法，能科学、准确地揭示事物的本质特征或事理。

强化训练：根据所学，你能说说"由于各拱相联，所以这种桥叫作联拱石桥"，这句话用的是"下定义"还是"作诠释"？同桌互相解答。

最后，举一反三，迁移训练。

你能判断下列句子使用的说明方法是"下定义"，还是"作诠释"吗？

人是能制造工具并使用工具进行劳动的高级动物。（下定义）

铀是银白色的金属。（作诠释）

有公共端点的两条射线组成的几何图形叫作角。（下定义）

沙漠是人类最顽强的自然敌人之一。（作诠释）

水是没有颜色，没有气味，没有味道的透明液体。（下定义）

食物是一种能构成躯体和供应能量的物质。（下定义）

设计目的：强化练习，固化认知。

【创意微设计】

在运用中合理选用说明方法，提升对说明方法的定义及作用的理解。

请选择常用说明方法中的3～5种，对你使用的"笔袋"进行说明，不少于300字，然后分别说一说你为什么要选择这种说明方法。

2. 弄清概念，明确特征

【一课多上微设计】

如何让学生准确辨识打比方和摹状貌的说明方法，并具体分析它们的作用，设想如下：弄清概念，掌握其作用的答题基本模式；句段训练，准确、迅速找出打比方和摹状貌的句子并分析其作用；归纳使用规律，细化表达作用；用打比方和摹状貌的说明方法介绍一种学习用具或其他物品。

创意优化策略：辨识方法，明析作用 → 句段演练，归结规律 → 强化训练，巩固提升

【创意微设计】

首先，辨识打比方和摹状貌的概念。打比方是通过比喻的修辞方法来说明事物特征的一种说明方法，不是拟人修辞。摹状貌是通过具体的描写（形、色、声、味、态）揭示事物特征的一种说明方法。

其次，读《中国石拱桥》第一段找出其中打比方和摹状貌的说明方法。这两种说明方法的使用有什么特点？

石拱桥的桥洞成弧形，就像虹。（打比方　摹状貌）

古代神话里说，雨后彩虹是"人间天上的桥"，通过彩虹就能上天。我国的诗人爱把拱桥比作虹，说拱桥是"卧虹""飞虹"，把水上拱桥形容为"长虹卧波"。（打比方　摹状貌）

了解打比方、摹状貌的作用。

明确：使说明对象生动形象具体，增强可读性。

答题模式：用打比方（摹状貌）的说明方法，生动形象（具体）地说明了对象的什么特点，增强可读性。

示例1："石拱桥的桥洞成弧形，就像虹"这句话用了打比方和摹状貌的说明方法，生动形象、具体地说明了石拱桥的形式优美，增

强可读性。

示例 2："桥洞不是普通半圆形，而是像一张弓，因而大拱上面的道路没有陡坡，便于车马上下"这句话用了打比方和摹状貌的说明方法，生动形象、具体地说明了赵州桥桥洞的形状，从而说明了中国石拱桥形式优美，坚固实用。

设计目的是分析作用时要明确具体的说明对象及说明对象的特点，并由点到面、层层深入做答。

最后，巩固训练。找出第五段、第六段中打比方和摹状貌的句子，并分析其作用。

大拱由 28 道拱圈拼成，就像这么多同样形状的弓合拢在一起，作成了一个弧形的桥洞。

强调：说明对象是"卢沟桥"的桥洞。

大拱的两肩上，各有两个小拱。

桥洞不是普通半圆形，而是像一张弓。

全桥结构匀称，和四周景色配合得十分和谐；桥上的石栏石板也雕刻得古朴美观。

唐朝的张鷟说，远望这座桥就像"初月出云，长虹引涧"。

每个柱头上都雕刻着不同姿态的狮子。这些石刻狮子，有的母子相抱，有的交头接耳，有的像倾听水声，有的像注视行人，千态万状惟妙惟肖。

强调：说明对象是"卢沟桥"上的石刻狮子，打比方的说明方法不是拟人，本句只有摹状貌。此教学设计的目的是准确辨识打比方和摹状貌，具体分析这两种说明方法的表达作用。

【创意微设计】

首先，回顾打比方和摹状貌的辨识方法及其作用分析答题模式。

设计目的：温习打比方、摹状貌的辨识方法和作用，分析答题模式。

读下面这个语段，找出其中打比方和摹状貌的说明方法，并分析其作用。

苏州园林栽种和修剪树木也着眼在画意。高树与低树俯仰生姿。落叶树与常绿树相间，花时不同的多种花树相间，这就一年四季不感到寂寞。没有修剪得像宝塔那样的松柏，没有阅兵式似的道旁树：因为依据中国画的审美观点看，这是不足取的。有几个园里有古老的藤萝，盘曲嶙峋的枝干就是一幅好画。开花的时候满眼的珠光宝气，使游览者感到无限的繁华和欢悦，可是没法说出来。

设计目的：让学生准确辨识打比方和摹状貌的说明方法，并分析其作用。

最后，读下面这个语段，找出其中打比方和摹状貌的说明方法，并分析其作用。

那最轻盈、站得最高的云，叫卷云。这种云很薄，阳光可以透过云层照到地面，房屋和树木的影子依然很清晰。卷云丝丝缕缕地飘浮着，有时像一片白色的羽毛，有时像一块洁白的绫纱。如果卷云成群成行地排列在空中，好像微风吹过水面引起的粼波，这就成了卷积云。卷云和卷积云的位置很高，那里水分少，它们一般不会带来雨雪。还有一种像棉花团似的白云，叫积云，常在两千米左右的天空，一朵朵分散着，映着温和的阳光，云块四周散发出金黄的光辉。积云都在上午开始出现，午后最多，傍晚渐渐消散。在晴天，我们还会遇见一种高积云。这是成群的扁球状的云块，排列得很匀称，云块间露出碧蓝的天幕，远远望去，就像草原上雪白的羊群。卷云、卷积云、积云和高积云，都是很美丽的。

设计目的：让学生准确、快速辨识打比方和摹状貌的说明方法，并具体分析其作用。

【创意微设计】

参考下面语段至少用四种说明方法（必须有打比方和摹状貌）介绍自己的一种学习用具，用横线标注出你所使用的说明方法并分析其作用。

石拱桥的桥洞成弧形，就像虹。古代神话里说，雨后彩虹是"人间天上的桥"，通过彩虹就能上天。我国的诗人爱把拱桥比作虹，说拱桥是"卧虹""飞虹"，把水上拱桥形容为"长虹卧波"。

苏州园林栽种和修剪树木也着眼在画意。高树与低树俯仰生姿。落叶树与常绿树相间，花时不同的多种花树相间，这就一年四季不感到寂寞。没有修剪得像宝塔那样的松柏，没有阅兵式似的道旁树：因为依据中国画的审美观点看，这是不足取的。有几个园里有古老的藤萝，盘曲嶙峋的枝干就是一幅好画。开花的时候满眼的珠光宝气，使游览者感到无限的繁华和欢悦，可是没法说出来。

那最轻盈、站得最高的云，叫卷云。这种云很薄，阳光可以透过云层照到地面，房屋和树木的影子依然很清晰。卷云丝丝缕缕地飘浮着，有时像一片白色的羽毛，有时像一块洁白的绫纱……

设计目的：让学生使用打比方和摹状貌的说明方法写片段，并具体分析这两种说明方法的作用。

（四）归纳特点，规范语言练习

【一课多上的微设计】

在《中国石拱桥》的教学中，怎样结合文章使学生认识说明文语言的特点，并且通过训练，使学生规范作答呢？为解决这一问题，可以从课文中精选典型片段，引导学生分析、归纳、总结、说明语言的特点，反复训练用较规范的语言答题；拓展几种有关说明语言的常见考试题型，让学生反复训练，强化说明语言的相关考点。

创意优化策略： 问题引入，激发兴趣 → 补充知识，举一反三 → 延展练习，落实考点

【创意微设计】

师：第四段介绍赵州桥时有这样一句话"（赵州桥）全桥只有一个大拱，长达 37.4 米，在当时可算是世界上最长的石拱"，你们觉得哪个词非常重要？

生："在当时"应该很重要。

师：谁能说说原因？

生："在当时"说明只是在修好赵州桥的时期，并不是现在。

师：嗯，意思大概是这样，但我们要让答案更加规范。具体做到三步：第一步用同义词替代，能指出这个词是哪方面的限制词；第二步结合句子说明该词所表达的意思；第三步最后总结这体现的说明文语言的准确性。大家听听我的整理："在当时"指的是"在那个时候"，表时间限制，说明赵州桥的石拱长达 37.4 米，只是在建成时算世界上最长的石拱，而不是现在或是别的时间，体现说明文语言的准确性、严密性（严谨性）。大家明白了吗？

生：嗯。

师：像这样的句子你们在文中还能找到哪些？

（学生自主分析，发现问题）

生：比如第三段"《水经注》里面提到的'旅人桥'，大约建成于公元 282 年，可能是有记载的最早的石拱桥了。"

师：哪位同学来分析一下这个句子中哪些词语是不能删去的？

生：我认为是"大约"和"可能"。

师：那你能再说说原因吗？

生：可我不会分析它们属于哪方面的限制词。

师：现在，由我来和大家总结一下各种限制词语。

创意优化策略：补充知识，举一反三

【创意微设计】

首先，补充知识，启迪思维，补充介绍限制性的词语。

表限定时间：已经、一直、早已、一向、渐渐等。

表限定程度：最、比较、几乎、相当、很、尤其、稍微、更加等。

表估计或推测：大约、可能、左右等。

表限定数量：多、有余、很少等。

表限定范围：全、都、大部分、总共、少数等。

表频率的词语：屡次、往往、常常、经常、通常、总是、有时等。

其次，总结特点，深化认识。

师：现在你们会分析了吗？

生：会。这句话中的"大约"和"可能"都是"大概、也许"的意思，表估计或推测，"大约"说明旅人桥的建成时间并不是很确定，"可能"指出了后面判断的依据，并不是一种准确的说法，体现了说明语言的准确性、严密性。

师：现在的回答规范多了。其实在说明文中这样的句子很多很多。因为说明文语言的基本特征就是准确性。再如第三段中"我国的石拱桥几乎到处都有。"请大家再来分析分析这个句子。

生："几乎"的意思是"十分接近"，表程度的限制，"到处都有"体现"数量多、分布广"，但只有在"几乎"的限定之下才使语意避免了绝对化，更符合客观事实，体现了说明文语言的准确性的特点。

师：非常好！以上的词语都是为了体现说明文语言什么特点？

生：准确性、严密性！

师：记得刚上课之前你们认为说明文语言枯燥乏味，不像文学作品那样有强烈的情感、生动的语言，其实不然，枯燥的语言正好体现说明文语言的平实性，但是说明文语言也有很多美词美句，以《中国石拱桥》的片段为例子，请大家找找说明石拱桥形式美的句子有哪些？

生："石拱桥的桥洞呈弧形，就像虹。"

师：对！这里运用了什么说明方法呢？

生：打比方。

师：这样写有什么好处？

生：把弧形的桥洞比作"虹"生动形象地写出了石拱桥的形式

优美。

师：类似写石拱桥形式美的句子还有吗？

生：有。在写赵州桥的时候，唐朝的张鷟说，远望这座桥就像"初月出云，长虹饮涧"。

师：什么叫"初月"？

生：穿出云层的一弯新月。

生：八月份刚出来的月亮叫初月。（生笑）

师：是这样的吗？

生：初月是每天刚出来的月亮，新月是每个月开始的时候出来的月亮。

师：每天刚出来的月亮可以是圆的，也可以是弯的。这里的初月指的是月初时出来的月亮，这种样子的月亮还有别的名称吗？

生：峨眉月。

生：月牙。

师："月牙"，说得好极了！那"长虹饮涧"的"涧"又是什么？

生：山沟里的水。

师："长虹饮涧"是说好像长虹到山沟里喝水。"初月出云，长虹饮涧"，形象地说出了赵州桥的形态优美。

师：那现在大家觉得说明文的语言还是枯燥乏味的吗？

生：不觉得，也有很诗情画意的一面。

师：这种诗情画意其实就是说明文语言的生动性。

【知识链接】

平实语言和生动语言的特点。

所谓"平实"，就是抓住事物的特点，用准确、简明、平实的语言，对事物的形状、构造、性能等加以解说，不必加修饰或描写，只需明白如话地写出来即可（采用此类语言来写的说明文，叫"平实说明文"其语言特点是：准确、简明、平实）；所谓"生动"，就是借助描写、记叙等表达方式，运用比喻、拟人等修辞手法，对事物进行具体形象的描写（采用此类语言来写的说明文，叫"科学小品文"或"文学性的说明文"，其语言特点是：准确、形象、生动）。

师：请你们结合课文内容，找到能反映说明文相关语言特点的句子进行分析。

（生找出句子并进行分析，师指导）

最后，拓展延伸，学以致用。

为了让学生认识说明文语言相关考点，出示几种常见题型作为练习。

第一种题型：句子中加点词有何作用？

"高速公路上的团雾，往往与重大事故相伴发生，严重威胁着人们的生命财产安全。"中的"往往"有何作用？

明确答案："往往"是"经常，常常"的意思，表频率上的限制，说明高速公路上的团雾与重大交通事故相伴发生是普遍现象，但并不是团雾出现就一定导致交通事故，该词体现了说明文语言的准确性和严密性。

答题模式讲解：第一步先解释加点的词的意思（用同义词替代，指出它是什么方面的限制词）；第二步结合句子说明该词所表达的意思；第三步最后总结这体现的是说明文语言的准确性的特点。

第二种题型：句中的加点词能否删去？为什么？

明确答题模式：步骤跟上面差不多，最后要加上删除该词后对句意的影响。具体如下：第一步先解释加点的词的意思（用同义词替代，指出它是什么方面的限制词）；第二步结合句子说明该词所表达的意思；第三步讲解去掉后与原文的意思不符；第四步最后总结指出加上该词能体现说明文语言的准确性。

第三种题型：从文章中找出一个能体现说明文语言准确性的词句，并说说其表达效果。答题模式如第一种题型。

第四种题型：能否将句中加点词替换为另外一个词语？请说明理由。"天上的薄云，往往是天气晴朗的象征"这句话中的"往往"能否替换成"总是"，试说明理由。

明确答案：不能。因为"往往"是"大多数"的意思，表示频率上的限制，说明天上的薄云大多预示着天气晴朗，但也不排除特殊情况。换成"总是"表明天上出现薄云一定表示天气晴朗，与客观事实不符合，"往往"一词体现了说明文语言的准确性。

第五种题型：试举例比较分析某段某句是平实说明还是生动说明。

尘埃就是漂浮在大气中的尘粒。这小小的幽灵栖身在空气中，借着大气的浮力，悄然而来，又无声地离去。它来去匆匆，无孔不入。

明确答案：此段三句话，第一句的平实说明，第二句和第三句是生动说明。第一句准确简明（简洁），第二句和第三句形象生动（运用比喻、拟人）。

答题模式讲解：（某段）综合运用（从"记叙、描写、抒情、议论"选择）的表达方式，或什么修辞方法，或哪些生动的词语的描写，或举个例子使说明更准确、形象生动，突出全文（某段）的中心，加深读者对内容的理解，加强文章的感染力。

2.明确格式，强化训练

【一课多上的微设计】

教学中，如何重点解决学生对说明语言特点的分析问题，让学生能准确体会说明文语言的风格呢？我设想采用集体讲授方法，再巩固练习达成目标，也可以在综合运用中达成教学目标。讲授说明文语言的特点及常见的题型和答题技巧，让学生结合具体句子进行强化训练，同桌之间互相抽查，最后再进行总结。综合运用说明语言对某一事物进行说明，然后对自己运用的说明语言进行分析。

创意优化策略：读中悟说明语言美妙 → 评中获说明语言的赏析方法 → 改中提说明语言赏析水平

【创意微设计】

学习分析说明语言的美妙。教师讲授说明文语言的特点及说明文语言的风格，教师可以用口诀帮助学生记忆：说明文语言要注意，准确简明和周密。语言准确前提下，平实生动皆可以。

设计目的：用口诀的方式讲授知识，旨在激发学生学习说明文语言的兴趣。

学习方法：教师讲解说明文语言常见题型及答题技巧。

常见题型：赏析说明文语言准确性的题型有四种，第一种题型是"句子中加点词有何作用？"第二种题型是"句中的加点词能否删去？为什么？"第三种题型是"从文章中找出一个能体现说明文语言准确性的词句，并说说其表达效果。"第四种题型是"能否将句中加点词替换为另外一个词语？请说明理由。"

第一种题型示例：石拱桥自身的结构就很美：圆的桥洞、方的石块、弧的桥背，方、圆之间相处和谐、得体，力学的规律往往与美感的规律相拍合。

不能说：通过"往往"，说明了石拱桥的特点。应说："往往"是大部分的意思，石拱桥结构原理大部分符合美感，不是全部，体现了说明语言的准确性。

师：对于这类题型我们用的方法是先说明词语的原意，再说出词语的语境意，最后再点明这体现了说明文语言的准确性。

第二种题型示例：美术工作者大都喜欢桥，我每到一地总要寻桥。

生："大都"不能去掉，它是大部分的意思，美术工作者大部分喜欢桥，不是全部，删去后意思就变成了都喜欢桥，不符合实际，体现了语言的准确性。

师：对于这类题型我们用的方法是先表明态度，再进行删去该词前后的意思比较，最后再点明这样选择是为了体现说明文语言的准确性。

第三种题型示例：广西、云南、贵州等省山区往往碰到风雨桥，桥面上盖成遮雨的廊和亭，那是古代山水画中点缀人物的理想位置。因桥下多半是急流，人们到此总要驻足欣赏飞瀑流泉，画家和摄影师们必然要在此展开一番搏斗。

生："往往""多半"，是可能性很强的意思，体现了说明语言的准确性。

师：对的，对于这类题型我们用的方法是先找出限定性词语，然后说明词语的原意，再说词语的语境意，最后再点明这体现了说明文语言的准确性。

第四种题型示例：成昆路上，直线桥多，列车不断地过桥、进洞、出洞、过桥，几乎是桥连洞，洞连桥。"几乎"可否换成"全部"？

生：不能，因为"几乎"表明大部分桥和洞是相连的，"全部"表明所有的桥和洞相连，与实际不符，体现了说明文语言的准确性。

师：对的，对于这类题型我们用的方法是先表明态度，然后说明词语被替换前后意思的不同，最后再点明这样选择是为了体现说明文语言的准确性。

设计目的：以上几个句子覆盖说明文语言的四大题型是由易到难、由浅入深，体现了练习的层次和梯度，符合学生的认知情况。

【创意微设计】

写作训练，提升对说明语言的理解。请根据你对自己书包的观察，对你的"书包"进行说明，不少于 200 字，写好后对自己所写文段的语言进行分析。

三、现代说明文创意阅读微反思群

（一）读懂文义，明确要求

【典型微活动】

教师可用群文阅读的方式，采用"1+N"形式训练学生的说明文阅读理解能力。

人们为什么爱吃垃圾食品？

人们常常问：为什么甜点和油脂含量高的垃圾食品总能勾起人们的食欲？

研究发现，大多数垃圾食品都油大糖多，更能够给人们带来饮食的愉悦感。民间曾有"油多不坏菜"的说法，意思是炒菜多放油，吃起来就觉得香。科学家曾从进化论角度解释这种现象。

史前人类物质匮乏、觅食艰难，他们整体奔忙却难以糊口，体力永远"入不敷出"，皮下脂肪永远"太薄"，他们最向往的就是糖和脂肪，因为只有高热量食物能让他们生存下来。当我们看到食物时，大脑就会分泌多巴胺。阿片样物质则是大脑分泌的另一种化学物质，它会让我们感到开心和享受，它和多巴胺共同作用，大脑就会把吃某种食物和愉悦的心情联系在一起，让我们不断重复。它们让人类的祖先在高脂和高糖食物中得到了享受，大脑便下令让祖先们去寻找这些食物。于是大脑就将摄入高卡路里的食物视作愉悦行为，指挥人们去寻找高油脂高糖分的食物。即使进化到今天，虽然食物来源充足，大脑里的这种化学反应依然存在，让我们依然爱吃油大糖多的垃圾食品。

处于压力之下的人很容易想吃高脂高糖类食物。研究人员发现，这种做法也许确实有助于缓解压力，因为垃圾食品对大脑产生的化学作用与抗抑郁药物类似。研究人员以两组老鼠为实验对象，先将它们长期与"鼠妈妈"隔离，造成精神上的焦虑与不安。一组老鼠被喂垃圾食品，另一组老鼠则被喂健康的食品。两组老鼠随后被安排分别穿越迷宫，进行压力测试。结果显示，进食垃圾食品的老鼠比起进食健康食品的老鼠，明显不那么焦虑了。科学家认为，"垃圾食品"帮助老鼠补充了大脑中缺少的压力激素受体，从而改变了它们的状态。

当人体感受到压力，身体会分泌一种激素皮质醇，它的首要任务是提高血糖水平，给细胞提供能量，但是也会食欲增加，增加饥饿感，导致人更想吃高热量食物，导致肥胖。科学家解释说，压力会让人觉得生存受到威胁，必须多囤积些热量。

为什么我们明明知道垃圾食品有这么多危害，却欲罢不能呢？是不是吃垃圾食品会上瘾？研究发现，实验鼠常吃香肠、熏肉、乳酪蛋白等高热量、高脂肪食品后，大脑内部会发生一些改变，这种变化类似于动物吸食可卡因、海洛因等毒品成瘾后大脑发生的变化。吃垃圾食品成瘾后的实验鼠，会对一些健康食品产生排斥。研究认为，不断堆积的脂肪中，一些物质也会改变大脑的奖赏标准，进而形成一个恶性循环——只有吃得更多，才能获得满足感。

1.第二段画线句"这种现象"在文中具体指_____。

2.依据第三至六段，下列说法符合文意的一项是（   ）

A.当看到食物时，大脑一般会分泌多巴胺，与阿片样物质共同作用，让人愉悦。

B.进食垃圾食品的老鼠，比起那些进食健康食品的老鼠，明显不焦虑了。

C.压力之下产生激素皮质醇，其任务就是提高血糖水平，给细胞提供能量。

D.常吃高脂肪高热量食品的实验鼠大脑会发生类似毒品成瘾后大脑发生的变化。

3.本文讲人们爱吃垃圾食品的原因是什么？

【典型微活动】

撰写调查研究报告，或通过社会实践活动，在全班进行成果分享。在交流中让同学筛取要点信息，为这篇调查报告加标题。通常标题是对全文中心的概括，不过这种概括要用简明语言表述出来。

【典型微活动】

模拟会客厅。与人进行访谈，与物的交流，在模拟访谈中进行知识内容分享，以不同形式的学习方式激发学生学习的兴趣，并从语言描述中学会概括要点，筛取重要信息。

【创意微反思】

说明文是一种说明白的艺术。一般来说，说明文的条理清晰，思维严谨，只要学生耐心阅读，一定能读通理顺；只要学生细心规范地答题，就一定能不丢分。

（二）比对学习，区别特点

创意优化策略：比对说明文文章 → 归纳说明文顺序的特点 → 把握说明顺序考点

【典型微活动】

学生读《苏州园林》《梦回繁华》《中国石拱桥》《蝉》等文章的片段，教师引导学生了解说明文顺序，并归纳说明顺序的特点，进而把握说明顺序考点。

师：四篇文章《苏州园林》《梦回繁华》《中国石拱桥》《蝉》有什么相同点和不同点呢？

生：相同之处在于它们都是说明文，不同之处在于说明顺序不同。

师：很好，说明大家听课很认真，知道每篇文章的说明顺序，那考试会考我们学过的文章吗？

生：不会。

师：那没学过的文章我们怎么判定是什么说明顺序呢？我们还是要从我们学过的文章入手，这样我们再从这四篇文章入手看看，它们各自的说明对象是什么？那可以从这几篇文章的说明对象中归纳出说明顺序的特点吗？

生：当我们介绍一座建筑物或景点时，用于说明事物的形状、构造特征，一般采用的是空间顺序。

师：那这四篇说明文中，哪篇是按空间顺序写的呢？

生：《梦回繁华》。

师：观察得很仔细，大家继续再找找，看还能不能归纳出其他说明顺序的特点。

生：当我们介绍事物的发展变化时，就采用了时间顺序。

师：看来同学们都找到了，那在这四篇文章中，哪篇用了时间顺序？

生：《蝉》。

师：为什么是《蝉》呢？

生：法布尔的《蝉》介绍蝉卵孵化为幼虫到蜕皮再到钻入土中的过程，是介绍事物的发展过程，所以是时间顺序。

师：同学回答得很准确。

师：那《苏州园林》先总说苏州园林的特点，然后从四个角度加以分说，用了什么说明顺序呢？

生：逻辑顺序。

师：从这篇文章中，我们可以概括出逻辑顺序有什么特点呢？

生：当我们介绍事物的道理时，依据事物之间或某一事物各部分之间的逻辑关系来说明。

生：逻辑顺序表现为：总—分、现象—本质、主要—次要、概括—具体、一般—个别、原因—结果（结果—原因）。

师：三种顺序大家都归纳得很好，学会了通过说明对象把握说明顺序。

师：还有一篇《中国石拱桥》呢？它是什么顺序？

生：应该是以逻辑为主。

师：逻辑为主是什么意思呢？

生：还有其他的说明顺序。

师：什么说明顺序？

生：时间顺序。

师：你说说看呢？

生：《中国石拱桥》全篇采用了从概括到具体的顺序，而在举桥梁例子的时候，采用了从古到今的时间顺序。

师：说得很详细、很准确。也就是说在一篇文章中，全文和各部分均可有几种不同的说明顺序。具体到写作实践中，采取哪一种顺序，并非一成不变的，而是要视具体情况而定。通常情况下，一篇说明文往往以一种顺序为主，兼用其他顺序。

师：今天我们很好地归纳了说明顺序的特点，在今后考试中就能清晰地辨认说明文的说明顺序了。

师：我们把握了整篇文章的说明顺序后，还要注意文章结构顺序和上下文的照应，语段顺序是否能颠倒。

师：比如，《中国石拱桥》倒数第二段中，"首先，其次，再次"顺序能否颠倒？

生：不能。

师：为什么呢？

生：因为本段落是按照从主到次的逻辑顺序说明的。

师：《苏州园林》中"四个讲究"的内容，即第三段至第六段与第七段至第九段顺序能否颠倒？

生：也不能，因为这部分文章是按照从整体到局部的逻辑顺序进行说明的。

师：从这两个问题，我们又可以归纳说明顺序是否能颠倒顺序的问题，此类问题大部分会出现在以逻辑顺序为主的片段中。说明文一般讲究严密的说明逻辑，即遵循这一条明确的主线来说明事物（事理），当文中问到顺序是否能调换时，需注意这些段落之间是否存在逻辑关系，从这个角度分析，说明顺序是否能颠倒的问题也就迎刃而解了。

师：我们通过比对四篇说明文，既能辨析说明文整体的说明顺序，也能把握局部的说明顺序或段落、语句间的结构顺序，让我们更有效地掌握了说明顺序的考点。

创意优化策略：把握说明顺序的特点 → 确定说明对象 → 根据所写对象确定说明顺序

【典型微活动】

以"社会实践"为话题，写一段说明文字。

师：掌握了说明顺序的特点，那就以"社会实践"为话题，写一段说明文字。同桌相互评改，最后相互交流。

师：在写作说明文时，针对不同的说明对象，我们应用不同的说明顺序，但实际上这几种说明顺序也不是截然分开的，而常常是综合使用，只是以某种说明顺序为主罢了。在考虑使用何种说明顺序时，既要注意客观事物本身的特点，又要遵循人们理解事物的规律。只有合理地使用说明顺序，才能使说明文的写作完成得更好。

【创意微反思】

本堂课重点讲解说明顺序，先就四篇课文分析说明顺序，再结合一定的练习题强化该知识点。

首先，找出学生对说明顺序的相关误区，为后面的释疑解难做铺垫。接着结合课文进行分析讲解。在具体教学环节，先就文中是如何呈现说明顺序的进行逐一讲解，让学生在不同课文当中感受不同的说明顺序，并展示规范的答题思路，这个步骤的好处是可以快速引导学生掌握说明顺序的一些答题技巧，找到一定的规律和方法；接着对学生的知识点漏洞进行补充；然后引导学生总结出说明顺序的特点。课后，大部分学生反响较好，能够理解并掌握说明顺序相关内容，并做好这类练习题。

本课堂既紧紧结合课本进行分析，也有与考点结合的练习，充分体现了以学生为主，讲练结合的教学主张，达到了巩固和强化的效果。这一节课的方法也可以运用到以后说明文的讲解当中去。但是由于课堂时间有限，对部分基础比较薄弱的学生照顾不够，没有充分调动全班同学学习说明文的热情，这是本节课需要改进的一个地方。

（三）发现区别，总结规律

1. 发现区别，强化训练

创意优化策略：复习旧知 → 发现区别 → 强化训练 → 拓展迁移

创意优化策略反思：通过复习旧知采用试错法，发现问题，指导学生分析理解，强化训练，最后拓展迁移。教师主要针对诊断中学生出现的说明方法判断不准确、作用分析不完整的问题开展了相关教学活动。教师主要针对"下定义""作诠释"进行区分训练，达到区分并巩固的目的。

2. 反复识记，总结规律

【异课同构微反思】

教学说明方法必须通过列举多个句子进行反复比较、辨识，归结使用规律。容易混淆或经常连用的说明方法放在一起教学，如举例子和引用资料、打比方和摹状貌、下定义和作诠释等。一课一重点，合理安排明确概念和答题基本模式、反复训练、归结方法、准确辨识、巩固提升等教学活动。充分利用教材，进行整篇文章阅读教学、重点段落教学、群文阅读教学等。

专题六
现代议论文创意阅读微课例①

通过研读课标和教材，我们发现都没有提议论文的"三要素"。议论文有多种类型，仔细研读教材文本会发现，并不是所有进入教材的文本都会严格遵守"三要素"的格式。教材中有的文章全文论证，有的只是局部论证。但教材选文都有针对性，就某种社会现象或者某些有争议的观点进行分析论证，启发读者深入思考、分辨是非，做出正确的判断和行动。我们需要引导学生理解作者的逻辑思维方式，培养理性精神。

---

① 专题六负责人是绵阳市教育科学研究所李茂菲，作者是李茂菲、熊高明、白光含、吴艳。

一、现代议论文创意阅读微问题群

（一）思维训练缺乏思路引领，随意随性

【问题描述】

环节一：导入新课。一个人学习，总是希望学有所获，学有所成的。我们如何才能让自己学习的收效好些，成果大些呢？研究这个问题，吸取有益的经验，对我们搞好学习是十分重要的。《怀疑与学问》这篇文章谈的就是这方面的问题，文中提出了一些很有启发和很有价值的见解，学好这篇文章对我们很有意义。

环节二：阅读思考题。《怀疑与学问》的结构层次如何划分，各部分的内容是什么？文章的总论点是什么，总论点是如何提出来的？分论点是什么？分论点的提出有什么特点？分论点与总论点之间有何联系？哪些地方用了对比论证？

环节三：学生分组阅读课文，考虑思考题的回答，着重考虑第一个思考题。

环节四：讲解文章的结构层次。这篇文章的结构层次如何划分？各部分的内容是什么？

【问题诊断】

上述教学情境是传统议论文教学中的典型做法，读读课文提几个教师认为紧扣文本的问题，让学生思考作答，老师再给出正确答案。学生和教师对论点提炼存在的问题有以下两个方面。

第一，问题指向较单一，教学内容针对的论点提炼不强，比如"本文的论点是什么？总论点是如何提出来的？分论点是什么？分论点与总论点之间有何联系？"

第二，问题几乎都指向获得知识，未能触及学生思维的训练。这样的问题很难引导学生在议论文学习中学习论述的逻辑，学会清楚论述，更难形成深切的体验、思考，从而无法达到深透的理解和灵活的运用，更谈不上对学生逻辑架构产生深远的影响。

【问题描述】

环节一：《中国人失掉自信力了吗》这篇文章中面对时弊，作者批驳的观点是什么？主张的观点又是什么？分别在哪一段？（预习反馈）

【问题诊断】

上述文本只有论题，没有"中心论点"，学生和教师对论点提炼存在的问

题有以下两个方面。

第一，引导学生在读文本的过程中有抓"关键词句"的意识，但缺乏理解。教学环节中更多的是让学生去找答案，但如何找到这个句子依赖的是学生的语感，既缺乏思路训练，也谈不上理解。

第二，立足材料，形成明确清晰的判断论述过程有所欠缺。初中教学虽然并不强求学生超越一时一事进行深入全面的论证，但需要形成具有针对性理解的意识。

【问题描述】

环节一：教师范读课文并设计相关问题：《中国人失掉自信力了吗》这篇文章的作者发表了哪些见解和主张？这些见解和主张的提出方法和我们前面学到的文章写法是一样的吗？本文的写作背景是什么？

环节二：讲解驳论文的知识。本文是一篇驳论文。这种文体一般是先指出对方错误的实质，或直接批驳（驳论点），或间接批驳（驳论据、驳论证）；继而，针锋相对地提出自己的观点并加以论证。

环节三：前两段的观点是什么，支持该观点的论据是什么？观点是"中国人失掉自信力了。"论据是：先是自夸"地大物博"，后是寄希望于"国联"，最后是一味求神拜佛、怀古伤今。由此亮出批驳的靶子："有人慨叹曰：中国人失掉自信力了。"

【问题诊断】

上述案例中学生和教师对论点提炼存在的问题有以下两个方面。

第一，知识的传递与文本分析缺乏结合。教学环节设计中，教师有意识地引导学生从整体上把握议论文本，但在阅读文本时，通过从反面论点和正面论点体会驳论文基本知识的意识有所欠缺。

其二，观点得出欠缺推导过程。在梳理文本的过程中，教师有意识地从语段中归纳和提炼要点信息，但对于驳论文论点的得出欠缺思考。

【问题描述】

环节一：文中作者围绕"敬业""乐业"，提出了很多观点。请每段找出一句至二句重要观点句，读给同桌听。

学生读找到的观点句，由师生订正。

① 敬业乐业，是人类生活的不二法门。

② 第一要敬业。

③ 凡可以名为一件事的，其性质都是可敬。

④ 凡职业没有不是神圣的，所以凡职业没有不是可敬的。

⑤ 唯一的秘诀就是忠实，忠实从心理上发出来的便是敬。

⑥ 第二要乐业。

⑦ 苦乐全在主观的心，不在客观的事。

⑧ 从劳苦中找出快乐来。

⑨ 凡职业都是有趣味的，只要你肯继续做下去，趣味自然会发生。

⑩ 人类合理的生活应该如此（指敬业乐业），望诸君和我一同受用。

环节二：朗读以上观点，然后和你的同桌讨论其中最能集中体现作者对"敬业与乐业"问题看法的是哪句？其次还有哪几句？经过筛选和归类观点，请你梳理出本文的论证结构。

学生朗读、回答，师生归纳：第①句最能体现作者观点，然后是第②⑥⑩句比较能体现作者观点。把①②⑥⑩句观点做一个归类比较，可以看出第①句是作者对论述的"敬业与乐业"问题的最基本的看法，应是文章中心论点。"要敬业""要乐业"是第①句的两个分论点，第⑩句是针对"敬业与乐业"问题提出希望。经过把观点筛选、归类，能很清晰地看出本文的论证层次和结构如以下投影：

提出问题：敬业和乐业是人类生活不二法门。

分析问题：论述敬业和乐业的重要性（引用论证、举例论证、道理论证）。

解决问题：希望大家敬业乐业。

【问题诊断】

上文中学生和教师对论点提炼存在的问题有以下两个方面。

其一，观点与论点两个概念，在本教学环节中容易混淆。教师有意识地通过梳理结构的方式引导学生筛选观点、提炼论点，探索论证之道，但作为学习议论文的起始篇目，学生对议论文的学习内化还不够，缺乏对不同概念的认知和区分能力。

其二，论点提炼过程的思维指导有所欠缺。教师通过梳理结构去理解论述内容对论点的针对性。教师对于学生自己寻找到的观点采用了"订正"的方式，答案可以"订正"，但思维的"订正"如何实现呢？

（二）梳理结构缺乏学法指导，单调低效

【问题描述】

《最苦与最乐》教学设计片段：反观全文，把握文脉。

出示任务：请同学们再次梳理全文的论述思路，讨论明确。

"负责任是人生最大的痛苦"→"尽责任是人生最大的快乐"→"从苦中得来的乐才算真乐"→"人生应当勇于负责，而不应当逃避责任"

老师总结并讲解：文章的论点是一对姊妹命题，这里"最苦与最乐"所指"负责任与尽责任"不是两个迥异的或对立的事物，而是同一事物的两种境界，这种辩证思维的有机联系使全文的议论浑然一体。论点包含了两个分论点：先论证"负责任是人生最大的痛苦"，再论证"尽责任是人生最大的快乐"。对于负责任的几种情况都是生活中所见的，这里主要采用了大量举例论证，易于被读者理解接受。然后作者将负责任的情况延展到对家庭、社会、国家乃至自己，使议论更加深入，归纳出"负责任是人生最大的痛苦"。文中后半部分论证"尽责任是人生最大的快乐"时主要采用讲道理的论证方法，作者只增加"从苦中得来的乐才算真乐"这一论据，便水到渠成。至此，两个分论点已经证明，文章似乎可以结束了。但作者知道，一些读者的思想上还有一个结没有解开：既然负责任是痛苦的，那么不负责任不就没有痛苦了吗？于是作者设立了第三个分论点："人生应当勇于负责，而不应当逃避责任。"其正面理由是"责任越大，痛苦越大，快乐也越大"。其反面理由是"责任是逃避不了的"。这两个方面互相支持，使论证更加严密而有力。梁启超先生此文周全严密的论证之美令人叹服！①

【问题诊断】

并列式结构是议论文常使用的一种结构，但如何让学生识别出来，并分析出并列各部分的关系及作用是关键也是难点。很多老师像上文一样往往会处理得比较粗糙，以一个笼统的任务"请同学们再次梳理全文的论述思维，小组讨论后明确"来开始，然后以教师的反馈总结和赞叹式抒情来彰显教学结果。这样的教学，完全没有考虑学情和学法指导：学生是否能通过独立自主和合作交流得到类似的结论，得出结论的过程中可能存在哪些难点？针对有困难的学生，教师应事先给予哪些基础知识来辅助？或者如何指导学生得到自己的分析和判断？由此可见，这个教学设计的教学效果自然就无法得到保障，教师只是一个标准答案的传声筒而已。学生下次遇到类似的文章，无法结合具体的文章内容梳理语段之间的层次关系，也依然无法自主识别和分析类似的并列式结构，更无法体会作者采用这种结构方式的巧妙之处，自然也无法借鉴运用到自己的讲

---

① 吴格明：《梁启超〈最苦与最乐〉赏析》，《中学语文教学》，2009 年第 12 期，第39～41 页。

话或写作之中。

总之，从教学设计看，这个案例对结构分析和体会的教学设计形式较为单一，指导不到位，训练更不充分，缺乏精细的教学设计。

【问题描述】

《中国人失掉自信力了吗》教学设计片段：

活动一：学生质疑。

学生有可能提出的问题："自信力""他信力""自欺力"之间有什么内在联系？"我们有并不失掉自信力的中国人在"这一说法的依据是什么？文中六次提到"中国人"，他们所指的对象是否相同？鲁迅在相当一部分作品（如《故乡》《阿Q正传》）中，把中国人写成麻木、愚昧的人，但在本文中又说中国人很有自信力，他对中国人到底是怎么看的？本文既有驳论，又有立论，本文是如何将二者有机结合在一起的？

活动二：展开辩论。

辩题：中国人有没有失掉自信力？

正方：中国人失掉了自信力。

反方：中国人没失掉自信力。

要求：同学们根据自己的观点自由组合，人人参与。辩论双方主要从课文中寻找支撑己方观点的依据，也可从课外寻找依据。

活动三：启发讨论。

关于"地底下"的修辞方法和含义有两种有代表性的看法：其一，借代，指处于下层的广大人民群众。其二，借喻，比喻当时处于地下活动状态的党领导下的革命活动。你同意哪一种看法（也可以有新的看法）？为什么？

师生共同完成全文小结。重点归纳本文反驳的特点，并适当介绍有关反驳的知识，如驳论点、驳论据、驳论证，直接反驳、间接反驳，以破为主、破立结合及反驳语言特有的犀利。[1]

【问题诊断】

本设计对驳论文的方方面面都进行了研讨，但对驳论文结构的教学却设计得非常简略。驳论文的对比结构是其最基本的行文思路，是教学的重点和难点。但设计者却以让学生质疑的方式进行回避，使重难点没有凸显出来，教学的有效性得不到保障。设计者也意识到了正反对比结构的重要性，设计了一个学生

---

[1] 彭公瑾：《〈中国人失掉自信力了吗〉教学设计》，《中学语文教学》，2002年第9期，第36～38页。

辩论的环节让学生感受其巧妙处，但设计只侧重在学生对文章相关语句的提取上，仍然没有指导学生深入剖析作者是如何揭示正反两面矛盾的，并且是如何让立论更有力，从而否定了对方的观点的。虽然教师在学生探讨后，补充了基础知识，如驳论的方式等，但本文究竟采用了哪些方式？这些方式是如何在对比中显现其逻辑力量的？这方面教师没有让学生结合文本进行更具体的感受和思考，学生对知识的理解就很肤浅和模糊。对比结构中最关键的是找出对比点，然后分析彼此的合理性和真实性，从而确定谁真谁假。而上述案例设计者已经预设了作者的观点和论据是真，被批驳的一方必然是假，并没有给学生独立思考判断的机会，丧失了通过驳论文阅读训练学生批判思维的意义。

【问题描述】

《应有格物致知精神》问题探究教学设计片段。

活动一：学生自读课文一两遍。

要求：利用工具书自学生字词，初步了解课文内容，找出课文中作者的观点（本文的题目即中心论点）。

活动二：指导编写阅读提纲。

教师提示：可按提出问题、分析问题、解决问题这三个部分来列提纲。

学生合作讨论后，教师总结并明确该文的结构及论证过程。

第一部分：提出论题"学习自然科学的中国学生应该怎样了解自然科学"。

第二部分：论述论题。这部分是文章的主体。又可分为两层：中国传统教育的弊病，实验精神在科学上的重要性。

第三部分：总结升华主题，得出结论"希望我们这一代对于格物和致知有新的认识和思考，使得实验精神真正地变成中国文化的一部分"。

【问题诊断】

层进式结构的议论文一般先提出观点，然后分层再进行解释，从一个层次递进到下一个层次，由浅入深、由表及里地逐层阐述，基本上以"是什么—为什么—怎么样"的提问思路提出分论点，收到逐层深入之效。层进式结构梳理相对于并列式和对比式结构的分析要难得多，因为它的层次较多，学生也不容易切分出不同层次之间的界限，把握不住层次之间的递进关系，在教学设计中，就更需要多花心思帮助学生提升分析能力。上述案例，虽然预设了学生的问题，但缺乏真正能提升学生分析能力的教学设计。教师在学生阅读前，虽然提供了基础知识："可按提出问题、分析问题、解决问题这三个部分来列提纲。"但这是议论的基本框架，几乎可适用任何一篇议论文，并不是针对本文特有的层进式结构而言的，其针对性和有效性在哪里呢？一般分析议论文的层次，主要是分析本论部分，但教师没有提供任何的有效的提示或指导，各个层次之间的关系究竟是什么，教师也没有进行揭示，这些层次间的顺序可以调换吗？分析出的结论是概括性的语句，这些和相关语句之间的关联是什么？初中学生的抽象概括能力偏弱，学生能得到教师希望他们得出的如此精炼准确概括的结论吗？层进式结构适用于哪类话题的议论文，在阅读时如何抓住那些带有层进式标志的语言，以辅助我们尽快找到各层次最核心的语句并加以概括？这些教学设计中应该考虑到的各个问题，也启示教师越是复杂的文章结构的梳理，学生越需要教师提出相应的基础知识，教师应该设计更加具体细致的教学活动，来引导学生通过独立学习和相互探讨，得出自己的结论，提升学生的概括分析能力，而不是成为教师分析结论的笔记员。

（三）辨析论证缺乏逻辑支撑，思维固化

【问题描述】

教授《敬业与乐业》深层探究：组织学生自读课文，结合文中关于有业、敬业、乐业的论述思考以下问题。

第一，"有业之必要"的主要论据是什么？

论据：证明论点的事实和道理。分类：事实论据和道理论据。

道理论据：孔子和百丈禅师的名言；事实论据：孔子无法教育无业游民、百丈禅师不做事就不吃饭。

第二，用原文回答：什么叫敬业？为什么要敬业？怎样才能做到敬业？文章是采用哪些论证方法论证"敬业"的重要性的？

论证：用论据来证明论点的过程和方法。分类：道理论证、事实论证（举例论证）、对比论证和比喻论证。这部分运用了道理论证和举例论证的方法，充分有力地证明了敬业的重要性。

第三，文章是怎样论述"乐业"的？

列举反面现象，人们往往感叹"做工苦"，对其进行批驳；进一步从四个方面阐述"凡职业都是有趣味的"；最后，引用孔子的两句名言，阐明了人类理想的生活是什么，即"乐业"的重要性。

论述"乐业"的重要性时，主要运用了哪些论证方法？分组讨论并举例说明。

事实论证："做工好苦呀"的感叹，吃酒、赌钱同样劳神费力。

道理论证：从四个方面分析"凡职业都是有趣味的"，引用孔子的两句名言进行辅助论证。

【问题诊断】

论证思维体系是由多个推理环环相扣而形成的推理链、关系链、意义链，是由推理的各个部分构成的一个有机的整体。建立论证思维体系是系统思维理论在写作中的具体运用，是整体观、全局观的具体落实。在议论文阅读的过程中，要发现并了解作者的论证思维体系，准确地辨析出作者在论证过程中使用的论证方法。课例前半部分由论点寻找论据，进而得出论证方法，但后半部分就直接寻找论证方法了，这不符合议论文阅读的逻辑路径，易让学生思维陷入混乱、难成体系。

（四）体味语言缺乏理性辨析，味同嚼蜡

【问题描述】

品味语言，思考讨论。

材料：有一句话叫"勤能补拙"。著名科学家爱因斯坦，小时候很笨，成年以后屡次失败，但他毫不气馁，勤奋工作，最终登上了科学的顶峰；我国数学家华罗庚，学生时代被视为最笨的学生，然而他顽强拼搏，发奋学习，最终取得了辉煌的成就；我国著名的生物学家童第周在国外留学时，因进校成绩差而被人耻笑，他暗下决心，最终成了享誉世界的学者。

应该说上面这个材料的概述是到位的，但是对事例的处理，有什么问题呢？

【问题诊断】

用事理说话。我们知道，好的议论文就在于它透彻的说理，而说理的重要方式之一就是"例证"，即"用事实说话"。我们常说"事实胜于雄辩"，可见这"事实"（事例）在论证说理中的重要性。过去我们常常慨叹自己是"巧妇"却无"米"下锅。但当我们有了"米"之后，却又不能把它做成一道香喷喷的饭，其原因就是我们没有把"米"进行巧妙处理。

材料中仅仅有事例还不够，还应就这些例子进行说理分析。

试想，若无几十年如一日的勤奋工作，哪会有爱因斯坦相对论的问世？若无顽强拼搏、刻苦自学的精神，哪会有华罗庚在数学方面的卓越贡献？若无闻鸡起舞、坚持不懈的努力，哪会有童第周在生物工程方面令人瞩目的成就呢？（最后，自然而然地得出结论：勤能补拙）

这样一来，文章就显得紧凑集中。我们应该清楚地知道，议论文的本质特征，就是要在"辨析"方面下功夫，不进行"辨"，不进行"析"，论点就很

难站住脚，很难叫人信服。

二、现代议论文创意阅读微设计群

语文教学易出现一味讲解的"满堂灌"，也容易出现"满堂问"，我们希望在语文课堂教学中看到思辨的份量。下面的课例呈现的状态是教师引领学生在具体的语言情境中，带着明确的学习目的，通过具体的语文实践活动，去阅读、思考、完成。

面对有限的学校课堂教学时间，依据学生当下的情况发展逻辑思维，提升学生的思维水平，便需要寻找到一个适宜的教学支点，找到对阅读理解全文起支撑作用的、能够牵一发而动全身的关键语句。教师通过支点可引导学生把握文本的思维路径和论证结构，发展学生的逻辑思维能力。

联系文本语言，一切教学活动都从文本的语言文字出发，抓住关键词语引导学生读一读、想一想、品一品、辩一辩。这些活动既能指导学生学习语言文字运用的精妙，又能指导学生理解课文内容和论证形式。

（一）用精读方法指导学生提炼论证观点

创意优化策略：品析标题 → 找寻关键 → 设问探寻 → 质疑标题

【创意微设计】

整体感知，采用小组合作探究模式：第一，如果本文不用《怀疑与学问》做标题，而改用课文中的某个短句、某个短语做标题，你会选哪个短句或哪个短语？第二，有没有人反思自己的标题是否有问题？

交流点拨：治学必须有怀疑精神。

分层推送：将学生根据学习层次分为三层，第一层次的学生已经能够归纳出中心论点，可以不推送，剩下的两个层次的学生将分组合作讨论这个题目，落实知识点。

议论文的论点或文本关键词大多时候在标题中能体现，通过研读我们可以发现，议论文标题往往分为两种情况，一种标题是论题型的，如《怀疑与学问》，还有一种标题是论点型的，如《学则须疑》。通过以上教学环节我们可以看出，让学生概括本文的中心论点，可以通过找关键词的方式。而教师在进行设计时，让学生用自我怀疑的过程进行思考，小组交流质疑的过程就是做学问。

创意优化策略：分析标题 → 明晰层次 → 理清思路 → 得出观点

【创意微设计】

环节一：文章标题为《怀疑与学问》，请找出能阐明"怀疑"与"学问"关系的句子，并思考其包含几层关系，明确中心论点，填写下表，梳理文章结构。

环节二：理清层次，辨别方法。课文观点鲜明深刻，以两个分论点作支撑，以严谨的论证思路阐释中心论点。小励同学在梳理文章结构时，发现每一个分论点下还有小观点和材料对其作支撑，并绘制了如下思维导图，请你帮他补充完整。

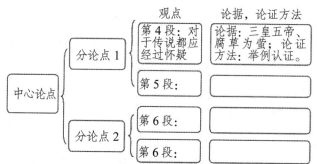

环节三：根据上面的论证思路结构图，按照下面的句式，用一段通顺流畅的话，概括全文论证思路。句式示例为首先……（用了什么论证方法，证明了什么观点）；接着……（用了什么论证方法，证明了什么观点）；然后……（用了什么论证方法，证明了什么观点）；最后……（用了什么论证方法，证明了什么观点）。

要让学生概括文本论点，需要学生建构思维训练。依托搭建图表支架，构建系统的知识体系图表，具有以下两个特征：一是可以把思维过程可视化；二是能够把碎片化的知识结构化、整合化。在由碎片化到结构化的过程中，需要学生将所学内容融会贯通，并对比分析，找到区别与联系，明晰逻辑关系，这也是深度学习发生和发展的过程。在议论文教学的过程中，通过搭建图表支架，可以帮助学生构建可视化的学习过程，通过将学习过程中涉及到的大量信息进行整理和归纳，引导学生对比和分析所学议论文的内部结构和特点，学生们构建知识的过程就更加显性化、系统化。

创意优化策略：**感知整体→把握标题→分析理解→发现关键**

【创意微设计】

师：在理解文章字面意思的基础上，我们来学习文章讲了什么道理。如果用原文中的一句话来概括课文的内容，你会选哪一句？理由是什么？

生："学者先要会疑。"

师：你是怎么理解这句话的？

生：学习的人先要学会质疑。

生：我认为和第二段的"学则须疑"说的是一个意思。

师："在可疑而不疑者，不曾学；学则须疑"这句话是什么意思？

生：就是学习要有怀疑的精神。

师：其他同学还有没有不同的意见？（学生无人举手）没有的话，那就由老师来明确一下。作者的观点是"学则须疑"或者说是"学者先要会疑"。这两句话的意思都是做学问首先要有怀疑的精神。

教师引导学生进行整体感知，把握论点。把握论点的方式从标题入手，议论文标题形式多样，学生可根据标题的特点寻找论点。教师利用标题的特点，讲二者关系，相应地文章中的论点就是揭示出二者之间的关系的句子。学生从宏观上把握了这篇议论文的总体架构，明确总论点，形成对文本的整体感知，为下一环节分析作者的论证过程做好准备。

创意优化策略：**解读段落→理解文意→联结段落→结合实例**

【创意微设计】

环节一：开篇为什么分别引用了程颐与张载的两句话，并且各自独立成行？程颐"学者先要会疑"强调的是"会"，张载"在可疑而不可疑者，不曾学；学则须疑"中强调的是"须"，这两句可不可以去掉一句呢，如果可以，那么应该去掉哪一句，为什么？

环节二：你觉得课文的第三段在全文中起到了怎样的作用，谈谈你的理由，也可以与同学进行讨论。

环节三：反复阅读文章的第四段与第五段，讨论一下这两段是如何谈对待书本知识的，可以删掉其中一段吗，为什么？

环节四：作者在第五段中说，"许多大学问家、大哲学家都是从怀疑中锻炼出来的"，除了作者所列举的那几位，请你也列举一两位与同学谈谈。

好的议论文教学支点，不仅能够引导学生梳理文章的论证结构，理解文章的内在关系，更能促进学生逻辑思维的发展。找到恰切的教学支点，是教师教学智慧和教学艺术的体现。首先，教师通过提问，引导学生指向对文本核心内容的理解；其次，通过提问，引发学生对文本结构的思考，同时涉及议论文的论点与分论点。在教学过程中，我们会发现，这是本文的教学重点，也是难点。

创意优化策略：替换标题 → 分析句子 → 提炼观点 → 构建思路

【创意微设计】

师：如果不用《怀疑与学问》做标题，改用文中的短语或短句拟题，你会用哪一句？

学生默读课文，沉入文本，找出自己心中所需要的"那一句"。学生很快从文中找到自己认为最好的"那一句"，纷纷举手。

生：怀疑是学问的根基。

生：我怀疑，所以我存在。

生：学则需疑。

生：学者先要会疑。

生：尽信书则不如无书。

生：没有新问题就不会进步。

生：因怀疑而思索，因思索而辨析。

生：怀疑和明辨成就哲学。

师：同学们，你们觉得这八个标题哪个有问题，不适合当题目？

学生经过辩论，最后只留下了第一条、第三条和第四条的答案，理由是这三个选项能阐述"学问"与"怀疑"之间的关系，因而也能成为本文的中心论点。

师：原标题与我们找出的标题有什么不同？

学生通过探究，说议论文的标题可以用论题做，也可以用论点做。

师：原文的标题是论题，我们找到的短句是论点，议论文有两种标题：一种标题是论题型的，如这个标题"怀疑与学问"；还有一种标题是论点型的，如"学则须疑""学者先要会疑"。

师：顾颉刚先生一定也知道自己这个标题可以改成"学则须疑"或者"学者先要会疑"，那他为什么不用论点做标题，而是用论题做标题呢？

生：能引起读者的思考。

师：是的，用论题做标题更能引起读者的思考。

通过设置替换标题环节，引导学生再次走进文本，以读促思，从而试着让学生分清论点与论题的区别。在教学过程中，学生不仅抓住了表明中心论点的

"那一句"，也明白了"论题"是作者提出的问题，是论文中要涉及的内容和范围；"论点"是作者对论题发表的观点、看法、主张，前者是确立议论文的"疆界"，后者是树立议论文的"旗帜"，"论点"是对"论题"的答复，"论题"是对"论点"的限定。教师也让学生明白了议论文标题的作用：文章的标题就是文章的眼睛，它是文章立意、内容、主旨或话题之眼，具有画龙点睛的作用。标题或点明中心论点，旗帜鲜明，直击要害；或点明文章的论题，引起读者的思考。

该设计牢牢抓住"找出文章的论点或概括文章的论点，分清论点与论题的区别"这个议论文的重要考点，提高了学生的整体感知能力、筛选信息能力和逻辑思维能力。

（二）用多维解读指导学生梳理论证结构

创意优化策略：听读课文→ 勾关键句→讨论明确→示范归纳

【创意微设计】

再读课文《纪念白求恩》，理清全文脉络。

其一，出示问题，听教师朗读课文，思考你能用一句话概括白求恩大夫是一个什么样的人吗。

其二，教师范读课文，学生聆听思考勾画相关语句。

其三，教师引导学生把握课文中的关键句。教师进一步明确全文思路，每一部分可以概括为：白求恩同志具有国际主义精神，白求恩同志具有毫不利己专门利人的精神，白求恩同志具有对技术精益求精的精神，号召全党学习白求恩同志毫无自私自利之心的精神。

其四，结合长短句句型转换练习，教师引导学生把四个短句变成一个长句："白求恩同志是一个值得我们学习的具有国际主义、毫不利己专门利人和对技术精益求精精神的人。"

创意优化策略：思考问题→析关键词→品味作用→板书总结

【创意微设计】

教师设计下列关键问题，引导学生逐步分析论证结构，在交流讨论后明确以下问题。

其一，文章开头对白求恩同志的介绍包含哪些方面的内容？有什么作用？

明确：他是资本主义国家中无产阶级先锋队的一员；年岁已大，壮心不已；肩负重担，奔赴前线；以身殉职，重于泰山。扣住国际主义的原则概述白求恩同志的简历，是对逝者的追忆，也是论述白求恩具有国际主义精神的事实依据。

其二，白求恩不远万里来到中国，他身上最本质的东西是什么？用文中的原话回答。

明确："这是国际主义的精神，这是共产主义的精神。"

其三，引用"列宁主义认为"一段话的作用是什么？

明确：是为了突出白求恩同志这一精神的重要意义。作者在这里引用马列主义的观点作为自己立论的根据，这是运用论证法中的"引证法"，论述白求恩同志是伟大的国际主义战士。

其四，作者为什么先举"前线回来的人"的例子，再举"晋察冀边区军民"的例子？

明确：从前线进一步扩大到整个边区，用广大军民的反应证明自己的论断，证明第二段中两个"极端的"判断是准确无疑的（此题让学生自由发言）。

其五，为什么把写白求恩的精神放在第一段，而把写其专心业务、精研技术放在第三段？

明确：一个专心业务、精研技术的人，如果没有进步的政治思想，他本可以为反动的压迫者和剥削者服务，而白求恩是共产主义战士，他把他高明的医术和宝贵的生命奉献给了在极端艰苦的环境中进行解放斗争的中国人民。白求恩的这种国际主义精神特别值得我们赞美和学习。因此，文章首先把白求恩的国际主义精神提出来，接着再指出他积极工作、热爱同志、热爱人民的共产主义品德。

其六，以板书的形式，确定结构图。

$$
共产主义精神
\begin{cases}
国际主义精神 \\
毫不利己专门利人精神 \\
对技术精益求精精神
\end{cases}
号召全党学习白求恩同志精神的意义
$$

创意优化策略：了解知识→具体辨析→换位思考→讨论明确

【创意微设计】

首先，教师简介驳论文。议论文从论证方式看，一般可分为立论和驳论两种。立论，是就一定的事件或问题，提出并阐明自己的见解或主张。驳论，是就一定的事件或问题发表议论，批驳片面的、错误的、甚至是反动的见解或主张。一般说来，批驳对方的论点主要有三种方式。一是直接批驳对方的论点，二是驳论据，三是驳论证。

其次，引导学生分析课文。

其一，第一段和第二段这两段话中，揭示了对方什么谬误论点？什么论据？哪些语句最富于讽刺意味？

明确：谬误论点"中国人失掉自信力了"。谬误论据："两年以前……却也是事实"。语句："总自夸""只希望""也是事实""却也是事实"。

其二，作者既然认为对方的观点是错误的，为什么还要一再承认对方说的都是"事实"？

明确：首先承认对方说的是事实，但通过分析事实后，发现对方要讨论的其实不是自信力的问题，这样，对方的观点就不存在了。

这是驳论的一种方式，由真实存在的依据推导出错误的结论，从而证明对方的观点是错误的。指出对方论据证明论点的过程不成立，这是驳论证。

其三，第五段有一段加点的文字，曾被删掉这段文字，这说明什么

学生讨论后。

明确："求神拜佛"恐怕是国民党在山穷水尽时自欺和欺人的最后一招。鲁迅是个现实感很强的人，他一针见血地指出"求神拜佛"的危害和严重后果，这自然触到了国民党的痛处。从加点文字也可以看到鲁迅的境况，但鲁迅却不惮于在枪林弹雨中为民奔走呼号，其无私无畏的精神令人敬佩。

其四，文章在批驳对方论证的基础上提出了什么样的观点？

学生讨论后。

明确：作者指出"说中国人失掉了自信力，用以指一部分人则可，倘若加于全体，那简直是诬蔑"。

其五，作者指出应如何评价中国人？

学生讨论后。

明确："要论中国人……要自己去看地底下。"

其六，"中国的脊梁"指什么人？为什么他们的牺牲不能为"大家"所知道？

学生讨论后。

明确：指的是脚踏实地地为民族进步而奋斗的人们，他们是使中国挺立起来的"脊梁"，他们往往来自下层或代表着最广大民众的利益。但由于中国长期的专制奴役统治，许多事情百姓们自然无权知道真相。另外，近代以来的许多社会变革也较缺乏对广大民众的宣传发动。

其七，"状元宰相""地底下"的含义分别是什么？

明确：前者指统治阶级的御用文人，后者指变革社会的积极力量。

创意优化策略：**整体梳理→分层讨论 →聚焦破立→提炼规律**

【创意微设计】

整体把握，理清思路：

其一，指名学生朗读课文，要求思考文章的论证层次。第一部分提出对方的论点和论据。第二部分批驳敌论点，此部分又分为了两个层次：第一个层次驳论敌论论证，第二个层次驳敌论论点。第三部分号召广大中国人民要分清是非，向英雄人物学习，积极投入革命的洪流中去。

其二，阅读第一段和第二段课文，回答下列问题。

问题一：这两段话中，揭示了对方什么谬论论点？什么论据？哪些语句最富于讽刺意味？

明确谬论论点：中国人失掉自信力了。

明确谬论论据：两年以前，我们总自夸着"地大物博"；不久就不再自夸了；现在既不夸自己，也不信国联，改为一味求神拜佛，怀古伤今了。其中"只希望着国联""改为一味求神拜佛，怀古伤今"等句最富于讽刺意味，揭露了国民党政府面对日本侵略"只会哀求国联"，采取坚决不抵抗政策的卖国投降的本质。

问题二：文中反复承认"是事实""也是事实""却也是事实"，与原文的批判有什么关系？明确前后照应的关系。

其一，阅读文章第三段至第五段，思考写驳论，要善于寻找批驳的"突破口"，所谓"突破口"就是对方谬误的薄弱环节，抓住了它，就能击中要害。联系全文想一想，为什么本文以反驳对方的论证，即指出其论据不能证明论点为"突破口"？

因为谬论论据都是被作者给予肯定的事实，谬论论点从表面看上去似乎也是正确的，那么要想驳斥这一观点，最好的方法自然是揭穿对方的论据与论点之间没有内在的逻辑联系，即驳论证了。

其二，总结、扩展，着重分析了课文逐层推进的论证层次，总结归纳提出谬论论据和论点有问题的方法及驳斥谬论并树立自己观点的方式。

创意优化策略：**速读分层→换位增删 →品析效果→总结方法**

【创意微设计】

整体感知，理思路。

师：同学们预习得很好。现在，请同学们速读课文，找出阐述"敬业"和"乐业"的段落。

师：找得很准。这两个部分的开头都有很明显的标志，同学们注意到了吗?

（师板书："关键词：敬业　乐业"）

师：作者为什么要用这样直白的语句，而且还放在这么明显的位置?

预设生：这是一篇演讲稿，不是一般的文章，是演讲者演说的底稿，听众稍稍不注意就会遗漏演讲时的重要信息，所以要用这样直白的语句。这样做是为了吸引听众注意，让听众听明白演讲者说的话。

师："说的话"表述不准确，"演讲者表达的观点"是不是要好一些? 仅仅是为了让听众听明白观点吗?

生：还有信服演讲者的观点。

师：是的，演讲者用显著的标志性语句进行提示，就是为了让听众注意并理解接受自己的观点。那"敬业"和"乐业"的位置可以调换吗?

生：不可以。因为只有做到"敬业"才能"乐业"，"敬业"是为了最终到达"乐业"。

师：说得很好。"敬业"是"乐业"的基础，"乐业"是"敬业"更高层次的要求。梁启超先生清晰的演讲思路已经被同学们领会得如此清楚。这样看来，课文第一段至第五段不就多余了吗? 是不是可以删去呢?

生：不能删。

师：为什么呢? 同学们看板书，老师还可以在"敬业"与"乐业"之前加一个什么业呢?

生：有业。

（师板书"有业"）

师：很好。请你读一读课文第二自然段。

（生读第二段）

师："有业之必要"，什么叫"必要"呢?

生：就是"必须有"。

师：为什么"有业"对"敬业"与"乐业"来说是必须有呢?

生：因为"有业"是前提。

师：也就是说，演讲者梁启超先生先说了前提是＿＿＿

生（齐）：有业。

师：再讲了基础是＿＿＿

生（齐）：敬业。

师：最后才说了最高层次的敬业是＿＿＿＿

生（齐）：乐业。

师：我们再梳理一遍，前提是＿＿＿＿

生（齐）：有业。

师：基础是＿＿＿＿

生（齐）：敬业。

师：最高层次的敬业是＿＿＿＿

生（齐）：乐业。

师：很好，这样层层深入地阐述，既符合我们认知事理的规律，又为听众思路清晰地逐步理解并接受演讲者的观点提供了便利。的确，"有业"部分不仅对演讲者阐述观点来说很必要，对演讲稿本身来说也是必要的。①

创意优化策略：借鉴框架→运用学案→划分层次→得出结论

【创意微设计】

既然学生在开放式的思维导图绘制中，难以区分观点和材料，那么就提供给学生一个框架，学生在完成教师提供的框架式填空中，以区分观点和材料，梳理论证过程。学生虽然没有接触过议论文的论证过程，但是数学证明题是熟悉且经常实践的，可以尝试借数学论证过程帮助学生迁移建构议论文的论证过程和思路。教学目标设计为阅读文章并勾画观点句，区别论点与论据，用数学论证题的形式呈现论证过程。

学生活动学案设计如下：

中心论点：

其一，求证分论点一：有业之必要。

证明：

∵＿＿＿＿＿＿＿＿＿＿＿＿＿＿＿＿＿＿。

又 ∵ 百丈禅师"一日不做事，一日不吃饭"的事例。

∴＿＿＿＿＿＿＿＿＿＿＿＿＿＿＿＿＿。

其二，求证分论点二：

证明：∵ 人类既不是上帝特地制来充当消化面包的机器。

---

① 郭晓媛，陈明杰：《〈敬业与乐业〉教学实录》，《语文教学通讯》，2016年第C2期，第18～21页。

∴ 所有职业都是神圣的。

∴ 人人都应该，做到敬业，才算是圆满的人生。

其三，求证分论点三：

证明：∵ 苦乐全在主观的心，不在客观的事。

又 ∵_____。

∴ 世间第二等苦人，便是厌恶自己本业的人。

同时，∵ ①_____。

② _____。

∴ 凡是职业都是有趣味的生活，做到乐业，真算是人类理想的生活了。

综上所述，人类合理的生活应该是_____。

最后中心论点得证。[①]

（三）用文体知识指导学生辨析论证方法

创意优化策略：回归文体 → 归类整理 → 讨论分析 → 得出结论

【创意微设计】

要解决上述微问题，我们还是应该回到议论文文体本身上来。

首先要搞清楚论据和论证之间的关系，二者表面上虽是一字之差，但实质上是不同的。如果说论点是解决"证明什么"的问题，论据则是解决"用什么证明"的问题，论证则是解决"怎样证明"的问题，可以把论证理解为是论点与论据之间的逻辑联系纽带，起着桥梁的作用。通过寻找论点，找出论据，倒推二者之间的逻辑联系，发现并了解作者的论证思维体系和辨析论证方法。比如某篇文中举了某个实例，说它是事实论据，还说它用了例证法，两种说法都是正确的，只不过角度不同罢了。从论据的性质来说，它是事实论据；从该文使用的论证方法的角度，它用了例证法。

其次，关于道理论据和事实论据的区别有以下三个方面。

方法不同。事实论据：对客观事物的真实的描述和概括。道理论据：为了对某个问题或观点进行论证，证明其正确或错误而引用一些名人名言、谚语、古代文献等进行证明的材料。

特点不同。事实论据：具有直接现实性的品格，因此是证明论点的最有说

---

① 来蓉：《整体设计，浅浅教学——以〈敬业与乐业〉的三次教学设计改进为例》，《语文教学与研究》，2020 年第 3 期，第 42 ~ 44 页。

服力的论据。道理论据：指那些来源于实践，并且已被长期实践证明和检验过，断定为正确的观点，就是通过讲道理说明一个问题。

内容不同。事实论据：事实论据包括具体事例、概括事实、亲身经历等。道理论据：可以是对问题的分析、解释说明的过程。它包括经典性的著作和权威性的言论（如名人名言等），自然科学的原理、定律、公式等。

引导学生在学习过程中进行比较鉴别，熟练掌握。

创意优化策略：寻找论点 → 理清逻辑 → 讨论分析 → 得出结论

【创意微设计】

文章的标题为《敬业与乐业》，我们先来看看作者是如何证明"要敬业"这个观点的？如果是你，你打算如何证明"要敬业"这个观点？学生小组讨论，然后各抒己见。教师点评，并导入对课文的研读。

第一，研读第六段至第七段，提出了以下问题。

其一，请一位学生以演讲的口吻朗读第六段。其他同学边听边勾画，划出表明作者观点的句子及作者提供的依据。

其二，学生齐读第七段，然后划出相关句子。

其三，学生就勾画结果进行讨论交流，并明确表明作者观点的句子是"第一要敬业"，引导学生注意论点的一般位置。作者的依据：朱子的话，做总统和拉黄包车的例子，佝偻丈人承蜩的例子，木匠与政治家、挑粪工人与军人具有同一价值的例子，曾文正、庄子、孔子等的话。教师注意引导学生概括事例，并总结出方法。

其四，提出以下几个问题：这些依据可以分为几类？各有什么特点？分别起了什么作用？学生思考、讨论并交流。

明确：这些依据可分为两类，一类是名人名言，一类是具体的事例。教师点拨并引导学生明白论据的类型有事实论据和道理论据，明白事实论据往往是一些具体的事例和数据，道理论据往往是一些名人名言、公理、定理等。引用朱子的话是为了证明了什么是"敬"。举了做总统和拉黄包车两个例子来证明"凡职业都是神圣的，都是可敬的"，从而证明了为什么要"敬业"的道理。

你对这个例子是怎样理解的？作者先举了佝偻丈人承蜩的例子，然后又举了木匠与政治家、挑粪工人与军人的例子，最后引用了庄子和孔子的话都是为了证明如何"敬业"的道理。

在此基础上引导学生明白论据与论点的关系，形成板书。教师追问任何人的任何话都可以作为道理论据吗？把一大堆论据堆叠在一起就行了吗？不行，还应对其进行分析与阐述。

其五，提问：作者是按照什么思路证明"要敬业"这个观点的？学生讨论明确：什么是敬？为什么要敬？怎么敬？

第二，研读第八段，提出以下问题。

其一，本段论证的是"要乐业"这个观点，请自读文段，然后说说职业有哪些趣味。学生自读并交流观点，明确职业的趣味所在。

其二，从同学们刚才的发言中可以发现本段的论述与前文相比，更多的是讲道理，事实论据很少。下面，请同学们为"凡职业都是有趣味的"补充几个事实论据。学生补充论据，教师进一步引导学生把握论据与论点的关系，同时提示议论文中讲述事实论据时的详略处理。

该设计紧扣作者论证逻辑体系，从论点、论据出发通过倒推、寻找、发现、把握作者的论证逻辑体系，为学生搭建阅读议论文的思维体系框架，培养学生的逻辑思维能力。

创意优化策略：感知内容 →理清思路 →整理导图 → 实际运用

【创意微设计】

首先，要进行整体感知。学生通过细读课文思考交流下列问题：本文的中心论点是什么？在文章的哪部分提出来的？是用什么方式提出来的？作者围绕中心论点，先后谈了哪几个问题（分论点）？你认为分论点和中心论点之间有什么关联？（分论点和中心论点是"总—分"关系，证明了三个分论点也就证明了中心论点）用自己的话概括文章的结论，想一想，作者得出结论的前提是什么？（前提是分析问题时充分地证明了中心论点）

在解决了以上几个问题的基础上，着手用思维导图的方式梳理文章的思路。用板书探究作者证明这三个分论点的具体思路。

敬业与乐业

（一）提出问题：敬业是……不二法门

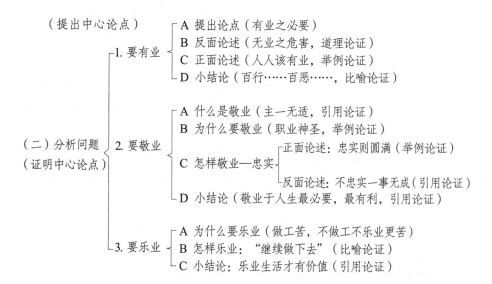

其次，继续探究作者在论证第一个分论点时使用的论证方法及其作用。教师强调理清思路是深入学习议论文最重要的环节，理清思路后，"作者使用了什么论证方法，有何作用？"这一类的问题就迎刃而解了。学生分析，教师进行补充订正。分析论证方法的作用忌泛泛而谈，一定要结合所在段落或者层次的具体内容来谈，以免张冠李戴。

最后，试找出课文其他地方使用的论证方法，并结合文章思路谈谈其作用：在论述"要有业"时，作者引用了孔子的话后为什么还要举百丈禅师的例子？第六段中所举"当大总统"和"拉黄包车"两个例子的作用？"佝偻丈人承蜩"的故事在文中的作用？第八段"……好像赛球一般"是什么论证方法，有何作用？

小结：在回答论证方法的作用时，要紧扣思路，尤其是一些"用途不明"的论据，结合该层论述的重点就能理解其作用了。

该设计是在学生建立了对议论文阅读的一定思维体系的基础上，整体感知内容，理清论证思路，通过辨析、比对、判断、推理，从作者写作的思路出发，将多个推理环环相扣形成推理链，使推理构成逻辑思维体系，从而准确辨析论证方法及理解其作用。

创意优化策略：文体入手 → 逻辑推理 → 交流成果 → 质疑释疑

【创意微设计】

《敬业与乐业》是一篇演讲稿，也是一篇议论文，因此把握议论文的三要素也是本文学习的重点。

首先思考：作者是怎样论述有业之必要的？先从论述有业入手，引用孔子的话从反面论证有业的重要性；用百丈禅师的例子从正面论述有业的重要性，因此本部分用事实和理论作论据，运用了道理论证、举例论证和对比论证等论证方法。

接着思考：文中在论述敬业的时候，用什么作论据？采用了怎样的论证方法（小组讨论，教师点拨）？然后开展独立分析：作者又是怎样论述乐业的？让学生自主学习剩下的段落，给学生足够的时间和空间进行思考、交流，在学习和交流的过程中学生对议论的方法掌握得更透彻。

最后，我提问，你来答。这一环节师生、生生互动，学生提出存在的疑问，问同学、问老师。

该设计各个设计虽从不同的角度切入，但直指教学核心：发现作者论证逻辑体系，有曲径通幽之妙。而该设计主要从问题入手，既寻找议论文的逻辑体系，又发现演讲稿的特征，以期达到学以致用的效果。

创意优化策略：分析重点 → 逻辑推理 → 小结收获 → 拓展思路

【创意微设计】

首先，重点分析课文第二部分。有业是敬业和乐业的前提。第二段至第五段作者先引用孔子的话和百丈禅师的故事，得出"百行业为先，万恶懒为首"的结论，强调"有业"是做人之本。

在论证"敬业"时，第六段至第七段先用朱熹的"主一无适便是敬"，说明"敬业"的含义就是专心致志、心无旁骛。接着，以"为什么该敬呢"和"怎样才能把一种劳作做得圆满呢"设问，分别从人类生存的需要（为生活而工作）与个体生活的意义（为劳动而生活）出发，论证了"凡职业没有不是神圣的，凡职业没有不是可敬的"和"敬业主义，于人生最为必要，又于人生最为有利"的道理。

文中在谈到"有业之必要"时，举了孔子和百丈禅师的两个例子加以说明；在谈到"凡职业都是有趣味的"时，列举了四个原因加以说明。参照两种写法根据自己的理解，试着为"有业之必要列举几条理由"或为"凡职业都是有趣味的"提供几个例子。例如，"有业之必要"的理由：可以谋生，使自己在经济上独立，不需要依赖他人、仰人鼻息、受人牵制；使自己的身心能有所安顿，不至于无所事事、烦闷无聊；使自己的生活起居有规律，以利于健康养生；在从业过程中遇到的困难、挫折、烦恼，是对意志和品性、能力和才干的锻炼；事业上的小成功，都会增强人的自信心与成就感，给人带来精神上的满足；有创造性的成就更是对人的生命价值的最高肯定……

然后，用多媒体小结：本段要说的中心话题是什么？本段的中心论点是什么？为本段的中心论点提供一个众所周知的事实论据，本段中设例的作用是什么？本段除了运用举例论证外，还运用了什么论证方法？

最后，再读课文，合作探究。作者在文章中提出了许多有关敬业和乐业的观点，你最信服的是哪一点？你有没有不同意见？说说你持这种意见的理由。

这堂课的亮点在于通过多媒体小结，让学生了解和区别"举例论证"和"道理论证"两种论证方法，开拓学生的思路。学生通过小结学到的不只是课本上的相关阅读知识，还会对阅读议论文的基本阅读路径、思维体系等进行自主梳理和总结，同时再将习得的知识用于实践。

（四）用抓关键句指导学生学习论述语言

创意优化策略：明确要求 → 研读例句 → 品味理解 → 讨论总结

【创意微设计】

进行深层感知探究《怀疑与学问》在语言方面有什么特点。

其一，结合上下文，从句子结构分析，以下两个语句有什么特点？

第一，"我们信它，因为它'是'；不信它，因为它'非'。"

分析过程：这短短两句便把对传说"信"与"不信"，"不应当随随便便就信"的理由说得清清楚楚，明明白白，以理服人，无可置疑。

其二，阅读以下这个例子，说说作者在语言表述上有何特点？

"清代的一位大学问家——戴震，幼时读朱子的《大学章句》，便问《大学》是何时的书，朱子是何时的人。塾师告诉他《大学》是周代的书，朱子是宋代的大儒；他便问宋代的人如何能知道一千多年前著者的意思。"

总结：论述语言简洁概括。

其三，分析下列句子中的词有什么特点？

①"一切学问家"中的"一切"包括古今中外的学问家，无一例外。"不但……就是……"准确地表达了作者的意思。

②"许多大学问家、大哲学家都是从怀疑中锻炼出来的"中的"许多"，说明了数量多，但并非绝对的。

总结：论述用词准确严谨。

该设计层次清晰，环环紧扣，对明确论述语言的三个特点进行分析。首先结合上下文，从句子的结构角度进行分析，明确论述语言的逻辑性强。其次，从语言表述角度分析，举例明确论述语言简洁概括；最后，从用词的角度分析，明确论述用词准确严谨。由此，对论述语言的品析有较为细致全面的体悟。

创意优化策略：范例指导 → 自读文本 → 对比分析 → 交流反馈

【创意微设计】

请找出体现《怀疑与学问》中逻辑严密、语言准确的句子，并做分析解读。

出示《怀疑与学问》课件。

其一，"一切学问家，不但对于流俗传说，就是对于过去学者的学说也常常要抱怀疑的态度，常常和书中的学说辩论，常常评判书中的学说，常常修正书中的学说：要这样才能有更新更善的学说产生。"

提问："一切"和四个"常常"能删去吗？为什么？

明确："一切"和"常常"不能删去。用这些词，是为了强调所有的学问家全部都包括在内，都善于经常地怀疑、提问、评判、修正过去学者的学说。这是建设新学说的基本条件。四个"常常"，多次重复，突出说明学问家是经常这样做的，表明这样做、这种精神乃是"做一切学问的基本条件"。

其二，"若使后之学者都墨守前人的旧说，那就没有新问题，也没有新发明，一切学术停滞，人类的文化也就不会进步了。"

提问："学术"和"文化"这两个词语能互换吗？为什么？

明确：不能互换。因为"学术"是人类众多的"文化"活动中的一种，"一切学术停滞，人类的文化也就不会进步了"，是从部分到整体，互换位置后就讲不通了。

其三，"经过怀疑、思索、辨别三个步骤以后，那本书才是我的书，那种学问才是我的学问。"

提问："怀疑""思索""辨别"这三个步骤能否进行前后对换？为什么？

明确：不能。因为这三个步骤遵循了人们认识事物的过程，先对事物产生怀疑，再进一步思索疑点，辨明正确与错误。前后顺序不能对换。

该设计旨在引导学生分析议论文语言的科学性和严谨性。采用教师范例指导，学生在掌握方法的基础上寻找自主阅读，并在小组内讨论交流反馈，有方法，有指导，学生分析的达成度高。

创意优化策略： *范例出示 → 合作探究 → 重点品读 → 延伸运用*

【创意微设计】

合作探究，品议论文语言。题型：加点字表达效果；加点字词删去好不好，为什么？

其一，关联词。

第一，"人格不是由所听所说形成的，而是由劳动和行动形成的"。

明确：表选择的关联词"不是……而是……"是非常肯定的意思，强调劳动和行动是形成人格的最重要的条件，体现了议论文语言的严密性。

第二，"那就会觉得更厚。但是，当我们对书本的内容真正有了透彻的了解，抓住了全书的要点，掌握了全书的精神实质以后，就会感到书本变薄了"。

明确：表转折的词"但是"强调了读书"由厚到薄"的关键是透彻了解，抓住关键，掌握实质，体现了议论文语言的严密性。

延伸运用：请根据以上示例，找出虚词（副词）中体现议论文语言严密性的词句分析。

其二，虚词（副词）。

第一，"大家也许都有过这样的感觉"。

明确："也许"是副词，表示一种估计，强调了会出现的某种情况，体现了议论文语言的严密性。

第二，"怀疑是做一切学问的基本条件"。

明确："一切"是副词，表范围，修饰"学问"。强调怀疑精神是做任何学问都不可缺少的基本条件，没有例外。体现了议论文语言的严密性。

议论文逻辑的严密性体现在遣词造句、思路结构和推理的方方面面。遣词造句主要是指关联词的使用。单句之间使用不同的关联词可以形成句意完全不同的复句，例如转折、假设、条件等。选择不同关联词的过程体现着思维的流动，也是最基本的推理过程。

三、议论文创意阅读微反思群

（一）把握论点：精准捕捉，事半功倍

创意优化策略： *设问自读 → 筛选语句 → 分类归纳 → 迁移运用*

【典型微活动】

师：通过对《敬业与乐业》的梳理，同学们能找到作者对于"敬

业"的态度是？

生：要敬业。

师：他是如何证明自己观点的呢？

生：他引用了朱熹的话；大总统和拉黄包车的事例；佝偻丈人承蜩的事例；木匠与政治家的例子；挑粪工与军人的例子；庄子和孔子等的话。

师：找得非常全面，这些材料比较杂乱，请同学们尝试进行分类。

生：这些话可以分为一类，事例可以分为一类。

师：非常明显的两类，一类是名人的话，我们把这种论证方法叫作"讲道理"，都是些有影响力的人说的话。另一类是一些事例和典故，我们就称它为"举例子"，例证自己的观点。下面请同学们快速阅读手中的这篇报道，看一看同样是为了证明要敬业，这篇文章是如何进行论证的。

（生速读文章，勾画。师巡视指导）

生：作者举了牛顿和李时珍的例子。

师：例子是为了证明什么呢？

生：这些例子为了说明社会的生存和发展都需要敬业。

师：非常好，举例子这种论证方法我们很熟悉了，刚在课文里学习过。除此之外呢？

生：敬业是积极向上的人生态度，现代化事业需要敬业。

生：敬业精神有所失落，会带来不好的后果。

师：一方面说了敬业的重要性，一方面说了不敬业的后果，一正一反，非常到位。那么，我们把这种论证方法称为"正反论证"。

（板书）

【创意微反思】

本文作为教读课文，教师执教过程中应带领学生细读文本，通过读去体味文本思路，体会作者如何完成论述。教师在执教时针对教读课文带领学生研读细读，辨析逻辑概念与渗透思维方式，引导学生讲出理由。教师分析论点论据和论证方法，训练学生的阅读能力。在教学资源的选择上，以"敬业"为中心，整合演讲稿和报道两种体裁的文章，分析其中不同的论证方法，使学生从不同的角度认识到"敬业"的重要性。

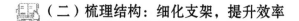（二）梳理结构：细化支架，提升效率

创意优化策略：默读课文 → 圈关键词 → 比较分析 → 小结提升

【典型微活动】

第一，学生默读全文，圈出各段的关键词，特别是提示论述对象和角度的名词或关联词。第二，再读，用横线勾画表达作者观点的句子。第三，将关键词或句子摘录出来，设计思维导图呈现文章结构。第四，检查思维导图，将层次相同的合并，不同层次的观点进行同级排列。第五，与同学讨论交流，是否概括得全面准确；如果不一致，听取同学的理由和依据，如果有必要可以修改自己的思维导图。

【创意微反思】

采用循序渐进的学生活动方式，用思维导图呈现学习成果的设计，让学生独立又合作地、由浅入深地分析文章层次，提升他们概括分析和有序表达的能力。

【典型微活动】

第一，默读课文，带着问题思考并勾画出文章相关语句：本文的论题是什么？作者围绕论题先后提出了哪些观点？各观点之间的关系是什么，能否先后调换或增删？第二，学生阅读课文，将各个问题的答案，以关键词或语句的形式写下来。第三，同学间相互比对答案，然后判断是否有必要修改完善自己的判断。第四，全班交流，由老师明确以下内容：并列结构的观点，往往在同一层次的时空或逻辑下，前后的顺序可以调换而不影响观点的表达。第五，学生体会这种结构的好处，然后总结归纳：从多个并列的角度论述观点，可以论述得更加全面和严谨，对中心论点有强调突出的作用，极富说服力，而且结构层次清晰，便于读者理解和接受。

【创意微反思】

采用三个引导性的问题启发学生由感性认识到理性认识，学习一篇课文从而认识一类文章，学生易理解和接受，教学效果也更有保障。

【典型微活动】

第一，用默读的方式初读全文，圈出各段的关键词，特别是提示论述对象和角度的名词或关联词。第二，再读，用横线提取表达作者观点的句子。第三，观察由一个学生读完课文后设计的思维导图，在空白处填写出相关的内容。第四，学生读完文章后，补充思维导图，然后比对各个答案，分析与之不同的原因。

【创意微反思】

采用学生间相互竞争的方式激发学生分析的兴趣，可以提高课堂学生的参与积极性，而且把重难点的部分空出来，有利于聚焦重难点内容，提升学生思维的速度和效率，从而提高课堂效率。

创意优化策略：自读课文 → 理结构图 → 综合判断 → 总结明确

【典型微活动】

第一，由学生一人朗读课文，由一人聆听并勾出各段的中心句；第二，朗读学生对同学勾出的中心句进行判断；第三，两人合作，通过列表的形式确定前后的正反对比论点；第四，体会对比论证结构的巧妙之处；第五，全班交流，教师点评提升。

【创意微反思】

通过合作学习，有利于激发学生的参与热情和积极思考，在两人的分享交流中，通过认知差异，更有利于推进对课文的理解和分析。

【典型微活动】

第一，教师示范某同学梳理的文章结构图，其中故意把对比论证的某些内容进行增删。第二，学生默读课文，找到和教师给出的有错的文章结构图相关的文章内容。第三，学生判断结构图的正误，并结合文章说明判断理由。第四，分析错误和将结构图修正后，学生体会对比结构的好处。

【创意微反思】

对比结构本来就包含批判思维，即对他人的观点、论据或论证持怀疑的态度，然后在阅读中通过自己的发现和思考做出最后的判断。这样一种思维模式能让学生体会到对比结构蕴含的思维方法，从而达到通过阅读提升学生思维素养的目的。

创意优化策略：默读课文 → 分段提取 → 比较分析 → 合作总结

【典型微活动】

第一，学生默读课文，用横线提取分论点。第二，将分论点的关键词即论述对象和特征摘录出来。第三，比较论述对象和特征之间的层次关系。第四，借助连接各论点之间的过渡语句，过渡语句一般会使用递进、转折等关联词，再次判断层次是否有加深或转折。

【创意微反思】

学生的读、摘、比、验四个步骤，简单易行。学生可以很快分析出论证的层次结构。这样的分析方法对学生的水平要求不高，不同层次的学生都可以掌握并运用。

【典型微活动】

第一，将文章的顺序打乱，让学生阅读，然后提取文章的各段主要内容。第二，学生指出文章先后顺序中不合理的地方，提出调整的方式和理由。第三，比对原文的顺序，分析自己的调整方式和理由，是否和原文一致，分析其原因。第四，体会原文层进式结构的好处并总结。

【创意微反思】

改变原文的先后顺序，其实就是打乱原文的结构关系，条理会混乱，按照心理学的完型思维理论，学生必然会好奇原文的条理顺序究竟是什么，反而激发了其探究的欲望，主动积极地思考和提出判断，提升了其思维品质，也活跃了课堂氛围，提升了学习效率。

（三）辨析论证：逻辑训练，学以致用

创意优化策略：搭建框架 → 归类整理 → 讨论分析 → 得出结论

【创意微反思】

同课异构微设计反思一：在区分了材料和观点的基础上，为学生讲解论据的类型和作用，让他们对论据及其论证方法有一个基本了解。让学生将论据进行归类整理，再通过讨论，分析出材料事实论据和道理论据的作用，教师追问让学生进一步明确堆叠论据并非论证，论证要对论据进行分析。通过这样层层推进地进行思维引导和培养，学生不仅明确了"摆事实"和"讲道理"两种论证方式的区别，也进一步区分了观点和材料。

创意优化策略：感知内容 → 比较分析 → 概括小结 → 联系生活

【典型微活动】

同课异构微设计反思二：第二个环节引导学生将自己的论证思路和依据与文章进行比较。

提问：刚上课时，同学们与梁启超同样论证了"要敬业"的观点，现在请大家比较一下，你们与梁启超的论证中，有哪些共同点，又有哪些不同点？学生讨论、比较，教师引导学生从"论证的思路""论证的依据""论证的效果（说服力）"等方面进行比较，同时明确举例论证与道理论证的相同点和不同点。

学生发表看法，相同点是都引用了名言和事例；不同点就是思路不同，效果也不同。

提问：如何增强文章的说服力？提供一些有说服力的论据。论据从何而来？一般来自平时的积累。通过学生自己的论证思路、论据等的比较，进一步

巩固议论文论证方法的相关知识，培养辩证思维，也更大地激发了学生学习语文的兴趣，让学生在生活中积累运用语文知识，提升素养。

【典型微活动】

第三个环节拓展延伸做小结。

判断下面两个例子能否作为证明"要敬业"的论据？为什么？

A.甲同学很喜欢小动物，所以在生物老师的指导下，他全神贯注，查阅了大量的资料，通过长期的观察与实验，写了一篇科普小论文，并获得一等奖。

B.乙同学很喜欢玩游戏，他为了游戏简直到了废寝忘食的地步，在学校、在课堂、在课后，他脑海里想的全是游戏，他也因此成为班里的游戏高手。

学生讨论明确：A事例可以作为论据，B事例不能作为论据。因为学生的重点是学业，甲同学专心于学业，而乙同学则开了小差。

请为"要敬业"的观点再提供几个论据，回头照应导语论证：作为学生，要勤奋学习。

教师引导学生对整节课进行小结，谈收获。

让学生进一步明确：一般议论文的要素是论点、论据、论证；一般议论文的论证思路是：提出论点→证明论点→得出结论；论据的类型及作用；常见的论证方法。学生通过辨别、甄选，由课内拓展到课外，提高兴趣，强化认知，提升思维。

创意优化策略：把握知识 → 理清思路 → 讨论分析 → 运用实际

【创意微反思】

同课异构微设计反思三：本文并非学生接触的第一篇议论文，却是比较"中国式"的、有代表性的议论文。通过学习，可以温故而知新，既能复习以前所掌握的议论文知识（如三要素等），也能对议论文的结构形式及论证思路有一个较为全面和深入的理解，还能学习简单议论文写作方法。

在论证"为什么要敬业"这一环节时，学生们虽然找到了答案"职业神圣，所以可敬"，却经不起这样的追问："职业为什么又是神圣的呢？"其实这个问题才是本段论述的重点。在教学实践中，学生第一次的回答多是"因为可敬而神圣"，这种互为因果的解释显然是不具说服力的。再次追问下，他们又找到了另一个句子："劳作便是功德，不劳作便是罪恶。"而这个句子其实是在说"神圣"的结果，而非原因，也不能回答"职业为什么神圣"这个问题。于是，教师通过两个例子：

"我为什么要吃饭，因为我饿了。""我为什么会饿？因为我想吃饭。"

"同学们为什么选XX当班长？因为她很优秀。""同学们为什么认为XX很优秀？因为我们选了她当班长。"

经过举例，学生从感性上意识到了自己所犯的逻辑错误。接着引导学生：我们说某事某物神圣，是因为它具有重大的意义和价值。学生恍然大悟，终于迅速找到了关键语句："人类一面为生活而劳动，一面也是为劳动而生活。"对这句话的含义进行追问，使学生意识到这话正是在说劳动的意义和价值，在解释职业为什么神圣，为什么可敬。这样，作者的论述过程也就清楚了。

学习创作议论文时，多数学生自认为写不出来或写不好的原因只是在于手中缺少证明观点的材料（名言警句或事例），其实并不尽然，就许多学生而言，语文、政治、历史等教材中的材料已足以让他们"拼凑"出一些简单的议论文了。多数学生写不出、写不好真正的原因首先还是在于他们思路混乱。

因此，第三课时里，先将教学重点放在了利用思维导图为作文列结构提纲上面，然后才是"寻找"材料方面。

第一步：先参照课文列出最粗略的大纲：提出问题（提出中心论点）→分析问题（证明中心论点）→解决问题（得出结论）。

第二步：重点梳理"分析问题"这一环节。多数同学仿照《敬业与乐业》的板书，生硬地将中心论点分解成了三个小论点，但内容以重合交叉居多。综合几个比较优秀的学生提纲进行板书。

第三步：全班学生一起"寻找"论据证明这三个并列关系的分论点。在全班学生的共同努力下，补足论据。

（四）品析语言：理解内涵，情理交融

创意优化策略： 自读文本→筛选语句→比较分析→讨论明确

【典型微活动】

学习《敬业与乐业》博大深厚、情理交融的语言风格。删除原文引用的经典语句和典型事例及一段说理的文字。

删除的涉及经典语句及典型事例的原文有：

我这题目，是把《礼记》里头"敬业乐群"和《老子》里头"安其居，乐其业"那两句话，断章取义造出来的。我所说的是否与《礼记》《老子》原意相合，不必深求。

孔子说："饱食终日，无所用心，难矣哉！"又说："群居终日，言不及义，好行小慧，难矣哉！"孔子是一位教育大家，他心目中没

有什么人不可教诲，独独对于这两种人便摇头叹气说道："难！难！"可见人生一切毛病都有药可医，惟有无业游民，虽大圣人碰着他，也没有办法。

唐朝有一位名僧百丈禅师，他常常用两句格言教训弟子，说道："一日不做事，一日不吃饭。"他每日除上堂说法之外，还要自己扫地、擦桌子、洗衣服，直到八十岁，日日如此。有一回，他的门生想替他服务，把他这天应做的工悄悄地都做了，这位言行相一的老禅师，那一天便没有吃饭。

我征引儒门、佛门这两段话，不外证明人人都要有正当职业，人人都要不断的劳作。

惟有朱子解得最好，他说："主一无适便是敬。"

《庄子》记佝偻丈人承蜩的故事，话道："质天地之大，万物之多，而惟吾蜩翼之知。"

曾文正说："坐这山，望那山，一事无成。"

庄子说："用志不分，乃凝于神。"

孔子说："素其位两行，不愿乎其外。"所说的敬业，不外这些道理。

第八段后面的一段追加分析性质的说理文字也被删除：

为什么呢？第一，因为凡一件职业，总有许多层累、曲折，倘能身入其中，看它变化、进展的状态，最为亲切有味。第二，因为每一职业之成就，离不了奋斗；一步一步的奋斗前去，从刻苦中将快乐的分量增加。第三，职业性质，常常要和同业的人比较，好像赛球一般，因过程而得成就感。第四，专心做一职业时，把许多游思、妄想杜绝了，省却无限烦恼。孔子说："知之者不如好之者，好之者不如乐之者。"人生能从自己职业中领略出趣味，生活才有价值。孔子自述生平，说道："其为人也，发愤忘食，乐以忘忧，不知老之将至云尔。"这种生活，真算得人类理想的生活了。

此版本与课文比对的跟进问题是：有读者认为梁先生的演讲不够简练，特做出以上修改。和课文比对，有哪些明显的修改？这些修改是否合理，说一下你的理解和理由。

【创意微反思】

这一版本的比对要达到三个目的，其中一个目的是文中引用了经典语句和典型例证体现了观点和材料之间的关系，支撑观点的素材、材料要充分，并且要运用得当才能为观点的表达助力。在这一环节的比对之后，可以向学生进行补充说明：这些旁征博引、侃侃而谈的背后，更让我们感受到梁启超先生作为学术大师的文化底蕴非同寻常。删除了这些旁征博引的经典语句，删除了相应的典型例证，删除了作者陈述"凡职业都是有趣味的"之后的逐条分析，演讲就不免显得单薄、空乏，演讲者的底蕴之博大深厚、言辞之情理交融也就难以得到充分体现。

创意优化策略：研读材料 → 讨论分析 → 发现问题 → 修改提升

【典型微活动】

活动：讨论分析，发现问题。

　　材料：没有孤独，就没有贝多芬的《第九交响曲》；没有孤独，就没有爱因斯坦的《相对论》；没有孤独，就没有海明威的《老人与海》；没有孤独，就没有哥白尼的"日心说"……

要求：请指出材料中存在的问题，提示解决的办法，由学生进行修改和讨论。

明确：优点是采用排比句式，材料丰富、有节奏，有气势；缺点是堆砌材料，毫无分析（这种病因隐蔽性较强，要引起重视）。

解决办法是保留句式，化用事例，采用假设分析法，常用句式"如果没有……就没有……"，即用一两句话对所选事例进行高度概括，然后再运用到议论的行文中，前提是所选事例必须是众所周知的。例：陶渊明如果没有"心远地自偏"的离群与孤独，就没有"采菊东篱下"的闲适与幸福；苏东坡如果没有连连遭贬的辛酸与孤独，就没有"谁怕，一蓑烟雨任平生"的豁达与幸福；刘翔如果没有环形跑道的乏味与孤独，就没有"我要证明给世界看"的辉煌与幸福。

【创意微反思】

析事说理最常用的方法是直接评点法，就是在列举事例后直接对事例进行点评的方法，常用句式是"这件事告诉我们……"或"这件事说明了……"。其实，为了使文章内容更丰富，事物内涵更深刻，除"假设分析法"外，还有"因果分析法"和"对比分析法"。"因果分析法"是抓住论据所述的事实，并据此推求形成原因的一种分析方法。"对比分析法"则通过列举两个不同的事例，对所叙事例进行比较，找出相同之处，发现不同之处，使读者深刻理解所举事例的内涵，从而强化论述的观点。由此，采用多种方法进行析事说理，可让议论文的语言更有逻辑性和严谨性。

专题七
古诗词创意阅读微课例①

一、古诗词创意阅读微问题群

　　古诗词丰富的人文内涵对学生精神世界的影响是广泛而深刻的，古诗词教学不能只停留在读与背的浅层次积累上，要重视对学生思想情感所起的熏陶作用，继承和发扬中华优秀文化传统。我们结合多年的教学实践总结出以下微问题。

（一）古诗词阅读忽略生命体验

　　古诗词教学当重视诗歌的感发功能。正如叶嘉莹先生说的："中国古人作诗，是带着身世经历、生活体验，融入自己的理想志意而写的；他们把自己内心的感动写了出来，千百年后再读其作品，我们依然能够体会同样的感动，这就是中国古典诗词的生命。所以说，中国古典诗词绝对不会灭亡。因为，只要有感觉、有感情、有修养的人，就一定能够读出诗歌中所蕴含的真诚的、充满兴发感动之力的生命，这种生命是生生不已的。"②

---

① 专题七负责人是内江市东兴区胜利街道中心学校教师冷晋碧，作者是冷晋碧，微课创意设计由刘秀萍、潘雪冰、黄鑫懿提供。
② 叶嘉莹：《给孩子的古诗词：讲诵版》，中信出版社，2016年，序言第1～2页。

【问题描述】

师：叶嘉莹先生在《给孩子的古诗词·序言》中写道："其实我的一生经历了很多苦难和不幸，但是在外人看来，我却一直保持着乐观、平静的态度，这与我热爱古典诗词实在有很大的关系。现在有一些青年人竟因为被一时短浅的功利和物欲所蒙蔽，而不再能认识诗词可以提升人之心灵品质的功能，这自然是一件极为遗憾的事情。"① 请结合初中相关古诗词，联系个人成长经历，谈谈哪些诗句成了你暗夜里的一束光？经小组讨论以诗句为主题，本周内各组分别完成一期手抄报，贴到展示墙上。请科代表综合各小组的意见，做总结发言。一周之后，科代表把各小组的手抄报拍照做成 PPT，做展示说明如下。

科代表：同学们的手抄报作品反馈。"不畏浮云遮望眼，自缘身在最高层""会当凌绝顶，一览众山小""长风破浪会有时，直挂云帆济沧海""沉舟侧畔千帆过，病树前头万木春"请结合这些诗句，同学们讲述了自己的理想志意，以及在遭遇挫折的时候怎样克服困难的。

有一组把"少年不识愁滋味""前不见古人，后不见来者"与"千古兴亡多少事"三者结合，谈了个人与时代的关系，我觉得特别有新意。

【问题诊断】

古诗词里有中国文化的 DNA，我们自小就将这些珠玉一样的诗句咀嚼消化，在诗的陶冶下怡养性情。现在，让我们一起梳理一下初中阶段学过的古诗词。回头吟咏我们学过的古诗词，再次体会它的丰美、包容与广大。每一时代、每一情境都有不同的创作与反省。它们或惊或叹、或悲或喜、或温柔敦厚、或鹏飞万里。我们庆幸在最有吸收力和阅读力的年纪，在最能培养人生情趣和理想的时候，与这些清澈的智慧、广博的经验为友，接触到千古不朽的思考和创造。更重要的是，我们会成为这些文化的承载者和传承者，并将这文化的基因播种到一代又一代，生生不息。

（二）古诗词阅读忽略作诗方法

【问题描述】

叶嘉莹先生在讲座中说过，可以从《诗经》中寻找到作诗的基本方法。

很多人一听赋、比、兴，认为三千年前的《诗经》就讲赋、比、兴，有什么意思呢？我说这就是你们先入为主的成见，一看到古典，一看到《诗经》，一看到赋、比、兴，就觉得这个既艰难又遥远。

---

① 叶嘉莹：《给孩子的古诗词：讲诵版》，中信出版社，2016 年，序言第 1～2 页。

《诗经》的赋、比、兴最简单的理解就是作诗的三种方法。赋，就是"直陈其事"，直接把事情说出来了；比，就是"以此例彼"，用这件事情来比喻那一件事情，"例"就是比；兴，就是见物起兴，就是一种感发，你看到一个东西，引起你内心之中的一种感动，就是见物起兴。

其实，"赋、比、兴所讲的是非常简单的'心'与'物'之间的关系"①。

初中语文八年级下册从《诗经》中选编了《关雎》《蒹葭》《子衿》和《式微》共四首。学完这四首之后，学生对赋、比、兴有了初步认识。在此基础上，我们还需要另选一些《诗经》中的经典诗歌，作为补充赏析，进一步从"先民的歌唱"中理解赋、比、兴。

【问题诊断】

回顾几段文学理论。"《礼记·乐记》上说：'人心之动，物使之然也。'"②"钟嵘的《诗品·序》说：'春风春鸟，秋月秋蝉，夏云暑雨，冬月祈寒，斯四候之感诸诗者也。'"③简而言之，一颗易感的心，有感于物，发言为诗。诗不是硬做得出来的，而是从心里自然生发出来的。

《诗大序》说："诗者，志之所之也，在心为志，发言为诗。"心动了，写下一首诗。读完一首诗，心被惊动了。这就是写诗和读诗的奇妙之旅。

心里有了一种情感或者一种想法，要表达出来，可以直说，也可以含蓄表达。赋、比、兴是《诗三百》最基本的三种表现手法。赋，是直言其事；比，就是比喻，是意象的关联和叠加，更有具象感；兴，是由物兴发，委婉开启话题，不单刀直入，更有委婉曲折的意蕴。《诗经》是先民的歌唱，是我国最早的一部诗歌总集，最早记录在西周初年，最迟产生的已在春秋五霸时代，上下约五六百年。产生的地域是以黄河流域为中心，到长江北岸分布在现在的甘肃、陕西、山西、山东、河北、河南、安徽、湖北等省境内。"风、雅、颂、赋、比、兴"，被称为《诗经》的六义。"风、雅、颂"是诗的分类，"赋、比、兴"是诗的作法。由于时代久远，《诗经》是很不容易读懂的。课文所选《诗经》只是一个例子，应该在此基础上做一些拓展。

（三）古诗词阅读不会捕捉意象

【问题描述】

师：山水田园诗歌中有大自然中常见意象，列举部分如下。

---

① 叶嘉莹：《风景旧曾谙：叶嘉莹谈诗论词》，广西师范大学出版社，2008年，第13页。
② 叶嘉莹：《风景旧曾谙：叶嘉莹谈诗论词》，广西师范大学出版社，2008年，第13页。
③ 叶嘉莹：《风景旧曾谙：叶嘉莹谈诗论词》，广西师范大学出版社，2008年，第13页。

常用意象	示例
绿树	孟浩然《过故人庄》：绿树村边合，青山郭外斜
山水	李白《送友人》：青山横北郭，白水绕东城
明月	王维《竹里馆》：深林人不知，明月来相照
云	王维《终南别业》：行到水穷处，坐看云起时
菊	陶渊明《饮酒（其五）》：采菊东篱下，悠然见南山
莺燕	白居易《钱塘湖春行》：几处早莺争暖树，谁家新燕啄春泥
其他	……

正是这些被赋予了情感的具体意象，拓展了我们的想象，让凝练的语言得以扩充，让场景得以铺展。下面我们以辛弃疾的《西江月》为例，结合意象，想象夏夜的乡间场景。

西江月·夜行黄沙道中

辛弃疾

明月别枝惊鹊，清风半夜鸣蝉。稻花香里说丰年，听取蛙声一片。

七八个星天外，两三点雨山前。旧时茅店社林边，路转溪头忽见。

请同学们先把意象想象出来，再用自己的语言加以组合，体会乡野夏夜的恬静和美好。提示：抓住"明月""清风""星""雨""茅店""社林""小溪""山路""稻花""惊鹊""鸣蝉""蛙声"种种意象，具体描绘这些景物的情致，体会乡野夏夜的恬静美。

【问题诊断】

怎样才能读懂一首诗呢？我们要从捕捉意象入手。写诗的人调动多种感官观察生活，截取最能蕴含情感的物象融入诗句。读诗的人则在诗句中得到感发，唤醒眼、耳、鼻、舌、身、意的一层新体验。联想和想象可以唤醒诗句中的意象，我们的心就在唤醒意象的同时，产生各种微妙的变化，能够透过言语，读到自己心动，才算读懂了这首诗。

（四）古诗词阅读不懂意境之美

【问题描述】

师："月亮"这一意象常常出现在诗句中，下面我们来看一组不一样的月亮。请分析诗中的月亮有什么异同之处，发现几点说几点，现在开始抢答。

"共看明月应垂泪，一夜乡心五处同。"——《观月有感》（白

居易）

　　"我寄愁心与明月，随风直到夜郎西。"——《闻王昌龄左迁龙标遥有此寄》（李白）

　　"鸡声茅店月，人迹板桥霜。"——《商山早行》（温庭筠）

　　"明月别枝惊鹊，清风半夜鸣蝉。"——《西江月》（辛弃疾）

　　"会挽雕弓如满月，西北望，射天狼。"——《江城子·密州出猎》（苏轼）

　　"明月楼高休独倚。酒入愁肠，化作相思泪。"——《苏幕遮》（范仲淹）

　　生：白居易深遭离乱，垂泪望月亮，是在思念同胞骨肉；李白寄愁心与明月，是对友人的牵挂和担心。范仲淹"明月楼高休独倚"，那天的月光一定是清冷的，因为他此时的心情是"酒入愁肠，化作相思泪"。几首诗歌中的月亮都蕴含着思念。

　　生：温庭筠在黎明之前赶路，那天早上的月光特别明亮，给早行的人照亮前行的路，送上了"枳花照驿墙"的明艳图景。这首诗中的月亮既烘托了气氛，又是旅人的"同行者"。

　　生：辛弃疾的月亮是化静为动的，它一"别枝"就惊动了栖息在树上的鸟儿，乡间夏夜的明月变得活泼起来，简直有点调皮了。

　　生：苏轼想象自己拉满弓如满月，沙场杀敌的豪情不逊色于上阕那"亲射虎"的"孙郎"。这里的"满月"不是指的月亮，而是借满月的形象说的"满弓"。

　　师："月亮"代表"我的心"，一切景语皆情语。没有无缘无故的意象。什么样的心情，决定了有什么样的月亮。不同气质的诗人，用不同的语言表现他自己的月亮。

【问题诊断】

李可染先生在《山水画的意境》一文中说"什么是意境？我认为，意境就是景与情的结合；写景就是写情"[1]。李可染评述李白的《送孟浩然之广陵》时，没有一句写作者的感情如何，尤其是后两句，完全描写自然的景色：帆已经远了，消失了，送别的人还遥望着江水，好像心都随着帆和流水去了……然而就在这两句诗里读者却能深深体会到诗人的深厚友情。鉴赏古诗词，受诗人

---

[1]　教育部组织编写：《义务教育教科书　语文　九年级　下册》，人民教育出版社，2018年，第77页。

情感的感发，我们的内心会生发相同的情感体验，自然会被浸润、被熏陶。

（五）古诗词阅读丢失音律之美

【问题描述】

师：古人怎样教小孩子学诗呢？主要有"兴、道、讽、诵、言、语"六种训练。对于这六个字，郑玄有一个解释，他说："兴者，以善物喻善事；道读曰导，导者言古以剀今也；倍文曰讽；以声节之曰诵；发端曰言；答述曰语。"[①]这六个字中的"倍（也就是背）"和"诵"是最重要的。

读诗，你要读诵，要把你的声音交给这个诗。"曾国藩在《家训》里也说：'凡作诗最宜讲究音调。须熟读古人佳篇，先之以高声朗诵，以昌其气；继之以密咏恬吟，以玩其味。二者并进，使古人之声调拂拂然若与我喉舌相习，则下笔时必有句调奔赴腕下，诗成自读之，亦自觉琅琅可诵，引出一种兴会来。'"[②]高声朗读是为了畅其气，就是把你那种感发的精神提起来；密咏恬吟是小声地静静地吟诵，这是为了得其韵，就是慢慢地体会它的韵味儿之所在。这是学诗的一种最基本的训练方法。

我们还可以为自己的朗读加上配乐。我布置几组古诗词，请大家选择配乐，并用手机配乐朗诵，录好音，以供交流，选五组古诗词列出。

四言组：《观沧海》《关雎》《蒹葭》

五言组：《十五从军征》《题破山寺后禅院》《送友人》

七言组：《行路难》《雁门太守行》《左迁至蓝关示侄孙湘》

长短句组：《水调歌头》《破阵子·为陈同甫赋壮词以寄之》《行香子》

曲组：《朝天子·咏喇叭》《天净沙·秋思》

提示：《观沧海》气势宏大，可以选鼓乐；《关雎》《蒹葭》悠悠情思，可以选古琴；《十五从军征》的叙事性强，较有画面感，可以在纪录片里去找有场景感的音乐片段；《题破山寺后禅院》清幽静谧，可以选择接近大自然的轻音乐；《送友人》可以选择节奏徐缓一点的音乐；《行路难》内心冲突激荡，选曲比较难，虽身处困境前路迷茫，但是感情基调不是悲伤的，结尾处要有点昂扬；《雁门太守行》非常悲壮，可以考虑交响乐片段；《左迁至蓝关示侄孙湘》是朝奏夕贬忠臣悲叹，可以试试大提琴的厚重；《水调歌头》是经典曲目，已经有很多版本的配乐，大家可以直接拿来用，也可以另找配乐；《破阵子·为

---

① 叶嘉莹：《风景旧曾谙：叶嘉莹谈诗论词》，广西师范大学出版社，2008年，第77页。

② 转引自朱光潜：《文艺心理学》，华东师范大学出版社，2015年，第222页。

陈同甫赋壮词以寄之》有沙场秋点兵的场景，但是要注意上阕和下阕的曲子应该有转换；《行香子》错落有致，节奏欢快，我们想象在田间小路蹦蹦跳跳小跑着踏春，心情愉悦，所以可以选择轻松愉悦的钢琴曲或者口琴曲；《朝天子·咏喇叭》就直接用喇叭；《天净沙·秋思》的节奏不宜太快，因为天涯游子此时正愁断肠。

选曲时，背景音乐的感情基调要与诗歌的意境协调。豪放的、婉约的、激愤的、冲淡的、欢乐的、悲哀的……大家多讨论，尽量做到诗歌风格和音乐的风格协调。

录音制作：手机录音功能，音乐可以外放收音即可，也可以用简易的合成小软件制作。

四言铿锵，五言错落；古体诗自由浑然天成，格律诗平仄对仗、抑扬顿挫；词牌曲牌看似长短自由实则有牌调的限制。总之，诗歌教学没有声音就等于"谋杀"了诗歌的一部分生命。丢失了音乐性，也不容易捕捉到诗歌的灵魂。

【问题诊断】

闻一多先生在《歌与诗》一文中详论了"歌"与"诗"的合流（以下为文章的部分节选，段落之间的关联有些跳跃）。

想象原始人最初因情感的激荡而发出有如"啊""哦""唉"或"呜呼""噫嘻"一类的声音，那便是音乐的萌芽，也是孕而未化的语言。声音可以拉得很长，在声调上也有相当的变化，所以是音乐的萌芽。这样介乎音乐与语言之间的一声"啊……"便是歌的起源。按句法发展的程序说，带感叹字的句子，应当是由那感叹字滋长出来的。感叹字是情绪的发泄，实字是情绪的形容、分析与解释。前者是冲动的，后者是理智的。

实字用得愈多，愈精巧，情绪的传递愈有效，原来那一声"啊……"便显得不重要，而渐渐退居附庸地位（如后世一般歌中的"兮"字），甚至用文字写定时，还可以完全省去……然而兮字的省去，究竟是一个损失……损失了的正是歌的意味儿……感叹字本身则是情绪的发泄，那么歌的本质是抒情的，也就是必然的结论。[①]

之所以长篇引用闻一多先生的这些论述，是想强调在古典诗词教学中一定要重视诗歌的"歌"的本质。所以，一定要读出来，要用声音来还原古典诗词的原生生命。

---

① 林文光：《闻一多文选》，四川文艺出版社，2010年，第119页。

二、古诗词创意阅读微设计群

针对以上问题，进行古诗词创意阅读微设计。

（一）知世事变迁，感诗人气质

归纳整理，是学生形成综合分析古诗词能力的必要手段。以"诗人气质"为话题，有如下两组设计。

"诗人气质"话题一：我喜欢苏东坡。

师：苏轼有一首《自题金山画像》，以自嘲的口吻，抒写自己平生到处漂泊，功业连续遭贬的经历。作此诗时，是苏轼去世前两个月，作者已年逾花甲，堪堪快走到了生命的尽头。作为一个才华横溢的大家，苏轼一生历经磨难，但他始终有所追求，坚持自己的信念，又豁达自持。

师：初中语文教材所选的四首词，有两首作于密州，有两首作于黄州。我将四首诗的写作背景梳理了一下，按照时间排序，可以以此了解苏轼这一段时间的人生际遇。请第一组到第四组各小组领一下赏析任务，准备40分钟，做赏析汇报，尽量融入个人感受表达独特的情感体验。请第五组做总结发言。

第一组发言人赏析《江城子·密州出猎》。

江城子·密州出猎

老夫聊发少年狂，左牵黄，右擎苍，锦帽貂裘，千骑卷平冈。
为报倾城随太守，亲射虎，看孙郎。

酒酣胸胆尚开张。鬓微霜，又何妨！持节云中，何日遣冯唐？
会挽雕弓如满月，西北望，射天狼。

这首词作于神宗熙宁八年（1075），作者在密州（今山东诸城）任知州。这是宋人较早抒发爱国情怀的一首豪放词，在题材和意境方面都具有开拓意义。词的上阕叙事，下阕抒情，气势雄豪，淋漓酣畅，一洗绮罗香泽之态，读之令人耳目一新。首三句直写出猎题意，次写围猎时的装束和盛况，然后转写自己的感想：决心亲自射杀猛虎，答谢全城军民的深情厚谊。下阕叙述猎后开怀畅饮，并以魏尚自比，希望能够承担起卫国守边的重任。这首词有一处用典，苏轼以魏尚自比，希望得到朝廷重用，"会挽雕弓如满月，西北望，射天狼"，征讨西夏，建功立业。

第二组发言人赏析《水调歌头》。

水调歌头

丙辰中秋，欢饮达旦，大醉，作此篇，兼怀子由。

明月几时有？把酒问青天。不知天上宫阙，今夕是何年。我欲乘风归去，又恐琼楼玉宇，高处不胜寒。起舞弄清影，何似在人间。

转朱阁，低绮户，照无眠。不应有恨，何事长向别时圆？人有悲欢离合，月有阴晴圆缺，此事古难全。但愿人长久，千里共婵娟。

苏东坡来到密州任知州，虽说是自愿，实际上已处于被朝廷外放冷遇的地位。在公元1076年的中秋夜，也就是他来密州的第二年，遥想胞弟苏辙，感慨国势，写下了"高处不胜寒"的孤独。但他能在个人的感怀中超拔，直透"人有悲欢离合，月有阴晴圆缺，此事古难全"的现实，在月圆之夜遥寄"但愿人长久，千里共婵娟"的美好祝愿。这首《水调歌头》成了中秋绝唱，人人能够吟咏。

第三组发言人赏析《卜算子·惠州定慧院寓居作》。

卜算子·惠州定慧院寓居作

缺月挂疏桐，漏断人初静。谁见幽人独往来，缥缈孤鸿影。

惊起却回头，有恨无人省。拣尽寒枝不肯栖，寂寞沙洲冷。

就是这样一个既豪放又浪漫的苏东坡，在遭遇"乌台诗案"之后，又遭贬谪。这一次，他来到了黄州。这场由诗而引起的祸端给了苏轼身心沉重的摧残和打击。《卜算子·惠州定慧院寓居作》一词，苏轼以孤鸿自喻，在深秋冷落寂寥的月夜，孤鸿徘徊幽独的情状暗诉无人理解的苦衷。

"惊起却回头，有恨无人省。"这是直写自己孤寂的心境。有谁能理解自己孤独的心呢？世无知音，孤苦难耐，情何以堪？"拣尽寒枝不肯栖，寂寞沙洲冷。"写孤鸿遭遇不幸，心怀幽恨，惊恐不已，在寒枝间飞来飞去，拣尽寒枝不肯栖息，只好落宿于寂寞荒冷的沙洲，度过这样寒冷的夜晚。这里，词人以象征手法，匠心独运地通过孤鸿的惊起回头、怀抱幽恨和选求宿处，表达了作者贬谪黄州时期的孤寂处境和高洁自许、不愿随波逐流的心境。

读到"拣尽寒枝不肯栖"的时候，想到"非梧桐不止，非练实不食，非醴泉不饮"的鹓鶵，正是在逆境中绝不随波逐流的苏轼那超凡脱俗的气节。

第四组发言人赏析《定风波》。

在黄州，苏轼"自稼躬耕"，自建"东坡雪堂"，自称"东坡居士"，开始沉思人生的意义，追寻内心真正的安宁。被贬黄州五年，写下了脍炙人口的《赤壁赋》。《定风波》写于在黄州的第三个年头。

定风波

三月七日，沙湖道中遇雨，雨具先去，同行皆狼狈，余独不觉。已而遂晴，故作此。

莫听穿林打叶声，何妨吟啸且徐行。竹杖芒鞋轻胜马，谁怕？一蓑烟雨任平生。

料峭春风吹酒醒，微冷，山头斜照却相迎。回首向来萧瑟处，归去，也无风雨也无晴。

这是我非常喜欢的一首词，生活中遇到"风雨险阻"的时候，那"竹杖芒鞋轻胜马，谁怕"的洒脱，那"回首向来萧瑟处，归去，也无风雨也无晴"的乐观旷达，真的会像一支拐杖，辅助我们站起来，迎着风雨会心一笑。我们准备了配乐朗诵，读给大家听。

第五组发言人总结、推荐《苏东坡传》。

感谢第一组到第四组发言人的精彩赏析。苏东坡一生命运多舛，四首诗展现的是他人生的四种状态："会挽雕弓如满月，西北望，射天狼"表现的是他的家国情怀；"人有悲欢离合，月有阴晴圆缺，此事古难全"是他对人生最通透的洞察；"拣尽寒枝不肯栖"是其高洁操守；"也无风雨也无晴"是其超拔的境界。

我们小组带来了林语堂的《苏东坡传》，他在序言中说："苏东坡是个秉性难改的乐天派，是悲天悯人的道德家，是黎民百姓的好朋友，是散文作家，是新派的画家，是伟大的书法家，是酿酒的实验者，是工程师，是假道学的反对派，是瑜伽术的修炼者，是佛教徒，是士大夫，是皇帝的秘书，是饮酒成癖者，是心肠慈悲的法官，是政治上的坚持己见者，是月下的漫步者，是诗人，是生性诙谐爱开玩笑的人。"而苏东坡自己说："吾上可以陪玉皇大帝，下可以陪卑田院乞儿。眼前见天下无一个不好人。"[1]推荐大家阅读《苏东坡传》，了解苏东坡。

（二）晓民族危难，植家国情怀

家是最小国，国是千万家。作为中学生，更要树爱国之心，尽爱国之责，行爱国之举，树立报效祖国的远大理想，努力学习，为振兴中华打好坚定的文化基础。

---

① 林语堂：《苏东坡传》，张振玉译，湖南文艺出版社，2012年，原序第3页。

【同课异构微设计】

家国之思——陆游《十一月四日风雨大作》

其一，情景导入。一场不期而至的冬雨。一位年迈的诗人，他静听着窗外肆虐的风雨，一语成吟。这一声低吟将带着我们，跨越近千年的时光，回到那个风雨大作的夜晚。

播放音频，学生初步感知诗意、诗情。

其二，明确诗歌感情。那场冬雨落下的不仅是凄冷，更有怀志未酬的怅然。这首诗浓缩了诗人陆游强烈的思想感情，同学们，你们能感受到这强烈的情感是什么吗？

明确：爱国主义精神。以诗人生平，初解诗情。正可谓是笔落惊风雨，诗言家国情。

陆游之所以会有如此强烈的爱国情感，这得从头说起。

陆游字务观，号放翁，生逢北宋灭亡之际，成长于偏安的南宋。1127年，陆游出生后的两年，发生了宋朝历史上的奇耻大辱"靖康之变"，直接导致北宋的灭亡。之后，金兵南下，陆游的父亲陆宰带着家人南迁山阴，逃离中原。

民族的矛盾、国家的不幸、家庭的流离给陆游幼小的心灵带来了不可磨灭的印记。所以在陆游十岁的时候就写下了"上马击狂胡，下马草军书"的诗句，立志杀退金兵，收复中原。

其一，以诗意悟诗情。"僵卧孤村不自哀"一句。

明确："僵卧"道出了诗人的老迈境况，"孤村"表明与世隔绝的状态，一"僵"一"孤"，凄凉之极。"尚思为国戍轮台"一句，尚是副词，意思是"还，仍然"。轮台在现在的新疆地区，诗中指西北边疆。"尚思为国戍轮台"，是对"不自哀"的解释。但是，他何尝不知道现实是残酷的，他所能做的，只是"尚思"而已。这两句集中在一个"思"字上，表现出诗人坚定不移的报国之志和忧国忧民的拳拳之心。

明确：这两句诗是诗人灵魂和人格的最好说明，山河破碎，国难当头，自有当权者谋之。诗人垂垂一老者却有"为国戍轮台"的壮志，这不能不让人肃然起敬。

其二，读诗歌，再悟诗意。教师示范朗读。感受诗意，体会诗人坚定不移的报国之志和忧国忧民的拳拳之心。

十一月四日风雨大作

陆 游

僵卧孤村不自哀，尚思为国戍轮台。

夜阑卧听风吹雨，铁马冰河入梦来。

诗人因"思"而不能眠，"夜阑卧听"便更能感受到风吹雨打声。

其一，悟诗情。

明确："夜阑卧听风吹雨"一句语意双关。一方面交代了特定而真实的时间和环境，另一方面这种特定的时间和环境又象征着南宋王朝的处境和命运——风雨飘摇，随时都有覆灭的危险。"夜阑卧听风吹雨"描写的是诗人所听，这是实写，而"铁马冰河入梦来"则是虚写，这种虚实结合的手法。通过"风吹雨"把现实和梦境结合起来，就形成了一幅"铁马冰河"的梦境。

明确：集中在一个"梦"字上，写得形象感人。诗人因关心国事而形成戎马征战的梦幻，以梦的形式再现了"戍轮台"的志向，"入梦来"反映了政治现实的可悲：诗人有心报国却遭排斥而无法杀敌，一腔御敌之情只能形诸梦境。但是诗人一点也"不自哀"，报国杀敌之心却更强烈了。日有所思，夜有所梦，因此，"铁马冰河"的梦境，将自己渴望杀敌报国的梦想付诸梦中，使诗人强烈的爱国主义的思想感情得到了更充分的展现。

其二，说说这首诗表达了诗人怎样的感情？

明确：表达了诗人忧国忧民，要为收复失地、统一国家而献身的爱国情怀。

其三，拓展延伸。同学们，爱国是我国五千年文明史中一个永恒的主题，自古以来，无数仁人志士为国家民族流血捐躯。如今我们的祖国国力强盛，人民团结奋进。在这样和平安定的年代里，我们不需要像陆游铁马冰河，去表达自己的一片爱国热忱。

【同课异构微设计】

家国之思——文天祥《过零丁洋》

在我国历代王朝中，南宋是极弱的一个王朝，前期被金入侵，后期被元灭亡。可是，在南宋历史上却出现了许多响当当的民族英雄，有精忠报国的岳飞，也有一身正气的文天祥！今天我们就一起来学习文天祥的《过零丁洋》。

同学们请看题目《过零丁洋》，直译就是路过零丁洋，但仅仅是路过零丁洋吗？结合注释，我们发现此时的文天祥已被元军俘获，是作为俘虏押解路过零丁洋的。这首诗当作于祥兴二年（1279）。祥兴元年（1278），文天祥在广东海丰北五坡岭兵败被俘，被押到船上，次年过零丁洋时作此诗。被押解至崖山后，张弘范逼迫他写信招降固守崖山的张世杰、陆秀夫等人，文天祥出示此诗以明志。

现在，我们来进行全文赏析。此诗首联写了个人和国家的两件大事：一是在他21岁时，因科举走入仕途；二是在国家危急存亡关头，起兵勤王抗元。

　　颔联两句用了比喻修辞手法。"风飘絮"形容国势如柳絮飘散，无可挽回；"雨打萍"比喻自己身世坎坷如雨中浮萍漂泊无根，时起时沉。国家山河支离破碎，局势危急，个人命运也动荡不安，国家命运和个人命运紧密相连，历经艰辛危苦。诗歌的意象与意境都有着密切的联系，特定的意象往往有其特定的表情作用，如本诗的"飘絮"与"浮萍"一般指坎坷的命运或不顺的仕途。

　　颈联上句追忆当年兵败福建时，忧念国事的心情，下句写目前不幸被俘的孤独处境。诗歌很巧妙地借惶恐滩和零丁洋两个地名，写出了形势的险恶和境况的危苦。可见，诗中"惶恐""零丁"把两个地名转化为两种心情，具有双重含义。

　　尾联是千古传诵的名句，作者直抒胸臆，表明自己舍生取义的人生观、坚贞不屈的民族气节、以身殉国的浩然正气。诗人以生命为歌，以生命殉诗，以生命殉国，从而赢得了后世的尊崇。

　　最后，由教师总结这首诗的中心主旨。这首诗饱含沉痛悲凉，既叹国运又叹自身，把家国之恨、艰危困厄渲染到极致，但在最后一句却由悲而壮、由郁而扬，迸发出"人生自古谁无死，留取丹心照汗青"的诗句，慷慨激昂、掷地有声，以磅礴的气势、高亢的语调显示了诗人的民族气节和舍生取义的生死观。

（三）读《诗经》，养一颗诗心

　　以下从《诗经·国风》中选出的五首，《静女》《君子于役》和《伯兮》都是开篇直言其事，叙事中融入情感；《采葛》从"采葛""采萧""采艾"兴发情感，重点不是表现劳动，而是表现每时每刻都在思念；《河广》那宽广的"河"不只是地理上的"河"，更是"思乡的河"，由空间的距离忽而远、忽而近，写出了主观感受，强化了归家的渴望。

　　如果大家喜欢，可以借阅或购买《诗经》。诗歌的营养在哪里呢？有这样一句话："长养一颗诗心。"诗心，即真心。在诗歌的兴发感动中，我们的心灵会得到更多滋养和蕴藉。

【创意微设计】

采　葛

《诗经·国风·王风》

彼采葛兮，一日不见，如三月兮。

彼采萧兮，一日不见，如三秋兮。

彼采艾兮，一日不见，如三岁兮。

　　"一日不见如隔三秋"就是从这首诗中衍生出来的。凡一往而情深者皆可以共鸣。复沓回环，既余音袅袅，又强化了情感。

【创意微设计】

下面这首《静女》，讲述了一个焦急等待赠送信物的美好爱情故事。

静　女

《诗经·国风·邶风》

静女其姝，俟我于城隅。爱而不见，搔首踟蹰。

静女其娈，贻我彤管。彤管有炜，说怿女美。

自牧归荑，洵美且异。匪女之为美，美人之贻。

"彤管有炜，说怿女美。""非女之为美，美人之贻。"心上人送的东西就是"洵美且异"别有一番风味啊，情美、物美并爱屋及乌，一切寄寓了情感的物品，皆可入"诗"。

【创意微设计】

想念的对象可以是人，也可以是故乡。

河　广

《诗经·国风·卫风》

谁谓河广？一苇杭之。谁谓宋远？跂予望之。

谁谓河广？曾不容刀。谁谓宋远？曾不崇朝。

一河隔开，游子有家不能回的痛苦，需要通过想象去调和。有时觉得很近，"一苇杭之"，可是跂着脚尖望过去，看不到尽头啊。如果给我一只船儿，我一夜就可以回去了吧。是真的"曾不崇朝"吗？是归心似箭啊！离家太久了啊。

【创意微设计】

下面这首《君子于役》选择了一天中最容易怀想亲人的时刻，发出"君子于役，如之何勿思"的一声叹息！

"鸡栖于埘，日之夕矣，羊牛下来。"夕阳西下，家禽家畜都纷纷回屋了，家人越是祥和景，越是心酸情啊，这是一首怀想征人的诗歌。

君子于役

《诗经·国风·王风》

君子于役，不知其期，曷至哉？鸡栖于埘，日之夕矣，羊牛下来。

君子于役，如之何勿思！

君子于役，不日不月，曷其有佸？鸡栖于桀，日之夕矣，羊牛下括。

君子于役，苟无饥渴！

丈夫行役，保家卫国，军功章有你的一半也有我的一半。

【创意微设计】

接下来这首《伯兮》情绪起伏非常大。

伯　兮

《诗经·国风·卫风》

伯兮朅兮，邦之桀兮。伯也执殳，为王前驱。

自伯之东，首如飞蓬。岂无膏沐？谁适为容！

其雨其雨，杲杲出日。愿言思伯，甘心首疾。

焉得谖草？言树之背。愿言思伯，使我心痗。

"伯也执殳，为王前驱"是自豪，"岂无膏沐？谁适为容"是思妇的寂寞，"其雨其雨，杲杲出日"是怨叹天公不懂我心情，"愿言思伯，使我心痗"是漫长的等待无望的心碎。

（四）品同一意象，悟不同意境

月圆月缺，人聚人散。皓月当空，高悬几千年，月影在古诗词中徘徊又惆怅，寄托着历代文人志士的情怀。以"月亮代表我的心"为主题，对比赏析几组古诗词，讲一讲赏析诗歌的意象和意境。

【微设计】

月下独酌

李　白

花间一壶酒，独酌无相亲。

举杯邀明月，对影成三人。

月既不解饮，影徒随我身。

暂伴月将影，行乐须及春。

我歌月徘徊，我舞影零乱。

醒时同交欢，醉后各分散。

永结无情游，相期邈云汉。

从"举杯邀明月，对影成三人"可以看出，他独自饮酒，形影相吊，于是慨叹："月既不解饮，影徒随我身。"似乎在埋怨月亮不懂得他的惆怅。但随后一转："我歌月徘徊，我舞影零乱。"月亮和我如影相随，它应该是最能理解我的吧。最后举杯对月，相约"永结无情游，相期邈云汉"真是浪漫得不得了。

水调歌头

苏　轼

丙辰中秋，欢饮达旦，大醉，作此篇，兼怀子由。

明月几时有，把酒问青天。不知天上宫阙，今昔是何年。我欲
盛风归去，又恐琼楼玉宇，高处不胜寒。起舞弄清影，何似在人间。

转朱阁，低绮户，照无眠。不应有恨，何事长向别时圆？人有
悲欢离合，月有阴晴圆缺，此事古难全。但愿人长久，千里共婵娟。

苏轼在《水调歌头》中也曾有摆脱现实羁绊"乘风归去"到琼楼玉宇去的浪漫想象。但终究不敌"高处不胜寒"的忧患，最后与现实和解，落笔到"何似在人间"的感慨。月圆之夜，亲人离散，把酒问青天："月亮啊，我跟你无冤无仇，你'何事长向别时圆'啊？"人散月圆，你这是故意来刺激我的吧？哎，后来想想"月有阴晴圆缺"这不是正常的吗，"人有悲欢离合"也是无可避免的啊。既然"此事古难全"，那就借高悬的明月，遥送美好的祝愿"但愿人长久，千里共婵娟"吧。

以上一首古诗、一首词都借"月亮"这个意象抒发情感。什么是意象呢？意象就是客观物象经过创作主体独特的情感活动而创造出来的一种艺术形象。简单地说，意象就是寓"意"之"象"，就是用来寄托主观情思的客观物象。人、景、物都可以成为具体可感的意象。

【同课异构微设计】

我们来看两首绝句：王维的《竹里馆》和刘方平的《月夜》，并将它们与李白的《月下独酌》做比较。

竹里馆

王 维

独坐幽篁里，弹琴复长啸。

深林人不知，明月来相照。

王维"独坐幽篁里"，虽有一些幽独，但内心能够调和，所以他抬头望月的时候，找到了交流的对象。他觉得有了明月的陪伴也就不那么寂寞了。所以，作者巧妙地赋予了明月一个"有情人"的形象，说月亮是主动"来"的。

李白在《渡荆门送别》一诗中也认为江水有情，舍不得"我"离开家乡，所以一路送"我"到楚地。于是他写下"仍怜故乡水，万里送行舟"的诗句。这首诗的意境与上一首非常类似。

月 夜

刘方平

更深月色半人家，北斗阑干南斗斜。

今夜偏知春气暖，虫声新透绿窗纱。

刘方平的《月夜》，这首诗中的月光，更像是舞台布景。一束皎洁的月光

打在窗纱之上，透出了初春的新绿，而背景音乐就是那虫儿在"唧唧复唧唧"的呢喃。

李白《月下独酌》中的月亮，刚才已经说过了，它是寂寞而又狂荡的。因为这个时候的月影，已经就是李白的心影。

所以，王维《竹里馆》的"明月来相照"，刘方平《月夜》的"更深月色半人家"以及李白的"举杯邀明月，对影成三人"三组月亮有什么不一样呢？心境不一样，心情不一样，月光营造的意境就不一样。

这就是我们要讲到的意境。什么是意境呢？意境就是诗人强烈的感情与生动的客观事物契合交融，从而实在表现出来的形神兼备的艺术境界。

（五）析手法之妙，通古今之变

【创意微设计】

《酬乐天扬州初逢席上见赠》表现手法分析。

其一，研读赏析。请每个同学在自己的小组里，用优美的语言把头脑里想象的诗歌画面描述出来，同学之间互相评价、互相学习，力求全面理解诗歌的意境。由教师做简洁的诗歌赏析介绍，其目的是帮助同学们深入理解诗歌。

诗的开头两句"巴山楚水凄凉地，二十三年弃置身"是什么意思？表达了怎样的心情？

明确：这两句意思是写作者自己被贬谪到巴山楚水这荒凉的地区，二十三年就如同被弃置在道旁一样。刘禹锡想改革时弊，却遭到打击，被贬到凄凉荒僻之地。这两句写出了作者长期被贬的愤慨心情。这首诗歌的首联直抒胸臆，刘禹锡因参加王叔文领导的政治革新运动而遭贬，被贬到"巴山蜀水凄凉地"，一去就是"二十三载"，其间苦楚可以想见。"凄凉地"和"弃置身"两句富有感情色彩的字句的渲染，把诗人抑制已久的愤激之情表现出来了。

颔联运用了哪两个典故？请把它找出来，并说说所表达的感情。一个是"闻笛赋"，另一个是"烂柯人"。写出了作者回乡所见，人事俱非，恍如隔世的心情。"闻笛赋"指西晋向秀所作的《思旧赋》，向秀跟嵇康是好朋友，嵇康因不满当时掌握政权的司马氏集团而被杀，一次向秀经过亡友嵇康的旧居，听见邻人吹笛，不胜悲叹，于是写了《思旧赋》。这个典故的意思为想起当年因政治改革失败被杀被贬的朋友，不胜怀念。"烂柯人"指晋人王质，据《述异记》记载，王质入山砍柴，看见两个童子下棋，便停下来观看。等到棋局终了，手中的斧柄已朽烂。回到村里，才知道已过了一百年。此处作者以王质自比，写自己被贬离京虽然只有二十余年，但心里却有隔世之感。"怀旧"句表达了对受害的战友王叔文等的悼念，"到乡"句抒发了诗人对岁月流逝、人事变迁的感叹，颔联用典贴切，感情深沉。

颈联承颔联而来。"沉舟"和"病树"是比喻久遭贬谪的诗人，而"千帆"和"万木"则比喻在贬谪之后那些仕途得意的新贵。后来的欣赏者和引用者不以"沉舟"和"病树"自比了，而只采取这一联表达的哲理：没落的事物就让它没落吧，新生事物必然要发展起来，社会在前进，前景无限美好的道理。这种与诗人的理解不同的理解，并不奇怪，因为时代不同，欣赏某一作品的感受和作者不同这是很自然的。

尾联看似平淡，其实是点睛之笔。点明酬赠之意，同时又与友人共勉。"长精神"三字，含义深刻，表现了诗人意志不衰，坚忍不拔的气概。

其一，本诗各联分别写了什么？首联：直抒胸臆。"凄凉地""弃置身"，表现辛酸，愤懑不平（愤激之情）。颔联：运用典故。"闻笛赋""烂柯人"悲悼旧友，感叹变迁（感叹之情）。颈联：千古名句。"沉舟""病树"自比之意，新贵得意，悲叹身世。尾联：点睛之笔。"歌一曲""长精神"意志不衰，坚忍不拔（坚忍之慨）。

其二，模拟白居易与刘禹锡相逢，他们之间会有怎样的对话？然后由学生进行表演。

其三，艺术手法赏析总结。学习诗歌的"艺术特色"，感受诗歌的结构美。

明确：诗中运用了层层递进的手法，首联自叙被贬的遭遇，为全诗定下基调，颔联悼念旧友，描写自己回故乡时的情景，使愤激之情进一步深化，颈联把自己的沉沦和新贵的得势进行对比，使自己的愤激之情达到了顶点，尾联急转直下，以自勉、自励来结束全诗。全诗言简意深，愤激而不浅露，感慨而不低沉，惆怅而不颓废，堪称刘禹锡的代表作品。

【创意微设计】

品味写法《卖炭翁》精彩的细节描写。

师：对于如此可怜的卖炭翁和如此霸道的宫使，诗人是如何刻画他们的？请找出你感受最深的句子，读一读，赏一赏。

由多媒体出示：

我感受最深的句子是"_____"，因为它运用_____（描写方法或词语角度）生动形象地写出了_____（人物）的_____（行为、心理等）。

学生批注、思考，小组讨论。

由学生展示成果：

其一，"满面尘灰烟火色，两鬓苍苍十指黑"。

明确：运用外貌描写，生动形象地写出了老人年岁已高、满面灰尘、烧炭艰辛的情状，说明炭的来之不易。

提问：老翁如此艰辛地烧炭，是为了什么？

齐答："卖炭得钱何所营？身上衣裳口中食。"为的只是温饱而已。

其二，"可怜身上衣正单，心忧炭贱愿天寒"。

明确：生动形象地写出了老人矛盾反常的心理，揭示了老人的悲惨处境。

提问：老人是一种怎样的矛盾心理？

明确：自己身上"衣单"，应希望天气暖和些，可老人却"愿天寒"，希望天气更冷些。因为只有天寒，炭才能卖个好一点的价钱。为了炭价高一点，他宁愿自己受冻。这种矛盾的心理更深刻地表现了老翁的悲惨处境，"可怜"两字表现出作者对卖炭翁的同情。

其三，老翁将炭卖钱的愿望是不是实现了呢？你从哪些诗句可以知道？

明确：他的愿望没有实现。"手把文书口称敕，回车叱牛牵向北。一车炭，千余斤，宫使驱将惜不得。半匹红纱一丈绫，系向牛头充炭直。"

前两句运用动作描写（把、称、叱、牵），形象逼真地写出宫使蛮横无理的强盗行径。"惜不得"写出了卖炭翁虽舍不得一车炭却也无可奈何的心理。

其四，烧炭难，运炭也难。好不容易烧得一车炭，盼望着能卖一个好一点的价钱，盘算着换来多少衣服和食物，却被宫使强行买下。千余斤炭换来的是什么？"半匹红纱一丈绫，系向牛头充炭直。"

"半匹""一丈"极言其少，与"千余斤"的炭形成鲜明对比，这无用的"纱""绫"对卖炭翁来说，既不能充饥，又不能取暖，卖炭翁的辛苦就这样付诸东流了。

其五，诗歌多处使用了对比的手法，既有卖炭翁自身的对比，又有卖炭翁与宫使的对比，请从诗歌中找出这些句子，并说说各自的作用。

明确：将"一车炭，千余斤"与"半匹红纱一丈绫"进行对比，写出宫使掠夺的残酷；将"牛困人饥"与"翩翩两骑"进行对比，反衬出劳动者与统治者境遇的悬殊；将"衣正单"与"愿天寒"进行对比，写出卖炭翁买衣食的迫切心情。

小结：卖炭翁真是一个可怜的人！作者通过细腻的外貌描写、动作描写、心理描写及对比手法的运用，反映了卖炭翁的悲惨遭遇，揭露了宫使掠夺的本质。诗中虽无一字谴责，但我们从字里行间能深切感受到作者对卖炭翁的同情，对蛮横、趾高气扬的宫使的痛恨。

【创意微设计】

《行路难》诗中的浪漫主义风格。

其一，整体感知，理解诗意。

第一，"金樽清酒斗十千，玉盘珍羞直万钱。是停杯投箸不能食，拔剑四顾心茫然"。这首诗用叙事开篇是化用南朝宋诗人鲍照《拟行路难》的"对案不能食，拔剑击柱长叹息"这一句子，用夸张的笔法写"金樽清酒""玉盘珍羞"的宴饮，诗人却停杯、投箸，拔剑不能饮，心茫然，其情感又有别于《拟行路难》。

第二，"欲渡黄河冰塞川，将登太行雪满山。闲来垂钓碧溪上，忽复乘舟梦日边"。通过联想而过渡，诗人想"渡黄河，登太行"，但是"冰塞川，雪满山"，这象征着人生道路的艰难，寓含着一种无限的悲愤。现实之路虽坎坷，但梦还在，理想还在。诗人联想到吕尚未遇文王时，曾在渭水的磻溪垂钓；伊尹受汤聘前，曾梦见乘舟经过日月旁边，吕尚、伊尹最后实现了自己的愿望。这两个典故表达了诗人要像他们那样有为于当世。

第三，"行路难！行路难！多歧路，今安在？"此句直接抒情，诗人一向持"辅弼天下"的愿望，一直无法实现，因此悲叹"行路难！行路难！多歧路，今安在？"这四句节奏短促，通过反复感叹过去自己那坎坷不平的人生道路，表现出进退失据而又不甘自弃，继续探索寻求出路的复杂心理。

第四，"长风破浪会有时，直挂云帆济沧海"。诗的结尾，用典表达要像宗悫那样，施展自己的政治抱负。在沉郁中振起，相信自己必然会有施展才能的时候。

第五，最后两句诗人唱出了充满信心与展望的强音。李白毕竟是盛唐的大诗人，他悲而不伤摆脱了歧路彷徨的苦闷。他相信尽管前路障碍重重，但有一天能够乘长风破万里浪，挂上云帆，横渡沧海，到达理想的彼岸。诗人用"长风破浪"比喻其宏伟抱负，接以"会有时"，肯定这一抱负有施展的时候。其坚定的信念、不屈的精神，表现得何等豪迈、直爽！

【创意微设计】

对《雁门太守行》运用的色彩美进行分析。带领学生精读，感受色彩美。

师：李贺写诗，总是借助想象给事物涂上各种新奇浓重的色彩。接下来，我们进入第二个篇章，赏析这首诗的色彩美。

师：请同学们找出诗中有颜色的字词，说说你从这些颜色中看到了一场怎样的战争？应当读出怎样的情感？

生：我从"黑"这个颜色中看到了敌军兵临城下的景象。

生：敌军兵临城下又暗喻敌军气焰嚣张的情感。

生：我从"金"这个颜色中看到了守城将士披坚执锐、严阵以待的景象。

生：守城将士披坚执锐、严阵以待显示了守城将士雄姿英发（爱憎分明）的情感。

生：我从"紫"这个颜色中看到了攻守双方都有大量伤亡的景象。

生：应当读出攻守双方都有大量伤亡，战争惨烈悲壮的情感。

生：我从"红"这个颜色中看到了援军夜袭敌营的景象。

生：应当读出援军夜袭敌营，壮怀激烈的情感。

生：我从"黄"这个颜色中看到了将士们临危不惧奋勇杀敌的景象。

生：应当读出将士们临危不惧奋勇杀敌，誓死报国（渴望建功立业）的情感。

【创意微设计】

对《渔家傲·秋思》中的表现手法进行分析。

学习目标：能够准确背诵、默写；通过分析意象理解诗歌的内容及表达的感情，能够运用历史的眼光审视作品的现实意义；能够从视听结合、借用典故等方面鉴赏诗歌的表现手法。

学习设计：查阅资料，了解诗人及这首诗的创作背景；查阅资料，了解"燕然未勒归无计"这句诗中用了什么典故；发挥想象，用自己的话描绘诗歌在头脑中形成的画面，并体会作者的思想感情。

活动一：作者及创作背景简介

学生通过借助查阅的资料，为大家介绍了解到的相关知识。师生共同总结查资料的基本方法，认识"知人论世"对于理解诗歌的重要意义。

范仲淹，北宋政治家、文学家。康定元年（1040）至庆历三年（1043）间，范仲淹任陕西经略副使兼延州知州。宋仁宗年间，范仲淹被朝廷派往西北前线，承担起北宋西北边疆防卫的重任。据史料记载，镇守期间，他爱抚士卒，号令严明，深为西夏所惮服，"小范老子胸有十万甲兵""军中有一范，西贼闻之惊破胆"等语传唱于西北边陲，这首词作于北宋与西夏战争对峙时期。

活动二：抓住意象，描绘画面，理解情感。

诗人用哪一个字统领了全篇的景物？塞下与中原的景象有哪些不同呢？用最准确恰当的词语概括景物的特点。请逐一梳理意象，发挥想象，描绘画面。你从诗歌创作的意境中，体会出了作者怎样的感情？

活动三：鉴赏诗歌，总结表现手法。

在你学习诗歌的过程中，见到过哪些表现手法？和你的同伴一起讨论一下这首诗运用了哪些表现手法。

【创意微设计】

对《木兰诗》中互文修辞的辨析和理解。

学习目标：课文中互文修辞的正确理解和翻译；初中语文课本中互文修辞的辨析和理解。

活动一：我们一起来试着翻译诗句。

  将军百战死，壮士十年归。

  东市买骏马，西市买鞍鞯，南市买辔头，北市买长鞭。

  开我东阁门，坐我西阁床。

  当窗理云鬓，对镜帖花黄。

  （参考翻译：将军经过百战之后都战死了，回来的都是久经战场的壮士。木兰到东市买回了骏马，西市买回了鞍鞯，南市买回了辔头，北市买回了长鞭。打开我的东阁门，坐在我的西阁床上。向着窗户，梳理云一样的秀发，对着镜子把花黄贴在脸上）

活动二：我们一起来分析诗句。

  将军百战死，壮士十年归。

  "将军经过百战之后都战死了，回来的都是久经战场的壮士。"这可能吗？我们明显可以感觉到逻辑上讲不通。

  东市买骏马，西市买鞍鞯，南市买辔头，北市买长鞭。

  木兰到东市买回了骏马，西市买回了鞍鞯，南市买回了辔头，北市买回了长鞭。木兰每去一处只买一样东西，能这样机械吗？

  开我东阁门，坐我西阁床。

  打开我的东阁门，坐在我的西阁床上。打开东屋门，却坐在西屋的床上，神通太大了吧！

明确：其实，这是一种修辞，叫作互文，也称互文见义。

活动三：互文的定义及其作用。

互文是指一联中的两句词语意思是互相补充的，结合起来可表示一个完整意思的修辞手法。上下两句或一句话中的两个部分看似是各说一件事，实则是互相呼应、互相阐发、互相补充，说的是一件事。如此，我们对于上列三个诗句应该这样翻译。第一句诗："将军和壮士经历了很多年征战，有的战死，有的归来"可翻译成"将军和壮士们经过多年征战，有的光荣殉国，有的载誉而归"。第二句诗中的"东市""西市""南市""北市"构成了互文。"东市""西市""南市""北市"四个词语互相补充，可翻译为："到东南西北等各个市场上去买了骏马、鞍鞯、辔头和长鞭等装备。"简而言之就是到处去买出征的器具。作者把它分开来写是为了诗句的整齐和音调的和谐。

第三句诗省去了"坐我东阁床"，下句省去了"开我西阁门"。可译为："打开东阁门在床上坐坐，又开我西阁门去看一看"，表达了木兰回到久别家中的欢喜之情。

【创意微设计】

以《天净沙·秋思》为例学习"列锦"修辞。

学习目标：了解"列锦"这种较少见的修辞手法的含义、特点；理解"列锦"手法在《天净沙·秋思》中的应用及其表情达意的作用；巩固"列锦"手法的使用。

活动一：下列诗词名句在遣词造句方面有什么特色？

鸡声茅店月，人迹板桥霜。

楼船夜雪瓜洲渡，铁马秋风大散关。

今宵酒醒何处？杨柳岸晓风残月。

一去二三里，烟村四五家。亭台六七座，八九十枝花。

明确：这些诗句全部用名词排列在一起，不用一个动词。这种遣词造句的方式叫作"列锦"。所谓列锦，就是名词或名词性短语经过选择或组合，巧妙地排列在一起，构成生动可感的图像，用以烘托气氛、创造意境、表达情感的一种修辞手法。

注意："列锦"归入修辞手法，通俗称为"名词排列"或"意象排列"。

活动二：赏析马致远《天净沙·秋思》的列锦。

枯藤老树昏鸦，小桥流水人家，古道西风瘦马。夕阳西下，断肠人在天涯。

马致远的《天沙净·秋思》前三句，"枯藤老树昏鸦，小桥流水人家，古道西风瘦马"描写了一个什么样的画面？

其一，细细品味枯藤、老树、昏鸦三个意象，首句写到的这些景物用你的语言描述一下。

明确：首句写旅人眼中所见。苍老干枯的树上，缠绕着苍老干枯的藤。黄昏时的乌鸦哀鸣着，寻找着自己的窝巢。这烘托了一种怎样的意境？

诗人选择"枯藤""老树""昏鸦"这三个各自独立的意象，把它们糅合在一起，着力进行渲染，突出它们的"枯""老"和"昏"，烘托了一个完整的萧瑟、荒凉的意境。

其二，细细品味小桥、流水、人家三个意象。

这首小令的第二句为我们描绘了一幅怎样的画面？潺潺的流水上，横跨一座别致的小桥。水边和桥边的人家，一缕袅袅炊烟飘出屋外。

这样的画面带给你怎样的感受？像一幅幽远恬静的水墨画，给人温馨恬淡之感。叠用九个名词，写出九种典型事物，形象地展示了一幅萧瑟、冷寂的深秋晚景图：几棵苍老的秃树兀立山野，枯败的藤蔓缠绕其身，黄昏归巢的乌鸦栖息于树上，淙淙的流水流经桥下，荒村茅舍逸然自适，古老荒凉的驿道上秋风阵阵，困顿疲乏，漂泊异乡的游子骑着马正踽踽独行。

活动三：分析列锦的作用。

列锦的诗句节奏鲜明、词约意丰、词断意连、形散神聚，因而能给读者带来丰富的想象和艺术再创造的空间。

其一，状物：特征鲜明。"葡萄美酒夜光杯，欲饮琵琶马上催。"上句是列锦，"葡萄美酒""夜光杯"皆为西域特产，作者借此巧妙地展现了西北边塞的奇特风情。"黄河远上白云间，一片孤城万仞山。"下句是列锦，渲染出玉门关雄踞万仞峰峦之上的峭拔之势。

其二，写景：逼真形象。"星河秋一雁，砧杵夜千家。"上句是视觉画面，秋夜星空中一只孤雁高飞；下句是听觉画面，千家万户响起砧杵之声。上下句的串联叠合，不但鲜明准确地描绘了秋夜景色的典型特征，而且构造了一个幽远凄清的意境。

其三，叙事：形象凝练。"楼船夜雪瓜洲渡，铁马秋风大散关。"作者回顾当年的戎马生涯，只抓住其中叙事基本要素：主体——楼船、铁马；时间——夜雪、秋风；地点——瓜州渡、大散关，十分逼真地向读者展现出雪夜渡江、战船林列、金戈铁马、秋日杀敌的激烈战斗场面。该句以简驭繁，以主代次，叙事简洁，意境开阔。

其四，抒情：简洁含蓄。"三十功名尘与土，八千里路云和月。"回顾过去，展望未来，含不尽之意见于言外。以"精忠报国"为己任的岳飞，视功名利禄为尘埃和沙土，为了南宋王朝南征北战，决心终生驰骋疆场，收复中原。字里行间饱含着复杂凝重的思想感情：既有对自己屡遭排挤、壮志难酬的感叹，又有对南宋王朝偏安一隅，不思北伐的愤懑，更有对中原失陷人民的深深的挚爱，言简意丰。

活动四：简要分析列锦的表达效果。

落叶他乡树，寒灯独夜人。

乱山残雪夜，孤烛异乡人。

桃李春风一杯酒，江湖夜雨十年灯。

池上碧苔三四点，叶底黄鹂一两声，日长飞絮轻。

烟柳画桥，风帘翠幕，参差十万人家。

【创意微设计】

以《赤壁》为例理解咏史怀古诗。

活动一：了解咏史怀古诗的特点。

诗人以历史事件、历史人物、历史陈迹为题材，借登高望远、咏叹史实、怀念古迹达到感慨兴衰、寄托哀思、托古讽今等目的。这类诗多写古人往事，且多用典故，手法委婉。

咏史怀古诗有以下三个特点。第一，形式标志。标题中有古迹、古人名，比如《赤壁》《马嵬》，或在古迹、古人前冠以"咏"，或在古迹、古人后加"怀古""咏怀"等，如《山坡羊·潼关怀古》《念奴娇·赤壁怀古》。第二，内容特点。诗人表达了要像古人那样建功立业，抒发了对古人的缅怀之情；抒发了昔盛今衰的感慨，暗含对现实的不满甚至批判，多借古讽今；忧国伤时，揭露统治者的昏庸腐朽，同情下层人民的疾苦，担忧国家民族的前途命运；悲叹年华消逝，壮志难酬。第三，写法特点。咏史诗常常运用典故，或写景、或对比、或衬托、或抑扬、或讽刺、或含蓄等。

活动二：了解咏史怀古诗的鉴赏步骤。

首先，要弄清史实。对作品所涉及的史实和人物一定要有所了解，这就要求我们要积累一定的历史知识。

其次，要领悟感情。诗家怀古咏史，大致有这两种情况：一类是通过昔盛今衰、古今变化来借古讽今；一类是通过赞扬古人建功立业的事迹，表达自己建功立业的心情，同时，委婉地对现实进行批评。在鉴赏怀古诗词时还要抓住历史人物或事件与时局及诗人自己身世之间的连接点。

再者，要分析写法。不同的写法是由不同的主题决定的。

活动三：例析咏史怀古诗。

赤　壁

杜　牧

折戟沉沙铁未销，自将磨洗认前朝。

东风不与周郎便，铜雀春深锁二乔。

第一步，弄清史事。三国形成时期，孙权、刘备联军于长江赤壁一带大败曹军，奠定了三国鼎立局面的基础，这场战役就是著名的"赤壁之战"，赤壁也因此而广为人知。这首《赤壁》就是诗人杜牧观赏了古战场遗物后有感而作的。

第二步，感悟情感。杜牧生活在唐末，他最大的政治野心是恢复唐朝的繁荣，他反对最高统治者的奢侈和无知，并讨厌吐蕃贵族的入侵。他认为，唐朝必须消除这两大祸害，加强团结，夺回失地，国家才能安定，人民才能免受疾苦，但他从未被统治者重用过，所以他很抑郁。诗人借赤壁之战时周瑜大败曹操之事，表达了自己对历史事件的评论，诗人在表面上借说曹操落败不过是因为周瑜借了东风的便利，侥幸获胜，实质上是在表达自身怀才不遇，希望像周瑜一样施展才智，一展宏图。

第三步，知识迁移。如《乌衣巷》："朱雀桥边野草花，乌衣巷口夕阳斜。旧时王谢堂前燕，飞入寻常百姓家。"先要弄清史事，乌衣巷在南京，在东晋时是高门士族的聚居地，晋朝王、谢两大家族居住在此，其子弟都身穿乌衣，因此得名。朱雀桥在秦淮河上，和南岸的乌衣巷相邻，昔日繁华鼎盛，而今野草丛生，满目荒凉。诗人以燕栖息旧巢唤起人们的想象，昔日的王谢权门现在已居住着寻常百姓，今夕对比，感慨沧海桑田、人生多变，令人扼腕再三。如果不了解这些历史知识，就很难深入理解蕴含其中的诗意。又如，辛弃疾《永遇乐·京口北固亭怀古》："千古江山，英雄无觅孙仲谋处。舞榭歌台，风流总被雨打风吹去。斜阳草树，寻常巷陌，人道寄奴曾住。想当年，金戈铁马，气吞万里如虎。元嘉草草，封狼居胥，赢得仓皇北顾。四十三年，望中犹记，烽火扬州路。可堪回首，佛狸祠下，一片神鸦社鼓。凭谁问：廉颇老矣，尚能饭否？"需要领悟诗人的情感：辛弃疾登上京口北固亭，从历史上孙权、刘裕以京口为基础地坚持抗击北方劲敌能联想到南宋小朝廷在风雨飘摇中苟且偷安，这京口北固亭就是触发诗人感想的媒介。南宋小朝廷苟且偷安，自己却报国无门，这都是诗人引发诗情的现实原因。

布置作业：结合今天所学知识解读《山坡羊·潼关怀古》。

【创意微设计】

欲扬先抑，引人入胜——《酬乐天扬州初逢席上见赠》。

先讲一个故事：一日，陶公做寿。郑板桥见风雨大作，提笔写下"奈何"二字。众人皆惊诧，再往下看，板桥落笔还是"奈何"二字。这个郑板桥也怪得离谱了，祝寿诗左一个奈何，右一个奈何，成何体统？"陶公心中不悦，又不好发作，只好耐着性子且看他如何往下写。板桥不慌不忙写下"奈何奈何可奈何，奈何今日雨滂沱，滂沱雨祝陶公寿，寿比滂沱雨更多。"一停笔，众皆鼓掌称妙！好一个欲扬先抑。

今天我们所讲诗歌中的抑扬法，通俗地说就是褒贬法。"抑"对应贬，"扬"对应褒。我们在表扬或批评某一事物的时候，为了使别人信服，或预先防止别人的反驳，往往把要表扬的先从某一缺点加以批评，再把要批评的先从某一优点加以表扬，这种手法就叫作抑扬。抑扬之法能够满足读者"文似看山不喜平"的心理，使文章波澜起伏，引人入胜。唐朝的刘禹锡可谓是先抑后扬的高手。接下来就让我们从《酬乐天扬州初逢席上见赠》中看看刘禹锡是如何抑扬的。

自打永贞革新失败以后，刘禹锡被皇帝流放到了偏远之地。直到二十三年后才应召回京。途经扬州，与同样被贬的白居易相遇。在宴席上，白居易写了一首《醉赠刘二十八使君》对刘禹锡被贬谪的遭遇表示义愤填膺。于是刘禹锡写了这首《酬乐天扬州初逢席上见赠》以回赠白居易。

首联"凄凉地""弃置身"，诗人并没有直诉自己无罪被贬的愤懑，而用伤感低沉的情调，回顾了自己谪守巴楚历经劫难的经历。刘禹锡以抑起笔，让读者同情他长期谪居的痛苦生活，也感觉到抑制已久的激愤之情。

诗的颔联，刘禹锡运用了两个典故，一是"闻笛赋"，二是"烂柯人"。刘禹锡借用典故暗示自己被贬时间之长，今昔异貌恍如隔世。感叹岁月的流逝，人事的变迁，油然而生的悲痛、惆怅之意可谓到了极点。

当我们都沉浸在诗人的痛苦经历不能自拔时，刘禹锡却突然振起一改前面伤感、低沉的情调，以"沉舟""病树"自喻，用"扬"展现了生机勃勃的景象。自己虽屡遭贬斥，固然感到惆怅，但沉舟侧畔有千帆竞发；病树前头正万木皆春。二十三年的贬谪生活，并没有使他消沉颓唐，反而显示了诗人自己对世事变迁和仕宦沉浮的豁达胸襟。

刘禹锡以抑起笔，以扬落笔。诗中感慨虽深，但因用了"先抑后扬"的写作手法，并不让人感到意志消沉，却使人心振奋。"抑"为虚，"扬"为实，以假意将读者引入反向思维，然后借助故事情节的发展，让读者渐渐醒悟，最终恍然大悟。

李白的《行路难》也采用这种先抑后扬的写作方法。《行路难》中在诗的开头，"金樽美酒""玉盘珍羞"，让人感觉似乎这是一个欢乐的宴会，但紧接着"停杯投箸""拔剑四顾"两个细节，就显示了感情波涛的强烈冲击。中间四句，刚刚慨叹"冰塞川""雪满山"，紧接着，又仿佛看到了姜尚、伊尹忽然得到君主重用。由行路难的"抑"，到长风破浪的"扬"。由诗人内心的强烈苦闷、愤郁和不平到诗人的倔强、自信和他对理想的执着追求，这种先抑后扬的写作手法充分展示了诗人力图从苦闷中挣脱出来的强大精神力量。

把欲扬先抑的写作手法运用到我们的日常写作中，文章情节易显得曲折多变且跌宕起伏。就好像山峰要用低谷来衬托一样，文章前后形成鲜明对比，易给人留下深刻的印象。

【创意微设计】

换点观察——杜甫《望岳》赏析。

唐玄宗开元二十三年（735），杜甫刚参加科举考试，才华出众的他并没有因落第而产生任何烦恼，他相信以他的才华和学问，以后可以继续长进，便依旧过着裘马轻狂的漫游生活。今天我们所要学习的，便是这一时期创作最负盛名的《望岳》。

这首诗通过描绘泰山雄伟磅礴的景象，热情地赞美了泰山高大巍峨的气势和神奇秀丽的景色，表达了诗人不怕困难、敢攀顶峰、俯视一切的雄心和气概，让我们看到了青春的杜甫、浪漫的杜甫、自信的杜甫。

下面让我们一起朗读这首诗。我们仅从题目"望"字就可以看出诗人的蓬勃朝气，以及其对攀临绝顶的无限渴望。

杜甫一望见泰山，是怎样形容那种惊叹仰慕之情的呢？"岱宗夫如何？""夫如何？"到底怎么样呢？经过一番思考，答道："齐鲁青未了。"泰山之南为鲁，泰山之北为齐，那泰山便横跨齐鲁两地。在古代齐鲁两大国的国境外还能望见横亘在那里的泰山，实属惊人之笔。诗人并没有单纯地从海拔高度去形容泰山的高，而是以距离烘托泰山的高大，横跨齐鲁既表现了泰山的高，也突出了泰山的地理特点，以至于明代莫如忠特别提出这句诗进行评说"齐鲁到今青未了，题诗谁继杜陵人"。

紧接着，三四句采用的是由远及近的写法，"造化钟神秀，阴阳割昏晓"，诗人在写了远望泰山之后，为什么一下就拉近与它的距离呢？我们在观察、描写景物的时候，往往处在一个"定点"的位置，而这远远是不够的。景物是丰富多彩、变化多端的，即使表现同一事物，立足点和角度的不同，呈现的面貌、效果也各不相同。随着观察点的变换，迥然不同的景物就会扑面而来。因此，这就需要把定景与换点观察紧密结合起来。

我们来看看诗人是如何近望泰山的？"造化钟神秀"一个钟字，赋予了他天地万物独特的情致，大自然将神奇和秀美都给了泰山。接着"阴阳割昏晓"山南水北是为"阳"，前两句已交代了泰山的高，因此天色的一昏一晓，原本是十分正常的自然现象。然而诗人一个"割"字表明在同一时间，山南山北判若早晨和晚上，明暗因之而迥然不同，展现了高大的泰山的一种主宰的力量，泰山以其高度将山南、山北的阳光割断，形成不同的景观，突出泰山遮天蔽日的形象。

这就是因观察点的变化，而产生出的远近截然不同的景象。远望的巍峨、近望的秀丽高俊，定景换点，突出泰山遮天蔽日的形象，使静止的泰山顿时充满了雄浑的力量。

颈联则是写凝望，诗人将观察点进一步变化，细望山中的景象，层云、归鸟。诗人见山中层云迭生，心胸为之激荡；鸟儿归巢时诗人使劲睁大眼睛张望，乃至有了"决眦"之感。"归鸟"是投林还巢的鸟，可知时已暮，诗人还在望，其中蕴藏着诗人对祖国河山的热爱和对祖国山河的赞美之情。望之，有景有情，正如王国维所说"一切景语皆情语"。这也是同学们写作时需要学习的地方。

尾联"会当凌绝顶，一览众山小"千百年来一直为人们所传诵。诗人从望岳到登岳，诗人站在泰山顶峰，从上往下俯视众山。把一个"小"字的众山同高大的泰山进行对比，再一次突出了泰山的高峻。这里的俯视不止是俯视群山，也是诗人勇于攀登、俯视一切的雄心和气概。这正是杜甫能够成为一位伟大诗人的关键所在。

全诗以诗题中的"望"字统摄全篇，句句写望岳，但通篇无一个"望"字，而能给人以身临其境之感，可见诗人的谋篇布局和艺术构思是精妙奇绝的。

我们学习杜甫的《望岳》，要看到诗人让泰山这一定景，通过"远""近""凝""俯"换点的写作手法使人如临其境。

同学们要如何采用定景换点法描写景物呢？

一方面，要把观察点的变化情况交代清楚，使读者知道是在什么地方观察到的。另一方面在交代观察点时，要按一定的顺序和不同的角度把最有特色的景物描绘出来，譬如由上至下、由远及近、由左到右等。我们在写景时，选择不同的立足点，如远近、内外、上下等；选择不同的视角，如仰视、俯视、环视等，便可构成不同的写景角度，绘成多种特色的画面。

三、古诗词创意阅读微反思群

（一）密咏恬吟，熟读成诵

陈世骧在《中国文学的抒情传统》一书中从《诗经》《楚辞》两大源头的抒情性开始谈起，再谈到汉代的乐府及赋拓宽并加深了以抒情精神为主导的中国文学传统主流，这一局面贯穿六朝、唐代甚至影响十分久远；当戏剧和小说的叙事艺术以极其迟缓地姿态登场以后，抒情精神依然继续主导、渗透甚或颠覆着它们。所谓元曲、明传奇乃至清昆曲，每一部不都是由数以百计精妙的抒情诗堆成的作品吗？

他又说：当孔子在《论语》中提及"诗"之喜悦、哀怨、礼仪等等，我们往往难以判定他是在谈诗的音乐还是诗的文辞。对于孔子来说，诗的目的在于"言志"，在于倾吐心中的欲望、意向或者怀抱，故此其重点就是情感上的自抒胸臆，而这正是抒情诗的标志。①

读诗能涵养性情，就因为诗歌中书写了人类所有的情感。古典诗词中蕴含着一种感发生命的力量。在这份感发中，蓄积了古代伟大诗人的所有心灵、智慧、品格、襟抱和修养。所以，中国传统一直有"诗教"之说。

我们可以结合初中语文教材中出现的诗歌作品，加强朗读指导，体会诗歌强烈的抒情色彩。古代诗歌赏析以背诵积累为主，但背诵不是死记硬背，要把时间留给学生畅读。教师的耳朵要灵，要听得出学生究竟悟到哪个层次了。

诗歌有韵，学生是很容易喜欢的，背起来很快，也很有成就感。所以，要把握好这个心理，趁少年时多背些经典古诗词，可以补充一些读本。有能力的学生，自己编选本，不能自己编选本的，可以参考大家推荐的选本，让诗句在嘴里含化，含英咀华。

（二）重视留白，心领神会

教诗宜悟不宜灌，教师要学会观察学生在领悟古诗词时的会心处；教诗宜慢不宜快，诗歌有很多留白，需要读者用想象进行扩充。教学中也要有留白，此时无声胜有声，不要去打扰学生的想象。适当在教学中留白，让学生去体会妙悟的美好，激发学生读诗的兴趣。

教古诗词需要示范，不只是示范朗读的音调，更要示范那份生命的感动。教师讲诗要带入个人的生命体验，要动情。千万不要板起脸教诗歌。板起脸来教诗，是"谋杀"诗歌，残忍之极。

读书要"乐读"，不要"苦读"。如何是"乐读"呢？即要去除"得失之心"的障碍，随意浏览，当以欣赏之心而不以研究之心去读。这种读书方法运用到读古诗词上很实用。我们要边读边联想，可以联想文学作品，也可以联想生活实际。诗歌可以唤醒我们的记忆，记忆又可以再次唤醒诗歌。

---

① 陈世骧：《中国文学的抒情传统：陈世骧古典文学论集》，生活·读书·新知三联书店，2015年，第7页。

【创意微反思】

白居易的《钱塘湖春行》就是为人们所熟知的，这首诗描绘了西湖旖旎骀荡的春光及世间万物在春光的沐浴下焕发出的勃勃生机，将诗人陶醉在这良辰美景中的心态和盘托出。

这首诗就像一篇短小精悍的游记，从孤山、贾亭开始，到湖东、白堤止，一路上，在湖青山绿美如天堂的景色中，诗人饱览了莺歌燕舞，陶醉在鸟语花香之中，最后，才意犹未尽地沿着白沙堤，在杨柳的绿荫底下，一步三回头，恋恋不舍地离去了。诗人耳畔还回响着由世间万物共同演奏的春天的赞歌，心中便不由自主地流泻出一首饱含着自然融合之趣的优美诗歌。

请调动多种感官，充分发挥想象，结合七年级上册朱自清的散文《春》，比较诗歌中哪些场景与散文中的描写有相似之处？

"孤山寺北贾亭西，水面初平云脚低。"一句中有一"平"字，让我们联想起"山朗润起来了，水涨起来了"。

"几处早莺争暖树，谁家新燕啄春泥。"一"争"一"啄"，让我们联想起"鸟儿将窠巢安在繁花嫩叶中，高兴起来了，唱出宛转的曲子"。

"乱花渐欲迷人眼，浅草才能没马蹄。"一"浅草"让我们联想到"小草偷偷的从土里钻出来，嫩嫩的，绿绿的。瞧去，园子里、田野里，一大片一大片满是的"。

"最爱湖东行不足，绿杨阴里白沙堤。"谁最爱呢？是游人。"城里乡下，老老小小，一个个都赶趟儿似的，舒活舒活筋骨，抖擞抖擞精神。"大家都来踏春了。

（三）与歌联姻，丰厚美感

语文可以和其他学科进行整合。谈到诗歌的节奏和音律，需要和音乐相结合；赏析诗歌的画面美，需要和美术结合；知人论世，了解诗人的成长经历和诗歌的创作背景，需要和历史、地理结合；此外，诗歌和哲学、美学和宗教都有密切的关系。

学生的见识越广博，越能体会到诗歌的意境。有一首歌唱到："春天在哪里呀，春天在哪里，春天在小朋友的眼睛里。"这首歌中的文学形象性可以充实我们的美感体验，帮助我们拥有一双发现春天、发现美的眼睛。

（四）联想比较，活学活用

可从题材、体裁、情感、风格等方面做比较，也可以将古诗词和散文做比较，还可以把古诗词和现代诗歌做比较，在联想中发展学生的思维。

【创意微反思】

比较《钱塘湖春行》《行香子》之间的异同。说说你最喜欢哪一首？理由是什么？相同点是两首诗题材相同，表达的情感也相同。二者都是踏春，所用意象皆为自然山水，用词十分精准，均用白描手法；描写的都是初春的蓬勃生机，抒发的都是对春天、对自然的热爱和赞美之情。不同点是二者的体裁不同。一首七律平仄对仗工整；一首词三言、四言、七言，长短参差错落，语言活泼。

【创意微反思】

播放《蒋勋讲唐诗》的讲座视频，看完视频之后，结合《行路难》《石壕吏》《竹里馆》三首诗，谈谈你是如何理解唐朝诗人李白、杜甫和王维三人的"诗仙""诗圣""诗佛"的称号的？

【创意微反思】

师：读普希金的《假如生活欺骗了你》，你会联想到哪些古诗词？

生：我会联想到李白的《行路难》、韩愈的《左迁至蓝关示侄孙湘》、刘长卿的《长沙过贾谊宅》、刘禹锡的《酬乐天扬州初逢席上见赠》、苏轼的《卜算子·黄州定慧院寓居作》、辛弃疾的《太常引·建康中秋夜为吕叔潜赋》。

师：请说明理由。

生：李白和刘禹锡从困境中超拔出来，"长风破浪会有时，直挂云帆济沧海"和"沉舟侧畔千帆过，病树前头万木春"都很乐观，和"相信吧，快乐的日子将会来临"有异曲同工之妙。我想用"不要悲伤，不要心急"劝慰处于"寂寞沙洲冷""飘渺孤鸿影"状态下的苏轼。对韩愈，我能够深切地体会到他内心的悲哀，这个时候我找不到合适的语言宽慰他，年老体衰，朝奏夕贬，命运跟他开了一个太残酷的玩笑了！

师：还有刘长卿、贾谊和屈原三者的悲哀，也不是简单的"生活的欺骗"，是时代的捉弄。"把酒问姮娥：被白发，欺人奈何？"也表现了辛弃疾无能为力的悲哀。纵观历史，他们已在时间的轴上成了"瞬息"，而那过去了的，都成了"亲切的怀念"。留下的诗句指引我们在最不能承受的生命之重时，可以"长歌当哭"，一声叹息以抒胸中块垒。

（五）因课而异，智己慧人

课型要多样化，将讲读课和自读课相结合，将课内古诗词和课外古诗词相结合，将赏析课与综合实践课相结合，将鉴赏和写作相结合，要注重学法指导，学会了分析方法学生可以灵活运用。

【创意微反思】

七年级下册最后一组课外古诗词诵读，选了四首七言绝句，分别是刘禹锡的《秋词（其一）》、李商隐的《夜雨寄北》、陆游的《十一月四日风雨大作（其二）》和谭嗣同的《潼关》。

教师先问学生是否熟悉以上诗人，如果了解就说一说，如果不了解，就看看注释。学会参看注释和学会查阅资料，这是语文学习必须养成的习惯。我们需要在课堂上不断强化直到习惯成自然。

接下来，教师要求学生先把四首诗歌抄下来。抄的目的，是熟悉诗句。学生会边抄边消化。看得懂的，自然而然就背下来了。遇到看不懂的，则会去看注释。

另外，这是课外古诗词诵读，课文中是有详细赏析文字的。所以，一边抄原诗，一边参阅赏析文字，按理讲诗歌的情感、意境和手法就有了大致了解。

小组朗读环节，看起来很简单，让学生选一首诗读给同学听就可以了。但是，在巡视的时候发现，学生可以读通，但并没有读出诗歌中蕴含的情感。根据学生反馈的情况，教师可分层记下他们的名字，以待下一个环节抽读、指导。

先讨论：一首诗要读成怎样，才算读得好？读出节奏，读出情感。

怎样才能读出情感呢？那就需要深入体会诗歌意境。请一位学生上台随机读他想读的诗。照这样的方法，一共四个学生上台，读完四首诗。通过比较，发现如下问题：刘禹锡的《秋词（其一）》本应读得慷慨激昂，但是学生读得太平淡，没有读出"晴空一鹤排云上，便引诗情到碧霄"的豪壮气质。

李商隐的《夜雨寄北》读得太快了。雨夜思念，内心凄苦，语速应该放缓一些。但是，该诗后半部分有美好的想象，情绪应瞬间转化成为一种期待相见的快乐，但又不要过于突兀了，能读出些许美好的期待就好了。

陆游的《十一月四日风雨大作（其二）》很不好读，静听窗外风雨肆虐，收复河山的梦想还没有实现，自己却已进入暮年。但是，他没有停留在悲哀和叹息阶段，他做梦都在"铁马冰河"的战场上驰骋。这首诗，不能只读出悲哀的情绪，更要读出悲壮的感情。学生读不好的话，教师可以做示范。此处要特别强调一下：教师必要必须要有示范的能力。必要的时候，学生可以进行跟读训练，模仿是形成能力的必要手段之一。

关于谭嗣同的《潼关》这首诗的朗诵障碍在对"河流大野犹嫌束，山入潼关不解平"这个壮阔意境的想象上。"河流大野"的奔腾，秦岭山脉"入潼关"的巍峨险峻，都不是用的白描手法，而是拟人化的手法表达其桀骜不驯的情绪，用了"犹嫌束""不解平"来表达勇往直前的决心，读出追求个性解放的少年意气。毕竟谭嗣同写这首诗的时候，正值青春年少。

讲到这里，全班齐读时气势就够了。

在结合朗读训练梳理完以上四首诗歌之后，学生对诗歌意境和诗人气质有了更加深刻的体验。教师可设计其他阅读延展的四首诗歌，请学生自读诗歌，设置猜测诗歌作者的小关卡，猜一猜这一教学设计的目的是什么，进一步理解诗歌意境和诗人气质。

最后，设计用诗句来概括诗人的形象。

专题八
文言文创意阅读微课例①

　　民族复兴，乡村要振兴；乡村振兴，教育要创新。乡村学生大多是留守学生，他们的家庭教育方面亦有缺失，他们良好的学习习惯较难养成，他们基础差、底子薄，大多数留守学生是学困生，创意教学是乡村教育振兴的有效途径之一。

---
① 专题八负责人是四川省华蓥市高兴初级中学教师唐嵩，作者是唐嵩、付娟、向秋华、陈海艳。

一、文言文创意阅读微问题群

（一）基础薄弱读写难，识字朗读成一难关

【问题描述】

在教授七年级下册第四单元第十七课《短文两篇》时，我激情飞扬地上完第一篇《陋室铭》后，让学生齐读课文。在学生齐读的过程中，我发现学生读得不整齐，没有抑扬顿挫之感，有个别学生没有张嘴诵读。于是我抽了一名没张嘴的男生进行朗读。

他很不情愿地从座位上慢慢站起来，耷拉着脑袋，半天不出声。

我微笑着说："×× 同学，你能给老师和同学们朗读一下吗？"

他很局促，红着脸说："我……我……"

"别紧张，拿出你男子汉的自信来，好吗？"我温柔地说道。

他显得更加局促了，还是不开口。

我说："难道朗读一遍都不好意思吗？"

他满脸通红，尴尬地说道："老师……我……我……不认识字！"

我很错愕，"课文都学完了，你还不认识文中的字！"

"那你也读一读课文，读到不认识的字你就跳过去，这样读没问题吧！"在我再三的要求与鼓励下，他终于结结巴巴地把课文读完了，其中"斯""陋""馨""阶""鸿儒""牍""诸葛""蜀"字都跳过去了。

【问题诊断】

根据上面的教学情境，反映出来的问题有：第一，齐读齐诵会出现"滥竽充数"的现象；第二，文言文教学前的预习环节，有学生没预习或预习不到位，扫清字词障碍没有落实到位，基础差的学生无法流畅朗读；第三，学生朗读不会把握节奏；第四，在教学过程中，有学生没有专心，精神游离在课堂之外。

反观教师的教学问题有：第一，教师对字词教学不够重视，预习环节没有监督、检测，且没有对文言文朗读节奏做好引导；第二，对课堂的关注不全面，忽视了基础较差的学生，导致这部分学生跟不上教学的节奏；第三，没有结合班情、学情进行教学，在没有筑牢文言文识字、朗读教学的情况下，盲目追求对文章的深度解析。

针对以上微问题，我对学生的学习情况进行了调查并进行了自我反思：乡村学校的学生，大多是留守学生。从小学到初中以来，回家后基本不做作业，也不看书，所以也基本不预习。学生学习的自觉性较差，没有家长监管学生学

习，导致他们学习底子薄、基础差。一些农村初中生不会拼音，白话文流畅朗读尚且困难，更不必说文言文了。面对这样的学情，教师该怎么办？忽略字词、朗读等基础教学的课堂肯定是不适合这群学生的，怎么办？那就要降低对学生的要求，从识字、朗读抓起，筑牢文言文教学的根基，化教学弱点为教学特点。

（二）倒装句式辨不清，翻译句子模棱两可

【问题描述】

周一上午第三节课，我和同学们一起学习九年级上册的《醉翁亭记》这篇文章。因在前一篇《岳阳楼记》中已经细致分析过文言文的考点，在整体感知后让学生结合注释自行释义。然后，请了两位同学进行课堂展示，一位学生在释义"而泻出于两峰之间者，酿泉也"时，出现了卡顿的情况；另一位将"至于负者歌于途，行者休于树"翻译为："至于背负着东西的人唱歌在路途上，行走的人休息在树下。"我问其他同学，大家赞同这样的翻译吗？居然一致认同。

【问题诊断】

在上面的教学情境中，学生对句子的翻译存在的问题是：该调不调，语序混乱。文言文中存在倒装句，倒装句的语序和现代汉语不一致，翻译时应先调整语序，再作翻译。"动词＋于／乎／以"引导的介词结构，介词"于"引导的短语作状语，说明动作的对象、地点等。学生对句式辨析不清，故在翻译时易出现卡顿。

从学生对状语后置句释义中出现的问题，反观教师文言文倒装句教学的问题：在教学过程中，教师未对文言文翻译的原则进行补充，文言文翻译必须牢记五大原则：直译为主，意译为辅；字字有对应；句式有体现；不出现语病；不改变句意，本情境在翻译过程中应提示学生注意句式。最要害的问题是，该情境中要求释义，但学生对于特殊句式的理解并未到位，应先对特殊句式进行讲解，让学生明白特殊句式是相对于现代汉语而言的，就是指文言文中那些与现代汉语的句子结构有所不同的句式，包含四大类：判断句、省略句、被动句、倒装句。倒装句中又包含以下四小类：主谓倒置、宾语前置、定语后置、状语后置。而在今天的教学情境中出现了以上问题，句式的理解不到位是学生翻译时出现问题的重要原因。

（三）弄清名动不容易，译句析文如登天梯

【问题描述】

师："愿为市鞍马"怎么翻译？一位同学回答道："愿意到集市上去买鞍马。"我接着问："那这个'市'在此处该如何理解呢？"学生回答道："集市。"我摇摇头，环视其他同学，似乎也同意这个翻译，部分同学表示怀疑，但不知道该如何翻译。

【问题诊断】

上面的教学情境中存在的问题有：学生对文言现象缺乏基本的了解；学生对文言文接触太少，语感太差；学生习惯用惯性思维思考问题；学生没有联系上下文对文字进行理解。

反观教师的教学问题：为了教学进度，教师讲得过多，留给学生思考的时间太少；教师对学生的学情了解得不够，没有从基础引导；教师缺乏循序渐进的方式方法；教师没有就此问题深入讲解。

（四）名作状语分不清，翻译句子谬误千里

【问题描述】

《狼》这篇课文，因为故事十分生动有趣，同学都被故事吸引了。自学七分钟后，我请同学翻译课文。有一个同学主动举手翻译句子，他翻译的句子是"少时，一狼径去，其一犬坐于前"。他说："不一会儿，一只狼径直离开了，其中一只狗坐在前面。"

听了他的翻译，我提议请其他同学分组讨论这位同学的翻译。

【问题诊断】

我带着学生再看语境，"两狼之并驱如故"，显然是有两只狼，"一狼径去"，另外一只狼呢？显然是坐在前面，"犬"在这个句子中不再是名词，而是名词用作了状语。"犬"可翻译为"像狗一样"。

名词活用为状语的情况在初中文言文学习中是一个重点，也是一个难点。那么怎么才能轻松地辨别出名词用作状语的情况呢？我的教学方式是带着学生从句子的结构入手去辨认。

二、文言文创意阅读微设计群

（一）自学互帮导学法，跨越识字朗读关

文言文相对于白话文而言，生僻字还是较多的，怎样结合班情、学情，扫清文字障碍，让学生能流畅朗读文言文，我的尝试是：教师课前注意激趣，学生自读课文，把不认识的字勾画出来，自己查阅字典等工具书。同桌互助、小组互助，查得快的同学帮助查得慢的同学，会拼音的同学教不会拼音的同学。然后教师教读。

创意优化策略：故事激趣 → 勾画生字词 → 查阅工具书 → 大声拼读

【典型微活动】

师：识字在学习、生活、工作中是十分重要的。一个人如果对字词掌握不够，会给自己带来很多困扰，甚至闹笑话。有这样一个故事，一位学生在日记中写道："我急急忙忙赶路，路面突然出现了一堆牛屎，我大吃一斤（惊）。"老师在日记后批阅："海量，海量！"

生：哈哈大笑。

师：可见，掌握生字词有多重要。咱们乡村的孩子常在田间小路上走，还是有可能遇上牛屎的，你们别再吃一斤（惊）哟！

生：不得，不得。

师：这节课我们学习《陋室铭》，同学们先自读课文，把不认识的生字词勾画出来，再查字典把读音标注在生字上。

生：勾画，自主查字典，给生字词注音。大声拼读。

创意优化策略：学生相互听读 → 相互发现生字词 → 相互教读生字词

【典型微活动】

师：请同学们自读《爱莲说》。小组内由一人读，其他三人听（小组内四人循环），遇到不认识的字词跳过去。小组其他三位同学把朗读的同学跳过的字词和读错的字词勾画出来。

生：小组循环听读，纠正不会读和读错的字词。

师：各小组把各自遇到的生字词书写在黑板上，如甚蕃（　）、牡丹（　）、淤泥（　）、不染（　）、濯（　）、清涟（　）、不蔓不枝（　）、亵玩（　）、隐逸（　）、矣（　），请学生上讲台注音，其余学生在座位上完成注音。

生：小组间相互交流，共同纠错，再相互听读。

师：抽基础较差的同学朗读，发现问题及时纠正。

生：齐读课文。

朗读教学是文言文教学的重点之一。我国宋代大理学家朱熹也非常主张朗读。他说："凡读书，需要读得字字响亮，不可误一字，不可牵强暗记。"而且要"逐句玩味""反复精详""诵之宜舒缓不迫，字字分明"。这样，我们可以深刻领会文言文的意义、气韵、节奏，产生一种"立体学习"的感觉。但面对当前的学情，我只想引领学生流畅朗读，稍微读出一点节奏即可。如何让这群乡村孩子流畅朗读文言文，进而读出句读来，我尝试的构想是：第一，示范引领，跨越朗读关。第二，由教师讲解，让学生掌握基本的朗读方法。

创意优化策略：扫除文字障碍 → 学生自我揣摩朗读节奏 → 小组成员交流、探讨 → 师生探讨 → 按节奏朗读（略微读出韵味）

【典型微活动】

师：同学们，今天我们学习《三峡》，请同学们先朗读一遍课文，在朗读的过程中把不认识和不理解的字词勾画出来。

生：边读边勾画生字词。结合注释、工具书等查阅、标注，自由朗读。

师：请同桌相互听读，若发现同学有读错的字词则立即纠正。

师：请同学们依照自己的理解划分文章节奏。

生：小组内交流、探讨。

生：小组代表公布本组节奏划分的结果。

师：教师点评后进行范读。

生：对教师的范读进行点评。

生：按节奏齐读。

不同班级、不同学生、不同教师，基本按相同的策略进行教学，但效果大不相同。一个班的学生完成得较慢，正确率相对较低；另一个班的学生完成速度较快，正确率很高。再次证明教学有法，但教无定法，一切教法与学法的选择，必须充分考虑班情、学情和执教者的风格，做到"因材施教"。

（二）以不变应对万变，口诀助力倒装关

在文言文句式教学过程中，怎样让学生理解倒装句中的状语后置？第一，教师注意课前引导，然后师生共同分析特殊句式，扫除学生对文言文释义的害怕心理。第二，调动学生参与学习的积极性，利用学生对文言文的大致理解，进行同组之间的表演式学习，激发学习兴趣。第三，进行组内提问，全班共同

探究分析，创造竞争机制，让文言文的教学课堂充满生机。

【创意微设计】

小组互译，变枯燥的直译为情景式演学。译准《醉翁亭记》中"于"字引导的状语后置句的创意设计。

创意优化策略：小组简略释义 → 旁白加表演片段激发学生兴趣 → 教师适时点拨小组旁白时的倒装句式

师：《醉翁亭记》第三段用非常简洁的语言给大家展示了太守与人民的四个场面。小组能进行情景表演吗？

生：小组热烈讨论，首先释义语句，然后选择自己感兴趣的一个场景来给大家表演。我们组选择的是"滁人游"这一个场景。一个同学旁白道：至于背着东西的人在路上唱歌，走路的人在树下休息，前面的人呼喊，后面的人应答。老老少少的行人，来来往往，络绎不绝，这是滁州人在出游。

师：大家发现没有，这位旁白的同学在表达时，有一句话和原文的语序有点不一致，是哪一句呢？

生：至于负者歌于途，行者休于树。本来应该是"至于背着东西的人唱歌在路途，走路的人休息在树下"。这句话运用了倒装句的句式。

师：那这句话到底是什么类型的倒装句呢？我们看出来此句中"于途""于树"在现代汉语中翻译过来在动词"歌""行"的前面，这种在谓语动词前修饰动词的成分是状语。在文言文表达时放在了谓语后，为状语后置。

【创意微设计】

古今贯通，打破文言文壁垒。

创意优化策略：现代汉语句子成分讲解 → 对比过渡到文言文句子成分 → 辨析文言文句子的特殊用法 → 掌握文言文句式倒装句之状语后置句的用法

师：同学们，能将下列语句译成文言文吗？第一，哥哥在图书馆看史籍。第二，我像老鼠爱大米一样爱学习。第三，爸爸在河边钓鱼。

生：第一，兄长观史籍于藏书阁。第二，余嗜书如鼠之爱米。第三，家父垂钓于河畔。

师：出现这样的情况原因是，在古文中，为了突出主谓之间的紧凑关系，常常将状语放在谓语的后面，而我们在将文言文翻译为现代汉语时，需要把文言语序调整为现代汉语的语序。

师：现在我们再来理解《醉翁亭记》中的状语后置句就非常简单了，请同学们找出本文中的状语后置句。

生：渐闻水声潺潺而泻出于两峰之间者。

生：有亭翼然临于泉上者。

生：太守与客来饮于此。

生：至于负者歌于途，行者休于树。

师：这几个句子都属于什么状语呢？

生：都是表地点的，所以都是地点状语。

师：我们再次一起回顾什么是状语及其作用。

生：句子中，在谓语前修饰谓语的成分，叫作状语。一般表明动作的条件、对象、范围、状态、方式、处所或程度等。

师：大家把定义记得非常清楚，那么大家知道在文言文中要掌握状语后置最重要的是什么吗？是介词。文言文中最常用的介宾结构作状语，并常把它置于谓语后；常见的介词有"于""以""乎""如"。因此，人们有时又把状语后置称为"介宾短语后置"或"介宾结构后置"。那么接下来请同学们找出本文状语后置句中的介词。这些介词表示动作的哪一方面呢？

生：介词"于"，都是表明动作的处所，作地点状语。

师：看来经过前面的学习，大家对状语后置句都掌握得不错。但是还有一点需要注意，刚才说到状语后置一般会有介词引导，但也有省略介词的情况，比如：在我们初二的文章中有一篇《周亚夫军细柳》，其中"军霸上"就是省略了介词"于"，完整的表述应是"于霸上军"。

经过以上对文言文倒装句式的分析，我们发现要想把握好文言文倒装句式，熟悉现代汉语一般陈述句的各个句子成分在句子中的位置是基础，学会把文言文句式按字面意思进行直译，划分句子成分是前提，会把直译并划分出句子成分的文言文与现代汉语一般陈述句的句子成分位置进行对照和比较并找出不同之处是关键。

（三）层层解析名作动，巧法激趣理知识

【一课多上微设计】

夯实基础，层层深入，巧法激趣，知识理清。

创意优化策略：打牢基础，方可层层深入

【典型微活动】

师：同学们，在学习新课之前，我们一起来讲解一下语法里词性的问题。什么是词性呢？词性是指以词的特点作为区分的依据。老师现在出一个题考考你们。请你们把下面相同类的词找出来：板凳、跑、美丽、老师、想、教室、唱、跳舞、高、矮、太阳、公交车。给同学们一分钟的时间进行思考。

生：板凳、老师、教室、太阳和公交车是一类。

师：同学们，这位同学总结对吗？

生：我觉得少了一个词语，应该加上"跳舞"。

师：你再想想，"跳舞"能归为这一类吗？

生：好像不行吧。

师：不能用"好像"，一定要清楚。我们再看看，第一位同学找的非常准确。这类词语有什么特点呢？

生：事物的名称。

生：事物的名字。

师：同学们说得很好。对，这些都是事物的名称，那我们叫它名词。

师：那我们看看第二类。

生：跑、想、唱、跳舞。

师：你想想，这些词语又有什么特点？

生：它们都带有动作。

师：对，它们就叫动词。

师：剩下的词语美丽、高、矮。我们会说他很漂亮，我们也会说他很高。"美丽""高"等词语可用来形容一个人，所以这类词叫形容词。今天我们就重点讲这三类词语。在文言文中，有些词语在具体的语言环境下，它的词性发生了改变，这种现象叫词类活用现象。我们学习《陋室铭》时，再进行具体讲解。

创意优化策略：化难为简，深入浅出

【典型微活动】

师：同学们，我们上节课总结了词语的词性。在文言文中有这样一类词语，它的词性在特定的语境下会发生改变。这就是文言文中的词类活用现象，比如形容词作动词、动词作名词、名词作状语、名词作动词等。那今天我们就来判断一下名词作动词的现象。请同学们看看课文《陋室铭》和《狼》，迅速地找到名词作动词的现象。

生：讨论。

师：同学们讨论得很激烈，大家心里有结果了吗？

生：《陋室铭》"山不在高，有仙则名"中的"名"。"名"本意是"名字"，在这里应该是"出名"。《狼》"一狼洞其中"中的"洞"原本是名词，在这里变成了动词"打洞"。

师：其他同学还有补充吗？

生："苔痕上阶绿"中的"上"。

师：同学们找得真准确。所以，以后遇到类似的问题，我们就知道如何辨析了。当一个词作名词讲不通的时候，我们就应思考它的词性在特定的语境下是否会发生改变。

教师在授课的时候，应尽量将问题化难为简，让学生知道从何入手。

创意优化策略：成语激趣，理解透彻

【典型微活动】

师："无所事事"这个成语是什么意思呢？

生：就是没有事情可做。

师："事事"怎么理解呢？它们的意思相同吗？请举手回答。

生：既然老师这样问，那肯定不相同。

师：那请你们分别解释一下它们不同的意思。

生：第一个"事"翻译成"做"，第二个"事"翻译成"事情"。

师：通过同学们思考，我们已经对这两个字有所了解，那以后在文言中遇到这种情况，我们就知道如何处理了。

若有些学生还是似懂非懂，教师可以让他们组成小组，进行讨论交流，让会的学生带动不会的学生。学生们激烈地争论着。我又给出了类似的几个词语，让学生明白以后看到这种形式的词语或句子，就要思考它的活用现象，比如以后会学到的"故不独亲其亲，不独子其子"就是如此。重点强化，让学生理解透彻名词作动词的现象。学生掌握名词作动词的词类活用现象有一定的难度。唯有教师适时引导，强化训练，反复练习，才能够达到预期的效果。

创意优化策略：强化训练，习惯成自然

【典型微活动】

师：请同学们思考一下这几个字的意思，"一狼洞其中"中的"洞"，"不能名其一处也"中的"名"，"天雨墙坏"中的"雨"。

生：交流讨论。

师：同学们，刚才大家的任务完成得非常不错。现在小组汇报一下，看看你们的成果。

师生共同纠正。

生："洞"是"打洞"，"名"是"说出"，"雨"是"下雨"。

师：刚才这位同学给出了答案。我再总结一下，将第一句中的"洞"解释成"打洞"，"洞"字在代词"其"前面，所以"洞"要翻译成动词。也就是说一个名词如果在主语的后面或代词的前面，那这个词就要翻译成动词。第二句中"名"解释成"说出"，"名"字在否定词的后面，因此翻译成动词。这里告诉我们否定副词后面的名词也要翻译成动词，"不毛之地"也是这种文言现象。第三句中"雨"翻译成"下雨"，几个名词连用，如果不构成并列关系或偏正关系，其中一个名词就活用为动词，如"周亚夫军细柳"中"军"理解成动词。

创意优化策略：实战演练，寓教于乐

【典型微活动】

师：请同学们翻译一下"不蔓不枝"中的"蔓"和"枝"的意思。先独立思考，再小组交流，最后进行汇报。

师：同学们可以小组交流。

师：请一个小组代表来汇报。

生：藤蔓和枝条。

师：不对，你再想想，我们刚刚才讲解过这个现象。

生：应该是长藤蔓和长枝条。

师：那你解释一下为什么该这样理解。

生：刚才老师提醒了我。我们学习了否定副词后面的名词应该翻译成动词，所以我及时地纠正了自己的错误。

师：虽然你刚才对知识点有一点模糊，但是在老师的讲解之下，你及时地改正过来了。说明只要用心用力，你是可以学好的。

【典型微活动】

师：请同学们翻译"策之不以其道"中的"策"。先由各位学生进行独立思考。

师：请同学们小组交流思考的结果，看其他同学与你的思考有什么不同。

生：老师这里的"策"是什么意思，我有点不明白。

师：我提醒你一下，"策"在此处不是"对策、计策"。

生：我还是不知道怎么翻译。

师：我再提醒你一次，它的本意是"鞭子"。你结合我们刚才讲的再想想在此处的意思。

生：那我懂了，应该翻译成"鞭打"。

师：为什么呢？

生：因为"之"是代词，代词前面的名词应翻译成动词。

师：很好，这样分析有理有据。

【典型微活动】

师：请同学们翻译"腰白玉之环"中的"腰"。请同学们独立思考，再交流，最后作汇报。

生："腰"是腰佩。

师：请你解释一下理由。

生："腰白玉之环。""腰"和"白玉"都是名词，所以，前一个名词应翻译成动词。

师：思路清晰，分析有理。同学们，只要我们能够学以致用，善于总结，文言文的学习是不难的。

（四）句子成分携成语，一语道破名作状

巧用助力，让学生轻松辨别名词用作状语的情况。

创意优化策略：积累语感 → 现代汉语来助力

【典型微活动】

师：同学们，刚才学了"其一犬坐于前"的翻译，我们知道了"犬"是名词活用作状语。那么"我用鲜花迎接国家的英雄"和"鸟儿像云儿一样飘逸"中有状语吗？

生：有，但是我们不敢确定。

师：刚才的"犬"译作"像狗一样"，根据这个翻译，你们再找找。

生：我好像找到了，是"像云儿一样"。

师：对！那第一句呢？

生：好像是"用鲜花"。

师：很好，你们都找出来了。这就是根据语感判断状语，只是这种方法需要大量的积累。

创意优化策略：结构导航 → 精准找到目标

因学生在找状语时用了"好像"这种不肯定的字眼，所以我想要引导他们

从结构入手，寻找状语。

【典型微活动】

师：请同学们认真读这两个句子，找出主干。

生：主干是"我迎接英雄"和"鸟儿飘逸"。

师："用鲜花"和"像云儿一样"是限制修饰哪个成分的呢？

生：是"迎接"和"飘逸"。

师：谓语前面的限制修饰成分应该是什么呢？

生：老师，是状语。

师：很好！"我用鲜花迎接国家的英雄。"这个句子主语是"我"，谓语动词是"迎接"，"用鲜花"放在谓语动词前面，就是状语。再如"鸟儿像云儿一样飘逸"，这个句子的主语是"鸟儿"，谓语是"飘逸"，"像鸟儿一样"是状语。

由此可以知道，要辨识出名词用作状语的情况，就要从句子的结构入手，找出主语和谓语，如果名词处于主语的位置，但又不充当主语，即为名词活用为状语，用来修饰和限制谓语。

【同课异构微设计】

初一的学生对文言文词类活用很陌生，因此讲名词用作状语，可以选择用成语来讲解，那样可以深入浅出地学习。

创意优化策略：成语造句 → 主语状语自分明

【典型微活动】

首先教师选择成语，如"狼吞虎咽""管窥蠡测""风餐露宿"，通过这三个成语来讲解名词用作状语的现象。

师：我们来分析一下"狼吞虎咽""管窥蠡测""风餐露宿"中哪些名词活用为状语。

生：这几个成语的名词是"狼""虎""管""蠡""风""露"，它们是名词用作状语。

生：可是它们不可能都是名词用作状语，因为吞咽的动作发出者就是"狼""虎"呀！

师：那我们用"狼吞虎咽"来造个句子吧！

生：小明总是狼吞虎咽。

师：动作发出者是谁呀？

生：是小明。所以我们得出什么结论呢？

生：它们不是动作的发出者，因此不是主谓关系，是名词活用为状语。

师：对，"狼吞虎咽"中名词作状语，表示动作行为的特征和状态，翻译为"像……一样"，成语译作"像狼和虎一样吞咽"；"管窥蠡测"中名词作状语表动作行为的凭借工具或采取的方式依据，翻译时在名词前加上"用""按"即可，成语译作"从竹管孔里张望天空，用贝壳做的瓢来测量海水"；"风餐露宿"中名词作状语，表动作行为发生的处所，翻译为"在""从"，成语译作"在风里吃饭，在露天睡觉"。

师：名词用作状语的方法，你们懂了吗？

生：懂了，关键是看名词在句子中的位置。如果它们不是动作的发出者，又处于主语的位置，它们就是名词用作状语。

创意优化策略：粗看是主谓 → 细瞧是偏正

【典型微活动】

师：我们选择三个成语来讲解名词作状语的现象，请你找出"朝思暮想""日新月异""东张西望"中的名词。

生："朝""暮""日""月""东""西"。

师：它们是动作的发出者吗？

生：我觉得是。

师：那我们来分析一下"朝思暮想"这个成语吧！是"朝"和"暮"在"思"在"想"吗？

生：不是，是人在"思"在"想"。

师：那它们不是动作的发出者，"朝思"就不是主谓短语，那它是什么短语呢？

生：是偏正短语，"朝"是名词用作状语。

师："朝思暮想"中的名词表示动作发生的时间，成语译作"在早上和在晚上都在思念，意即一直在思念"；"日新月异"中的名词表示动作发生的频率，成语译作"在每天都有新的变化，在每月都有不同的变化"。

生：老师，我们懂了。名词用作状语的方法就是看名词在句子中的位置。如果它们不是动作的发出者，不是谓语动词的主语，又处于主语的位置，和谓语动词构成偏正关系，它们就是名词用作状语。

三、文言文创意阅读微反思群

（一）培兴趣重引导，筑牢文言文教学的根基

创意优化策略：不害怕文言文 → 愿意学习文言文 → 主动学习文言文 → 爱上文言文 → 乐于学习文言文

【创意微反思】

变放手为牵手，降低教学要求，学生不再害怕文言文。很多学生害怕学习文言文，面对这样的学情该怎么办？我的策略是变放手为牵手，把文言文里面的生字词从课外预习重新纳入课堂教学，让学生之间相互监督、自学互帮，共同跨越生字关。同时降低学习难度，对词类活用、各种句式、虚词等知识浅尝辄止，甚至暂时放弃对这些知识的教学，从而让学生不再害怕学习文言文。

【创意微反思】

营造良好气氛，激发学生的学习动机，让学生愿意学习文言文。在教学中，教师以平等的姿态、和蔼的表情、生动幽默的语言营造一个宽松和谐的学习氛围，让学生在愉快中受到启迪，进而愿意学习文言文。

【典型微活动】

在教《核舟记》一文时，教师选择用讲故事来营造和谐气氛。

师：同学们，这节课老师给你们讲个故事，好不好？

生：好（一片欢呼声）。

师：苏轼是个大才子，佛印是个高僧，两人经常一起参禅、打坐。佛印性格老实常被苏轼欺负。苏轼有时候占了便宜很高兴，回家就喜欢跟他那个才女妹妹苏小妹说。一天，两人又在一起打坐。苏轼问：你看看我像什么啊？佛印说：我看你像尊佛。苏轼听后大笑，对佛印说：你知道我看你坐在那儿像什么？就活像一摊牛粪。这一次，佛印又吃了哑巴亏。

生：哈哈大笑。

师：（接着讲）苏轼回家就在苏小妹面前炫耀这件事。苏小妹冷笑一下对哥哥说，就你这个悟性还参禅呢，你知道参禅的人最讲究的是什么？是见心见性，你心中有什么眼中就有什么。佛印说看你像尊佛，那说明他心中有尊佛；你说佛印像牛粪，想想你心里有什么吧！

生：若有所思。

【创意微反思】

教师为学生创造身临其境的感受，让学生主动学习文言文。

【典型微活动】

师：同学们，这节课我们先来看一部动画电影。

生：好，要得要得。看电影，爽！

师：播放《桃花源记》电影版（约16分钟）。

生：全神贯注地观看。

美丽的画面和生动的解说让全班学生陶醉其中。通过观看《桃花源记》电影版，学生感觉好像在导游的带领下游览了桃花源，从而让学生对桃花源有了更直观的感受。学生更加积极主动地看注释、查工具书，自主学习意识得到加强。

【创意微反思】

激发内心情感，让学生喜爱学习文言文。教师引导学生与作者的思想情感产生共鸣，达到"以情感共鸣促进学生爱上朗读文言文"的教学目的。改教法，讲学法，让学生主动识字，乐于朗读。学生读不准字音，读不出句读，表面原因是学生基础差、底子薄，其实最根本的原因是教师的教法不妥，学生的学法不当。只要教师真正做到有教无类、因材施教、寓教于乐，何愁学生不主动识字、不乐于朗读！

（二）多形式激兴趣，打破文言句式的厚壁垒

由于初中学生接触文言文时间不长，所以在初中的文言文教学中，往往会存在文言文倒装句式难教、难学的现象。这也是阻碍学生更好地发展其文言文阅读能力的一个绊脚石。在教学中，即使学生每个字的字义都明了，但是在翻译上总不能理清语序，导致他们在理解和翻译上存在较多理解上的难点，从而造成其对学习文言文有畏难心理。所以，下面笔者主要对文言文倒装句式中的状语后置句，也叫介宾短语后置，以此做创意教学反思。

【创意微反思】

以不变应万变，利用口诀助辨析。

创意优化策略：利用口诀 → 简化句式难题

为了让学生更容易记住这些句子成分在句子中的位置，我们可借用一个口诀结合实例去分析记忆。

"主、谓、宾""定、状、补"，"主干""枝叶"分清楚；

主干成分"主""谓""宾"，枝叶成分"定""状""补"；

"定语"必居"主、宾"前，"谓"前是"状""谓"后为"补"；

带"的"为"定"，带"地"为"状"，"得"后为"补"。

【创意微反思】

读百遍义自见，利用朗读悟释义。

创意优化策略：多形式朗读 → 读中悟义

以读代教，是人们代代相传的优良的学习方法。文言文句式教学采用的是诵读的方法，这不仅能帮助学生领悟句式的节奏，而且能培养学生的语感，让他们加深对句式的理解，潜移默化地提升学生对文言文特殊句式的判别能力与他们的文言文知识素养。

其一，自读揣摩。在文言文教学过程中，一些教师觉得朗读会浪费时间，实则朗读是一种最有效的教学方式，尤其是学生的自读，但凡学生开口进行了朗读或者主动开口去读，那么学生的兴趣就得到了激发。学生在朗读的过程中，可以尝试去思考、去推敲和揣摩。朗读不仅能培养语感，而且可以感受语言的内涵、韵律，还能发掘语法现象。

其二，听读思考。学生自读自然是好的，但对于部分难以理解的文言文或者基础薄弱者而言，听读更有效果，更能感染和刺激学生的朗读兴趣。文言文句式在教学中有两种帮助学生听读的方式：教师范读与音频名家朗读。教师范读与名家朗读是建立在对材料的理解的基础上的，故教师或名家在朗读的过程中，其感情与节奏变换都是基于文言素材的。这样的示范为学生听读学习减轻了负担，便于其把握感情基调与节奏变化，也利于推动其进一步探究文言文特殊句式。

其三，默读细品。在文言文学习过程中，有些内容会随着诵读而其义自见；而有些深奥复杂的内容适合默默细品。在品读的过程中，不仅能够发掘其形式上的特殊之处，还能揣摩其内容的关键信息，例如倒装句"负者歌于途，行者休于树"就需要学生默读探究，进行细品。

【创意微反思】

联系生活，借助粤语教学激发学生的学习兴趣。

创意优化策略：借歌助学 → 激发学习兴趣

现今学生私下多喜欢唱歌且对港乐甚为痴迷，不少学生还为此专门学了粤语。在粤语中有很多状语后置的句子，如"你走先""你食先""我看见你先"等，尤其有一种状语后置句（介宾短语后置句）与文言文极为相似。如果能够在学习文言文的状语后置句式时，结合粤语的介宾短语后置句式，学生会更加容易理解和接受，试举几例：

我种一棵龙眼树系后园那儿。

老师写几个字系黑板上边。

在粤语中，"系"译为普通话的"在"，所以以上所举，在现代汉语普通话中的表述分别为"我种了一棵龙眼树在后园那儿""老师写了几个字在黑板上"。粤语中的句法结构为"介词＋宾语"放在动词后，也就是文言文中我们所说的"介宾短语后置句"，这种句式在初中文言文中比比皆是，如："每假借于藏书之家。""策之不以其道，食之不能尽其才。""管夷吾举于士，孙叔敖举于海。"

这些在初中文言文中截取的介宾短语后置（状语后置）句，句式结构是"介词＋宾语"放在谓语（动词）后，与粤语的"介宾短语后置句"相似度极高。学生通过对比粤语和文言文的这种句式，教师教起来很省力，学生学起来也很有兴趣。

【创意微反思】

比较共性与个性，利用点评比较发掘内涵。

创意优化策略：点评式教学→助推学生探究型学习

对文言文句式进行比较点评，在考查学生对句式、文言文基础知识掌握的同时，也考查了学生的点评能力。对于文言句式，教师可以引导学生进行联想式点评和质疑性点评，并在点评的基础上进行比较，总结共性、归纳个性。

其一，联想式点评。在学习"渐闻水声潺潺而泻出于两峰之间者，酿泉也"这一文言文特殊句式时，教师可引导学生进行点评，在学生点评出状语后置"于"为介宾短语标志等信息后，再引导学生进行联想，搜寻所学过知识中类似结构的句子，学生不难回忆起"刻唐贤今人诗赋于其上"。可见联想式点评运用于文言句式的教学，可调动学生学习的自主性，激发学生学习文言文的兴趣。

其二，质疑性点评。教师还可引导学生进行更深层次的探索，即质疑性点评。比如，教学过程中就有学生问道："在现代汉语的句式表达中，在谓语后的句子成分叫补语，为何在文言文中就被看成是特殊句式现象，称为状语后置呢？"质疑性点评对师生文言文素养要求较高，必须建立在学生有扎实的文言文知识素养基础上，教师在必要时可对学生进行及时的引导、补充解释等。毋庸置疑，它在更高层次上考查了学生文言文学习的能力，激发了学生探究学习的兴趣。

（三）练例句重语感，理解文言名作动更轻松

【创意微反思】

降低要求，化繁为简。从现代文的词性抓起。教师可对学生的学习情况进行一个调查摸底：学生从小学的是现代汉语，他们在小学只接触了一些浅显易懂的文言文，而中学的文言文对他们而言已经有一定的难度了。而教师的文言教学也易忽略对语法的讲解。笔者认为语文语法知识有必要讲清讲透。所以，唯有降低要求，才可能达到更好的效果。

【典型微活动】

比赛朗读和背诵，培养同学们的语感，从而理解文言文的内容。

师：给同学们五分钟朗读《马说》，看谁读得又好，错误又少。

学生开始大声朗读。

生：老师，我感觉我可以读给大家听听（开始朗读）。

生：我觉得这位同学朗诵的优点是读得很准确，没有错别字；朗读的缺点是读的速度过快，没有把握感情。朗读应该有情，不能追求速度。还有哪位同学愿意尝试一下？

师：刚才这位同学评价得很中肯。

生：我来读（开始朗读）。

生：这位同学读得不错，把作者那种抑郁的情感读出来了。

师：我们"读"的环节就告一段落。现在我们将比赛背诵第一段。看谁背得又快又准。有没有什么技巧可循？同学们开始背诵，计时 6 分钟。

（学生背得热火朝天）

师：同学们齐声背一遍（学生背完）。刚才同学们背得不错，但是依然有南郭先生。我希望同学以后学习文言文要多读多背，这样才能培养语感。相信大家越背越顺心。

【典型微活动】

学生已经上九年级了，那么他们对学过的知识应该有一个系统的理解了。所以教师可以让学生自主归纳总结，提前两天布置作业。

师：同学们，今天就来展示一下你归纳的名词作动词现象的句子。

生：我找到这几句"策之不以其道中"的"策"。"尉果笞广"中的"笞"。

生：我找到这几句，也有老师曾经讲过的。"山不在高，有仙则名"

中的"名"。"名之者谁"中的"名"。"一狼洞其中"中的"洞"。

生：我找到这几句。"一鼓作气，公将鼓之"中的"鼓"。"处处志之"中的"志"。"陈胜王"中的"王"。

生：我找到这几句。"愿为市鞍马"中的"市"。"流血五步，天下缟素"中的"缟素"。"小信未孚，神弗福也"中的"福"。"客此"中的"客"。

师：同学们真不错，找到这么多名词用作动词的现象。我相信只要我们善于归纳总结，我们一定会学有所获。

【创意微反思】

学生的学习是一门学问，教师的教更是一门艺术。当学生学习有困惑的时候，教师就应该思变，"变"则"通"。教师的探索是无止境的。当然探索的路上会遇到各种各样的困惑，但这并不妨碍教师带领学生共同前进的步伐。

（四）造句子多表演，学通文言文词类的活用

【创意微反思】

寻准切入口，化难为易。

学生学习文言文的现状是他们在学习一篇陌生的文言文时，心情复杂，又畏惧又好奇。尤其是遇到词类活用的现象，就想含糊其辞。在小学阶段，教师淡化了词性和句子结构的教学，因此学生在进入初中后，学习词类活用就很困难。教师需要用现代汉语句式教会他们状语在句子的什么位置；再通过对成语中名词活用状语的情况进行讲解，让学生战胜畏惧心理，化难为易，变陌生为熟悉。

【创意微反思】

巧用造句法，事半功倍。

【典型微活动】

师：同学们，请把这两个成语补充完整。

（　）吞（　）咽　　（　）新（　）异

生：老师，这几个成语分别是"狼吞虎咽""日新月异"。

师：请为这两个成语各造一个句子。

生：祥子狼吞虎咽地吃完了两碗豆花。

师：（笑）老师以为是狼虎在吞咽呢，原来是祥子在吞咽。

生：老师，这就是你教我们的活用方法——名词活用状语，祥子像狼虎一样在吞咽。

生：现代科技日新月异，复制动物已经不是梦想。

生："更新、变化"的对象是什么呢？

师：（笑）不会是太阳和月亮吧？

生：可是我要说的是"现代科技"在更新、变化呀！

师：那么"日"和"月"有什么用法呢？

生：这就是名词活用为状语呀！意思是"每天""每月"。

【创意微反思】巧用成语，趣味学习。

【典型微活动】

师：同学们，我们来看一个关于"管窥蠡测"的小视频。

生：这个视频太有趣了。

师：有趣在哪儿呢？

生：那个大头娃娃从竹管里看天、用瓢来量海水的样子好可爱。

师：原来是大头娃娃在看天，在量水，那么"管""蠡"在成语中是什么用法呢？

生：名词活用状语。

师：这样的成语故事还很多，大家可以多接触，在趣味中学习。

【创意微反思】

以"演"促"学"，深刻体悟。在表演中学习，又生动又形象，能取得更好的效果。

【典型微活动】

师：现在请两个同学来表演"东张西望"。

生：老师，我来！

生：老师，我也要来！

师：看了两位同学的表演，老师来提问了哟！谁在张望？

生：表演的两位同学。

师：同学东张西望。

生：对！"东"是"向东"，"西"是"向西"，刚才他们就是这样表演的——向东或向西方张望。

师：那么"东""西"是什么用法呢？

生：名词活用状语。

【创意微反思】

深入浅出教，融会贯通学。学生在学习文言文时有名词用作状语辨不清、译不准的问题，表面原因是学生对文言现象不熟悉，其实最根本的原因是教师教得敷衍，学生的学法不当。我们要通过一系列的活动，深入浅出地引导学生，让学生在活动中找到切实可行的方法，乐于去辨别和翻译。

专题九
古白话小说创意阅读微课例[①]

一、古白话小说创意阅读微问题群

（一）学生阅读古白话小说兴趣不浓

【问题描述】

师：同学们，你们看过《水浒传》或者由其改编的影视作品吗？

生：极少数学生迅速地举起了手，大部分学生迟疑而缓慢地举起了手。

师：我看到大部分同学手举得很迟疑，这是为什么呢？谁来告诉我？

生：老师，我的妈妈在我小学时候就给我买了《水浒传》，每年寒暑假电视里也在播放《水浒传》。可惜，我就是看不上劲儿，书根本就没看几页，电视连续剧给我留下印象的，也仅是与武松相关的几集。

① 专题九负责人是乐山五中教师魏利军，作者是魏利军、冷怀清。

【问题诊断】

教师和家长都知道阅读名著的重要性，往往也做了相应的引导，为学生准备了阅读书目。可到了学生这儿，真正阅读的并不多。其重要原因之一就是这样的作品，它本身预设的阅读对象并非中学生。与学生最感兴趣的漫画、校园文学相比，它的吸引力明显不足。

【问题描述】

教师在新课教学中都有这样一个环节，即检查预习，其中就包括听写生字词、解释词义等，课堂上及时评价，了解学生掌握的情况。在《智取生辰纲》这一课的检查预习环节，学生的学习效果很不理想，与之前的学习效果相去甚远，其中的问题有待解决。

【问题诊断】

学生通过自主学习，掌握基本的字音、字形、词义，这本没有多大的困难，但在《智取生辰纲》这一课却问题百出。究其原因，一方面是因为本课需要掌握的字词较多，难度明显上升；另一方面是本课是古白话，与现代汉语相比显得晦涩难懂，学生的学习兴趣明显不足。

【问题描述】

教师在教学完《智取生辰纲》以后，结合本学期名著导读相关要求，给学生布置了相应的阅读任务，提出了明确的阅读进度要求。在后续的教学反馈中，学生出现不能按照教师要求完成相应进度的问题。这一现象在之前的名著阅读之中是极少出现的。

【问题诊断】

老师布置了明晰的阅读任务，本以为学生阅读会按照预设推进，结果却发现学生的阅读进度和教师的要求相去甚远。究其原因还是学生兴趣不浓，特别是一些女生反映她们对其中的主人公比如粗俗不堪、嗜杀成性的李逵，特别反感。

（二）师生研读古白话小说文本不深

【问题描述】

以下是一位教师在教授九年级上册第六单元的《范进中举》时的教学情况。

师：今天我们一起学习清代吴敬梓的长篇讽刺小说《范进中举》的节选部分，请同学们在读课文的时候，把你认为可笑的地方划出来，想一想可笑的背后有何意蕴？

生：范进发疯很好笑。"走出大门不多路，一脚踹在塘里，挣起来，头发都跌散了，两手黄泥，淋淋漓漓一身的水，众人拉他不住，拍着笑着，一直走到集上去了"，他为自己中了一个举人而欢喜疯了，可见当时中个举人是很难的事。

生：胡屠户很好笑。他把银子攥在手里紧紧的，把拳头舒过来说道："这个你且收着，我原是贺你的，正好又拿了回去。"在范进稍微推迟一下时，屠夫连忙把拳头缩了回去，把银子往腰里揣。

生：众邻居很好笑。范进中举以前，他的母亲"饿得两眼都看不见了"，也不见众邻居有个帮衬。范进中举以后，当下众邻居有拿鸡蛋来的，有拿白酒来的，也有背米来的，还有捉两只鸡来的。

生：张乡绅很好笑。范进中举前，"一向有失亲近"，见死不救。范进中举以后，就成了"亲切的世兄弟"。

【问题诊断】

学生在学习时，多能体会范进中举后发疯丑态的可笑之处，但无法理解封建科举制度对于读书人的荼毒。学生对于胡屠户的形象理解比较片面，仅仅聚焦在他前倨后恭、嗜钱如命、嫌贫爱富、庸俗自私的市侩性格，但对于他有人情味的一面欠缺理解。张乡绅貌似是文中的一位"小人物"，对他的着墨不多，篇幅有限，但他的形象对于学生理解范进读书的目的是很有帮助的，忽视张乡绅这一人物形象是不可取的。众邻居的态度是扭曲了的社会价值观的体现，矛头指向封建科举制度。"范进中举"的故事虽是旧闻，但对于同是读书人的今日中学生形成为什么而读书的价值观仍不缺乏其借鉴意义。

【问题描述】

九年级上册六单元的《刘姥姥进大观园》是《红楼梦》里的经典片段，貌似一场由人撺掇着取悦于贾母的闹剧，却充满笑点，但由于时代的隔膜及缺乏对原著整体把握，大多数学生对大观园里的豪奢腐朽及众人的"笑"没有什么感觉，甚至无法理解。尤其是不太熟悉《红楼梦》的学生会在阅读课文的同时，内心涌起许多不解，如：刘姥姥的言行并没有什么大不了的啊，怎么众人笑得如此夸张？大观园是贾家一个普通的花园吗？刘姥姥何许人也？她和贾家有些什么瓜葛呢？本课还涉及到那么多的人物，各自都有哪些背景？"笑点"究竟在哪里？刘姥姥是个滑稽的丑角吗？作者安排"刘姥姥进大观园"这一出究竟有何用意？……

【问题诊断】

学生通过观看影视剧，对故事情节大多有所了解，但不可否认的是，这种了解处于较为浅层的阶段，无法涉及《红楼梦》中复杂的人物关系及深刻的思想内涵。学生在课文阅读过程中无法深入文本在于缺乏对课文营造的那种贵族宴席情境的体验，缺乏对刘姥姥内心的走进，缺乏对"十二金钗""贾府人物关系"等背景的了解。用课文里的关键细节或语句串起原著相关章节的阅读，是深入解读人物的一个重要法门。

【问题描述】

以下是笔者所见的一个真实课堂情形。

师（兴致满满）：《三顾茅庐》是一篇自读课文，今天我把课堂交给同学们。你们开始自读吧。

在教师的注视下，学生打开书，开始"自读"起来。一会儿，有个别同学开始做些无关课文的事，一些同学开始讲话。

师（很快注意到了变化，干涉了一下纪律）：不动笔墨不读书，大家结合课后阅读提示，哦，对了，还有单元导读，多批注。

教室里恢复了安静，也有很多同学拿笔勾画圈点起来。不久，"安静"的教室里有几个学生随意地翻起了别的课目，有学生打起了呵欠，有人悄悄拿出了其他作业……

师（看看时间）：好了，今天我们就自读到这，下面我提几个问题……

老师抽了两个学生发言，大部分学生沉默茫然。

师（看看时间）：同学们，今天我们读了……认识了……几位人物形象，我们可以在课外找来原著继续阅读《三顾茅庐》相关章节。好，下课！

【问题诊断】

以上课堂教师的处理较为随意，可以说浪费了宝贵的课堂时间，对学生的阅读指导浅尝辄止，学生不易找到进入文本的路径，难以获得更真切的体验和深刻的理解。

其一，对经典名著中古白话小说这一文体教学缺乏足够的认识和理解。《三顾茅庐》是《三国演义》里的经典片段。《三国演义》中的古白话雅正端庄，略有文言的艰涩，其中不乏生僻语言。同时，在《三国演义》的宏大历史叙事中，人物众多，事件纷繁，关联复杂，在阅读选文时，对学生熟悉原著的要求较高。另外，选文语言简洁，以对话为主，故事的情节性似乎不是很强，需要勾连相关前后文调动学生阅读兴趣。

其二，自读，并非完全放任不管，而要调动学生主动性，找到适切的方法，尽可能让学生在文本里沉潜游弋；教师不能简单地放羊式管理，应该设计在前，通过观察捕捉现场，不着痕迹地在幕后推动和指导。通过反馈检查阅读达标情况并采取相应后续措施。

其三，缺乏课文资源挖掘及教学精细设计。本课需要通过专题阅读活动，引领学生沉潜文本，涵泳文字，紧扣语言及写作手法，结合原著中的必要信息，体悟人物描写、层层铺垫等艺术手法对塑造人物形象的妙处。

（三）古白话小说课堂创生成果不多

【问题描述】

九年级上册古白话文小说单元中的《智取生辰纲》是我国古代章回体长篇英雄传奇小说《水浒传》中的精彩章节，围绕着北京大名府留守梁世杰献给当朝太师蔡京的十万贯金珠宝贝，以杨志为首的押送方和以晁盖、吴用为首等七人智取方展开明争暗斗，整个故事双线缠绕且波澜起伏，暗流涌动。在学习课文的过程中，本是暗流涌动的故事学生读来却觉得平平无奇，看不到故事背后的刀光剑影。学生也很难体会"智取"之"智"，或者把杨志的失败原因简单归结为他自身无能，明明知道此处有强人出没却还着了道。环境描写作为小说的三要素之一，在本课中环境描写在推动故事情节方面有独到作用，需要引导学生进行深入分析。

【问题诊断】

这篇课文是元明期间的白话，还夹杂着当时的一些方言，其中有的词语字面上跟现代汉语完全一样，但意思却不同，如"计较""勾当"等，因此学生在阅读时存在阻碍。学生并不了解《水浒传》的故事背景，即北宋末年宋徽宗时代极端严重的阶级压迫和频繁的农民起义。学生对作品中啸聚山林的绿林好汉追求的"兄弟义气""快意恩仇"等观念也欠缺正确的理解，需要引导学生正确认识作品中表现出来的情与法之间的矛盾。因此，教师要积极引导学生借助工具书并联系上下文，解决疑字难词，并积累部分常用文言词汇，利用文中的关键细节或句子，把握"智取"之智，通过前情介绍，串起原著相关章节的阅读，让杨志的形象更加清晰饱满。

【问题描述】

教师在教授《范进中举》一文时，特别关注作者通过细节描写刻画人物形象的部分，会充分利用课后积累拓展题，指导学生分析习题选段中的细节描写，体会其表达效果。在完成了这一"教"后，教师通常会设计"学"的环节，即要求学生自己再找几处细节描写，品味其表达作用。学生的关注点大多集中在胡屠户身上，没能发现范进对胡屠户称呼的变化，即从"岳父"到"老爹"。

【问题诊断】

所有的教都是为了学，知识一定要"过手"，能力一定要生成。学生没能找到"岳父"到"老爹"的变化，自然就挖掘不出范进灵魂深处对胡屠夫的鄙视，在"万般皆下品，唯有读书高"的社会里，范进这样执着的读书人对胡屠夫这样的市井百姓的尊重大多是出于道德规范要求。学生很难理解范进"唯唯连声"背后的愤怒与抗争，也就不能完整地理解丰满的人物形象。

【问题描述】

笔者曾经观摩了多堂《三顾茅庐》的课堂教学，也查阅了一些相关的教学设计，这些教学设计都新颖独特，亮点频现。但这些教学设计都忽略了一个问题，三顾茅庐的"三"有何特点？

【问题诊断】

"三"即是三叠法，是文学作品故事情节构思的重要技法。教学中如果不能发现这个"三"字，就既不能归纳整理教材和名著中出现的文学现象，比如郑振铎的《猫》中三次养猫经历，《赫耳墨斯与雕像者》中赫耳墨斯三次询问价格，《西游记》中三打白骨精，也不能传递给学生写作文时相应的技法。教材中的关键点没能发挥相应作用，课堂效果非常有限。

二、古白话小说创意阅读微设计群

（一）多元切入，妙趣横生

【创意微设计】

亲子互动，情感铺垫。教师在教授《智取生辰纲》以前，和家长演一个双簧。教师布置学生回家向家长询问哪一部书对自己的影响最大，教师在家长群里引导家长进行正向回答，诸如"那个时候我们虽然可读的书不多，可《水浒传》给我留下的印象特别深""特别是其中的武松这些人物，不仅武功高强，还侠肝义胆""其中那个李逵也挺有意思的，虽然做事有点鲁莽，可他最为忠诚"。在课堂上，教师再呼应家长的话语，使作品给学生留下深刻印象。

【创意微设计】

摆脱窠臼，独辟蹊径。围绕"智取"之"智"，由"取"入手深化"智"的体会：第一，按常理说，身处江湖的晁盖、吴用等一群草莽英雄千方百计地把官家梁中书送给蔡京的生辰纲弄到自己手里，怎么也不该称"取"，该用

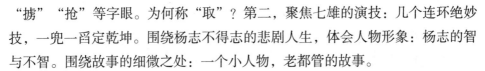

"掳""抢"等字眼。为何称"取"？第二，聚焦七雄的演技：几个连环绝妙技，一兜一舀定乾坤。围绕杨志不得志的悲剧人生，体会人物形象：杨志的智与不智。围绕故事的细微之处：一个小人物，老都管的故事。

【创意微设计】

勾连古文，降低难度。《三顾茅庐》一文与《出师表》一课有较多的关联之处。《三顾茅庐》是九年级上册第六单元的课文，《出师表》是九年级下册第六单元的课文，先学习《三顾茅庐》再学习《出师表》，看似毫无争议。但在实际的教学中，教师在九年级上学期会教一些九年级下册内容，这样《三顾茅庐》与《出师表》教学的间隔时间并不会太长。教师可以尝试先教古文《出师表》，学生再自主学习《三顾茅庐》，这样学习难度相对降低，有利于激发学生的学习兴趣。

（二）素养引领，文本深探

【创意微设计】

关注夸张，剖析对比。《范进中举》是九年级上册第六单元的课文，它把儒林世相描绘得入木三分，它像一面镜子照出了科举制度下世人的丑恶嘴脸和封建末世衰颓的世风。《范进中举》的故事情节是比较清晰的，学生能够比较容易地厘清文章的故事情节。因此教师在进行教学设计时主要围绕人物的形象进行，并紧紧抓住人物的语言、动作分析人物形象，品味细节描写的高妙，分析夸张和对比手法在讽刺作品当中的作用。用课文里的关键细节或语句，串起原著相关章节的阅读，是深入解读人物的一个重要法门。[1]

【创意微设计】

聚焦话题，长文短教。如何"长文短教"，确定教学内容？以下教师的教学设计中均抓住了"笑"这一线索，以"笑"体会人物的性格、身份和地位，直接而准确地触及了文本的核心内容。朱玉霞老师设计的问题为"是谁导演这场戏？"不仅让学生内化了人物的性格形象，还深入了文章主体展开探究，直击文本核心；郑婷老师创设情境——刘姥姥向村里的人讲述在富贵人家的经历，锻炼学生的读说能力，并借助思维导图有条理地梳理贾府的富贵与奢侈；黄瑞雪老师直接让学生模仿"笑态"猜"人物"，在"欢笑"的情境中体悟人物形象；张彬彬老师则利用助读系统中的阅读提示和批注中的问题，架构教学设计，

---

① 崔霞：《语文教学中学生学习活动与思维发展关系初探——结合〈范进中举〉一课学生学习活动设计分析》，《教育与装备研究》，2021年第6期，第38～41页。

建立学生与文本的链接，体现了自读课文的独特所在。

【创意微设计】

板块契领，精准选点。

其一，从不同细节的质疑切入课文及相关回目的阅读探究，"一两银子，也没听见个响声就没了"，"独有凤姐鸳鸯二人掌着"，"你先嘱咐我，我就明白了，不过大家取笑儿"，"贾母素日吃饭，皆有小丫鬟在旁边拿着漱盂、麈尾、巾帕之物"……

其二，从训练切入点进行教学设计，复述故事内容，从作者角度、文中贾府中的人物角度，或刘姥姥回村讲述的角度写出故事梗概，或开展人物形象分析小讲座，或对简洁传神的"笑"的描写的赏析专题小练笔等。

其三，从不同教学板块或教学流程来设计，自读质疑—再拓展读—再合作探究，选点导入—背景介绍—课文研读，浏览—质疑答问讨论—选点研读，适度提问—点拨之下自读—再集体归纳小结，分工阅读—交流共享……

【创意微设计】

方式多样，直击素养。从不同教学方式方法上切入教学，分组合作探究刘备、关羽、张飞、诸葛亮的人物形象，《三顾茅庐》课本剧表演，质疑答问讨论等互动式学习，适度提问、点拨之下自读，再集体归纳小结，围绕"三顾茅庐"一个细节串联其他章回的阅读、分工阅读、交流共享等，开展"背景我知道"小讲座……

（三）文体回归，硕果生成

【创意微设计】

明确文体，多元创生。

其一，围绕人物形象来进行设计。第一，围绕胡屠户的人物形象进行教学设计。胡屠户在文中是一个重要的角色，具有鲜明的特点，在范进中举前后他的态度发生了极大的改变。请学生找出相关描写，体会胡屠户的人物形象。小说中塑造的人物多是立体而丰满的，请从胡屠户的话里找出他有人情味儿的依据。第二，围绕范进的人物形象进行设计，概括范进中举前后的生活状况。"中举"对范进来说意味着什么？文中胡屠户评价范进是个"烂忠厚没用的人"，你觉得他的评价正确吗？范进中举到底是个喜剧，还是个悲剧？第三，围绕张乡绅的人物形象进行设计。张乡绅的奢靡生活是真的吗？科举制度下的读书人，他们的读书价值观都和范进、张乡绅的读书价值观相同吗？

其二，围绕细节描写来设计，找出胡屠户典型的几个动作，如，"一路低着头替他扯了几十回""胡屠户忙躲进女儿房里不敢出来""屠户把银子攥在手里，把拳头舒过来"等，品味典型动作的妙处。教师可以向学生强调抓神态、语言等细节描写。

其三，围绕夸张手法来设计，本文最典型的夸张情节是范进得知中举消息后发疯，引导学生探究范进中举发疯的原因，从而引导学生深刻认识封建科举制度对读书人的毒害。

其四，围绕对比手法来设计，对比手法的运用是本课较为典型的技法。在创意阅读教学中，我们不仅可以关注胡屠户表现出来的对比和变化，也可以关注范进、众邻居、张乡绅的对比变化。

【创意微设计】

玩味文本，另辟蹊径。

跳出传统"智取"之"智"，如地点选择之智、天时利用之智等，拨开迷雾，抓住细节，见吴用真智慧处。

> 那七个人道："客官请几个枣子去。"杨志道："不必。"众客人道："就送这几个枣子与你们过酒。"
>
> 那挑酒的汉子看着杨志冷笑道："你这客官好不晓事，早是我不卖与你吃，却说出这般没气力的话来。"
>
> 一个客人把钱还他，一个客人便去揭开桶盖，兜了一瓢，拿上便吃。那汉子去夺时，这客人手拿半瓢酒，往松林里便走，那汉赶将去。只见这边一个客人从松林里走将出来，手里拿一个瓢，便来桶里舀了一瓢酒。众军谢了，先兜两瓢，叫老都管吃一瓢，杨提辖吃一瓢。
>
> 杨志见众人吃了无事，自本不吃，一者天气甚热，二乃口渴难耐，拿起来，只吃了一半，枣子分几个吃了。……只见那七个贩枣子的客人，立在松树旁边，指着这一十五人说道："倒也，倒也！"只见这十五个人，头重脚轻，一个个面面厮觑，都软倒了。

【创意微设计】

紧扣形象，多维解读。

围绕诸葛亮这一人物形象塑造进行设计：

其一，用作者的按语、情节中适时穿插的诗词、后人对人物的评价及情感来助读。教材选文中的三首诗能够串起我们对诸葛亮形象的认识，帮助我们更好地理解本回原著中诸葛亮高瞻远瞩、运筹帷幄的卓绝智识。

其二，作者对诸葛亮外貌、动作、神态、语言的直接刻画，可以让我们较为全面地认识诸葛亮立身严正、自尊自信、雄才大略、儒雅洒脱的隐士形象，学生也可据此展开相关探究活动。

其三，组织学生整理课文，通过制作思维导图，从刘备等人的侧面描写间接地领略到诸葛亮无与伦比的才华及不可多得的智士形象。

其四，站在不同人物的角度复述本回内容，体会作者层层铺垫、不断对比衬托的艺术手法对塑造诸葛亮人物形象的妙处。

三、古白话小说创意阅读微反思群

（一）贴近生活，古文萌生新趣味

【创意微反思】

找找我们了解的与范进读书价值观不一样的人物。

【典型微活动】

引导学生寻找正确的榜样，形成正确的价值观。

生：周恩来总理是以"为中华之崛起"为读书目的。他一心为国，到了晚年依然生活简朴，没有什么积蓄。

生：林语堂说读书是为了摆脱俗气。点明读书要能破俗见陋习，复人之灵性。所以读书的意义，是使人较虚心，较通达，不固陋，不偏执。

生：陶渊明读书是为了内心的愉悦，所以他在《五柳先生传》中才会说"每有会意，便欣然忘食"。可见他读书是为了从书中体会真理，获得愉悦。

生：苏轼曾说"腹有诗书气自华"，强调一个人学识丰富，见识广博，不需要刻意的装扮，就会由内而外产生一种高贵的气质。

【创意微反思】

创意写作，激发思维。

【典型微活动】

为学生提供表达的支架，将《范进中举》改写为课本剧，在创意写作中加深对内容、人物和主旨的理解。

学校话剧社准备开展"话剧之夜"演出活动，请同学们协助话剧社将《范进中举》改编成课本剧。请你发挥想象，添加人物语言、动作、心理、神态等细节，选择课文中的某个片段，改编一幕课本剧。

范进中举课本剧说明：范进、胡屠夫、范进母、范进妻、算命人、报录人、邻人百姓、张乡绅（人物），母鸡、报帖、银子等（道具）。

学生在完成课本剧创作，教师进行修改后，在班上呈现课本剧表演，进行小组PK，学生点评。在演出和观看过程中，再次梳理故事情节，感受人物形象。

【创意微反思】

想象刘姥姥回去给村人讲述大观园里欢宴的情形。浏览全文后梳理宴会程序、内容、秋爽斋当日宴会的物、事、人（饮食器具、菜品、餐桌礼仪规矩、宴会活动、几个典型人物的表现等等），再进行师生交流，最后由学生模仿刘姥姥给村人讲述大观园里欢宴的情形。

【典型微活动】

学生浏览全文后，通过思维导图梳理秋爽斋当日宴会的程序及典型的物、事、人。师生开展交流活动如下。

师：从课文里秋爽斋当日的宴会情况，我们可以窥见这个贵族大家庭用餐是很讲究规矩的，根据你们的梳理，说说贾府用餐都有哪些程序和规矩呢？

生：餐前首先要请示地点和时间，其次要提前分桌摆放；饭时先伺候主子用餐；主子用餐洗漱，餐后茶话歇息，由下人善后，重摆饭桌，其他人再用餐。

生：有小丫鬟在贾母旁拿着漱盂、麈尾、巾帕之类伺候。

师：说说当天参与用餐的都有哪些典型的人呢？

生：王熙凤、鸳鸯、李纨、史湘云、贾宝玉、贾母、林黛玉、贾迎春、贾惜春、丫鬟们……

师：几乎要涵盖《红楼梦》里的"十二金钗"了，还涉及哪些物和事呢？

生：提饭食一色摄丝戗金大盒子、老年四楞象牙镶金的筷子、乌木三镶银箸等。

生：刘姥姥饭间言行逗乐大家——"食量大如牛"的表演，"一两银子也没听见个响声儿就没了"的表演。

【创意微反思】

以刘姥姥为中心人物，讲述大观园情形，感知大观园之行带给她的震撼。

【典型微活动】

学生模仿刘姥姥回村讲述的口吻，向村里人讲述当日在大观园的具体情形。

生：俺老刘这回子进城算是开了眼，那大观园就不是咱这伙子人呆的地儿啊。咱这山是山，河是河，可山水到了人家那，就在园落里打转。园子太大了，几个时辰转不完，为了带我游园子，人家还张罗了一艘船呢。

生：园子里的姑娘都长得跟画上人儿似的，仙女一般俊呢。

生：人家那一顿饭啊，才叫阵仗哦。一大堆人端、捧、搬、揶，倒腾小半日，那筷子也穿金戴银，叫甚——老年四楞——象牙——镶金什么的。

生：人家那鸽子蛋不一般呢，要一两银子一个呢。

生：人贾府吃饭规矩是叫什么着，就像那说书一样的讲顺口溜，说不好还罚酒。我老刘算是豁出去了，给那些太太小姐们演了一出大戏哦。这可不是哪个都干得成的。

在"刘姥姥"讲述的过程中，鼓励学生模仿其同村人参与插话打诨。比如（模仿村人羡慕口吻）：啧啧，姥姥好福气，啥时能带我们远远的望望也算没白来这世间一趟。多大的园子！那得花多少银子啦，难怪叫"大官"园哦。

【创意微反思】

活动体验 → 模仿"笑态"猜"人物" → 演一演各人的笑（推导贾家人物谱）。

【典型微活动】

主持人：刘姥姥进大观园，一路笑声不断，而观各位"看戏"者之笑，形形色色，千姿百态，读者不由得为作者语言之精妙而深深叹服。湘云、薛姨妈喷茶，黛玉岔气，宝玉入贾母怀，王夫人笑指而"说不出话"，惜春离座而让奶母"揉揉肠子"，此是有名有姓者。余下之人有"弯腰曲背"的，有"躲出去蹲着笑"的，也有忍笑的。众人之笑态百出，却绝无重复，以其性格各异也。

其一，生演史湘云的笑"喷"，同学们猜。主持人幻灯片显示人物图片及简介：史湘云，贾母娘家的侄孙女，宝玉的表妹，性格心直口快、开朗豪爽，爱淘气，甚至敢于喝醉酒后在园子中的大青石上睡大觉，她爱大说大笑且风流倜傥、不拘小节，又诗思敏锐，才情超逸，深受贾母疼爱和大家喜欢。

其二，生演林黛玉笑岔气叫"嗳哟"，同学们猜。主持人幻灯片显示人物图片及简介：林黛玉是一个美丽而才华横溢的少女。她早年父母双亡，家道中落后孤苦伶仃，性格敏感多疑，自觉到贾府过着寄人篱下的生活。她孤高自许，在那人际关系冷漠的封建大家庭里，只有贾宝玉成为她惟一的知音。

其三，生演贾宝玉滚到贾母怀中，请同学们猜。主持人幻灯片显示人物图片及简介：贾宝玉，中心人物。作为荣国府嫡派子孙，他出身不凡又聪明灵秀，是贾氏家族寄予厚望的继承人。

其四，生演贾母搂喊"心肝"，请同学们猜。主持人幻灯片显示人物图片及简介：贾母是贾府的最高统治者，礼书簪缨之族的贵夫人，福寿双全，惜老怜贫；她对宝玉极其宠爱，把这个孙子当作"心肝""命根子一样"来珍视。她是林黛玉的外祖母，史湘云是她内侄孙女。

通过对简洁传神的"笑"的描写，可以窥见不同人物的身世、性情，甚至命运。

【创意微反思】

创写歇后语，解说课文。

【典型微活动】

教师设问，学生解答。

刘姥姥进大观园——眼花缭乱，刘姥姥进大观园——看花了眼

问：是哪些东西让刘姥姥有以上感觉的呢？

刘姥姥进大观园——长了见识，刘姥姥进大观园——大开眼界

问：是些什么特别的事物或经历让刘姥姥开眼长见识了？

刘姥姥进大观园——洋相百出，刘姥姥进大观园——少见多怪

问：刘姥姥出了哪些洋相，你如何看待这些洋相呢？

刘姥姥进大观园——满载而归

问：刘姥姥进大观园，到底收获了什么？

【创意微反思】

熟读文中对老都管的语言描写，从老都管对杨志的称呼变化，即由背后称"他"到当面称"提辖""杨提辖"再到当面称"遭死的军人""草芥子大小的官职"这三个层次，导演结合演出老都管前恭后倨、刻薄圆滑、精通官场之道的形象。

【典型微活动】

在《智取生辰纲》中，有一个不可忽视的小人物，他对整个事件的发展都起着推波助澜的作用，他就是老都管，让我们导演结合，展示老都管的形象。

其一，甲小组的导与演。

老都管道："须是我相公当面分付道：'休要和他别拗。因此我不做声。这两日也看他不得。权且奈他'。"……老都管又道："且奈他一奈。"

老都管道："你们不要怨怅，巴到东京时，我自赏你。"这几

处，老都管还没有和杨志正面交锋，只是在军健和虞候面前称杨志为"他"，语气比较正常，因听从梁中书的分付，所以还保持着对杨志的忍耐。但他和杨志不是一路人，内心是看不起杨志这个戴罪的军人，更谈不上听从他的调遣，维护他的权威。

这里要演出老都管老持成重，在众军中有分量，有让人信服的感觉。所以老都管应该是坐在树荫下休息，两脚微微向旁侧打开，手放在膝盖上。说话要慢要稳，不可像杨志一样急躁，"赏"字要说得有派头。

其二，乙小组的导与演。

看这杨志打那军健，老都管见了，说道："提辖，端的热了走不得，休见他罪过。"

老都管道："权且教他们众人歇一歇，略过日中行如何？"

老都管道："我自坐一坐走，你自去赶他众人先走。"

随着杨志的暴躁升级，老都管和杨志开始正式对话。这里老都管表面上还是尊重杨志的，称他为提辖。"端的""权且""如何"要演出商量的口气，可见老都管深谙官场，虽然背地里对杨志有不满，明面上还是无可指摘。直至确实受不了奔波之苦，也只是让杨志赶众人先走，怒气隐而未发。

其三，丙小组的导与演。

老都管喝道："杨提辖且住，你听我说。我在东京太师府里做奶公时，门下官军见了无千无万，都向着我喏喏连声。不是我口浅，量你是个遭死的军人，相公可怜，抬举你做个提辖，比得草芥子大小的官职，直恁地逞能。休说我是相公家都管，便是村庄一个老的，也合依我劝一劝，只顾把他们打，是何看待！"这里老都管要发怒了，要厉声呵斥。"杨提辖且住"几个字要高声喊。"量你是个遭死的军人""相公可怜，抬举你""草芥子大小的官职"要重重地吐出来，让这几个字重重地砸在杨志的心上，杀人诛心。"是何看待！"强烈的反问语气，当面对峙的样子，所以此处的话应是面对杨志站着说的。

其四，丁小组的导与演。

老都管道："既是有贼，我们去休。"

老都管道："似你方才说时，他们都是没命的。"

这里要演出讥笑、讽刺的样子来。老都管虽嘴上说"去休"，但身体上没有行动，还是坐着①。"似你方才说时，他们都是没命的"，是在讽刺杨志沿

———
① 施耐庵、罗贯中：《水浒传》，人民文学出版社，2017年，第204～205页。

途的草木皆兵、耸人听闻，面上要显出对杨志的轻蔑之态。

【创意微反思】

《三首诗识诸葛》，在教师指导下，结合"三顾茅庐"及相关章节，查阅资料，制作 PPT，采用学生小讲座的形式帮助学生理解诸葛亮的远见卓识、高风亮节及感恩忠诚等美好品质。

【典型微活动】

品诗歌，识诸葛。

其一，熟读三首诗，结合上下文，找诗眼。

"大梦谁先觉，平生我自知。草堂春睡足，窗外日迟迟。"

这里一语双关，写景写天气，也在写心迹。写景中可以投射孔明的儒雅洒脱。同时，诸葛亮也在隔窗传语，我孔明是有意躲避你啊，意在考验你刘豫州是否真有大志，是否真有诚心。而吟诗歌，有已视刘备为明君的倾向，含蓄表达相见恨晚之意。所以，"迟迟"二字可为诗眼。

豫州当日叹孤穷，何幸南阳有卧龙！欲是他年分鼎处，先生笑指画图中。

"笑"，可形象写出诸葛亮成竹在胸，智识卓绝的儒雅风范。有此"笑"，文中"自董卓……"的侃侃而谈、条分缕析、周密筹划、清晰对策就恰如其分，自然而然了，一位儒雅洒脱的卓绝智者形象便如在眼前。

身未升腾思退步，功成应忆去时言。只因先主丁宁后，星落秋风五丈原。

"只因"，也照应"三顾"之恩义，道出诸葛亮虑事周全却因知恩尽忠的操守无法达成的复杂内心，导致了旷达洒脱而又立身严正的卧龙先生明知不可为而强为的悲剧命运。当然，这也折射出刘备的魅力和厉害之处。

其二，试着给三首诗加个题目，如迟日春睡、画图当年、诸葛挽歌等。

其三，三位同学开设微讲座。

第一首诗的微讲座："大梦谁先觉，平生我自知。"先声夺人！意思就是在这乱世之中，乱相纷飞，人人迷茫惊惶，不知其所以，而个中缘由我心里跟明镜似的。要不我怎会自比管仲乐毅，以此呼应而已。后两句表达诸葛亮虽然超然物外，遗世隐居，却从未放弃心怀天下、等待伯乐到来以成就一番功业英名的雄心。用"日"来隐喻赏识自己的伯乐、未来的明主，用"日迟迟"形容明主到来得太慢了。这实际上是说给刘备听的，他在埋怨刘备来得太迟了。因为战乱年代，机会稍纵即逝，明主和贤臣相遇、相识、相知的机会实在是太难得了，也相当宝贵。仔细玩味，一位相时而出的大智、大贤形象浮现出来了。

第二首诗的微讲座（配乐古筝《高山流水》）：刘备当时在豫州，兵寡将少，百姓困窘，庆幸的是在南阳请到了诸葛亮。想要找到卧龙先生当年制定三分天下策略的具体所指，先生并不回答，只是笑着指了指地图。一个高瞻远瞩、胸有大局、沉着儒雅、潇洒风流的智者形象便卓然而立了。

第三首诗的微讲座（在伤感的配乐中体会诸葛亮宽厚忠诚、信守诺言的感人形象）：还没有飞黄腾达就为自己的将来做好准备，等到建立功业后就归隐隆中。但是刘备临死托孤使得诸葛亮无法脱身，最后病死在五丈原。作为诸葛亮何尝不知道天下命数及蜀汉结局，但是答应了先主，明知不可为而为之，令人感慨万千！

【创意微反思】

读白话语言，穿越到现场，领略明君风采。

【典型微活动】

反复品读刘备的语言描写，体会其宏图心志，分享交流。

"不然，昔齐桓公欲见东郭野人，五反而方得一面。况吾欲见大贤耶？"

玄德叱曰："汝岂不闻周文王谒姜子牙之事乎？文王且如此敬贤，汝何太无礼！今番汝休去，我自与云长去。""汝若同往，不可失礼。""彼各有事，岂可相强。"

——一位深明大义、晓之以理、矢志不渝的兄长形象呼之欲出，求贤若渴、欲图宏业、匡扶天下的霸主形象跃然纸上。

"望先生不弃鄙贱，曲赐教诲。"

"大丈夫抱经世奇才，岂可空老于林泉之下？愿先生以天下苍生为念，开备愚鲁而赐教。"

玄德移坐促席而告曰："汉室倾颓，奸臣窃命，备不量力，欲伸大义于天下，而智术浅短，迄无所就。惟先生开其愚而拯其厄，实为万幸！"

玄德闻言，避席拱手谢曰："先生之言，顿开茅塞，使备如拨云雾而睹青天。但荆州刘表、益州刘璋，皆汉室宗亲，备安忍夺之？"

——高山流水遇知音，"以天下苍生为念"的"兴复汉室"宏志大愿的交底，更是一场直指要害的核心机密交流和路线、方针、战略咨询，事关发展纲领的顶层设计交流及竭力相邀的真诚殷切表露。

（二）巧解文本，白话蕴含深意味

【创意微反思】

品读范进中举前后，胡屠户的不同表现，完成下面的表格，体会胡屠户的人物形象，并试着多角度评价胡屠户。

[探究活动一] 探究目标：了解小说中胡屠户在范进中举前后的变化，多角度地全面评价胡屠户。 探究方法：前后对比 探究方式：小组合作，一人执笔，完成表格
比较角度一：称呼 比较角度二：对范进外貌的评价 比较角度三：行为动作 初步结论：
探究路径：确定比较角度 → 搜寻有关信息（圈划标注）→ 得出结论

【典型微活动】

由教师出示表格，指导学生确定比较维度，搜寻有关信息并进行分析，得出最终结论。最后师生交流学习心得。

生：胡屠户在范进中举前称呼他为"现世宝穷鬼"；中举后又称呼他为"天上的星宿""贤婿老爷"，可以看出他是一个表里不一、见风使舵的人。

生：胡屠户在范进中举前骂范进"尖嘴猴腮"；中举后赞他"才学又高，品貌又好"，可以看出他是一个前倨后恭的人。

生：胡屠户在范进中举前，听说范进进了学，"拿了一副大肠和一瓶酒"，自己"吃得醉醺醺的""腆着肚子去了"；中举后，"得着七八斤肉，四五千钱，正来贺喜"。他对范进的态度不一样了，说明他是一个巴结谄媚的人。

生：胡屠户在范进中举前，可以说是对他任意辱骂；中举后，为了把疯了的范进打醒，开始不敢打，打的时候手又颤抖，并且不敢再打第二下。可见他是有点封建迷信的，认为中了举的范进就变成了天上的文曲星，心中封建等级思想已根深蒂固。

【创意微反思】

中举前后，变化的何止是胡屠户，范进自己也发生了变化。面对张乡绅的拜访，在对应句子空白处补写内容，可以是动作、心理、神态描写等。思考：

范进真是个"烂忠厚"没用的人吗？

【典型微活动】

学生聚焦课文，联系上下文，补写内容。

范进（　　）迎了出去，只见那张乡绅下了轿进来……

范进（　　）道："晚生久仰老先生，只是无缘，不曾拜会。"

生：范进连忙迎了出去，只见那张乡绅下了轿进来……范进以前没有机会与张乡绅交往，好不容易张乡绅自己上门来，他一定要把握这次的机会，所以亲自迎接。

生：范进笑嘻嘻地迎了出去，只见那张乡绅下了轿进来……寒窗苦读多年，终于一朝得偿所愿，范进怎么不高兴？何况张乡绅还会送来钱财、房屋。他仿佛已经看到白花花的银子在向他招手了。

生：范进欣喜地道："晚生久仰老先生，只是无缘，不曾拜会。"面对张乡绅的主动攀谈，范进喜不自禁，巴不得攀上张乡绅这高枝。所以他不是像胡屠户所说那样"烂忠厚"的老实人，他虚伪狡诈有城府。

生：他初次中举就无师自通了官场迎来送往的规则，可以说是深谙官场的套路，可不是什么老实人。

【创意微反思】

聚焦胡屠户的一巴掌，巧析形象。

【典型微活动】

聚焦三个"一"：范进的"一句话"，胡屠户的"一巴掌"，张乡绅的"一行礼"。给出人物形象相关词语，引导学生选词填空，概括人物形象。

师：请同学再自由朗读课文第七、八段，关注胡屠户的这一巴掌，你觉得这一巴掌打得如何？

生：打得狠。

生：打得好。

生：打得亲切。

师：说得太好了。亲切可以从以下这几个方面进行分析：亲切的含义可理解为亲近、亲密；交谈的内容可理解为胡屠户与范进的关系与行为目的；交谈的对象可理解为邻居对胡屠户说。注意说话的人与人之间的关系，这里邻居的言语间带点什么味道？

生：羡慕，恭维，调侃。

师：再聚焦"一巴掌"，继续品读胡屠户的手，打完范进之后，胡屠户的手怎样了？此刻心情如何？

生：疼，还在发抖。内心可后悔，可害怕了。后悔什么？打文曲星，后悔对范进以前的态度，怕上天报应。

师：这个平日百般辱骂、讽刺女婿的人，这双手打过无数次范进，今日却感到惶恐了。作者通过范进中举前后胡屠户前倨后恭、截然不同的行为举止，揭示了他嫌贫爱富、庸俗势利的市侩性格。

【创意微反思】

探究刘姥姥"有趣的灵魂"：闻其言，观其行，察其"笑"果。

【典型微活动】

师：好看的皮囊千篇一律，有趣的灵魂万里挑一。刘姥姥这一穷苦农妇，为什么能进入大观园里和大家一起吃喝游玩？她这个被众人当作丑角取乐的老太太，又怎样通过这一际遇有房有地的？让我们来走进刘姥姥"有趣的灵魂"。

生：这一回主要写凤姐和鸳鸯为了取悦贾母，合谋让刘姥姥在吃饭时出洋相，导演了一场独具情态的"笑"剧。

生：刘姥姥闻其言，知道小姐、太太有找个乐子的需求。大雅之堂说大俗之话，这也是公关的一个重要手段，带给礼仪严谨的大观园一股难得的乡野之风。

生：观其行，刘姥姥配合且主动地进行了丑角表演，主动贬低自己，让这里的人都找到一种内在的优越感。

生：察其"笑"果非凡，让所有人摒弃平日的庄重拘谨，释怀大笑，形态各异，姥姥的任务完成了，目的也达到了。

生：刘姥姥何尝不晓得别人在捉弄自己，但活命要紧，一家子的生存要紧。她没有揭穿，反而极力配合，演绎得天衣无缝，让众人看不出一丝破绽。她来贾府的目的非常明确，只是寻求经济上的援助。贾母如此热情地待她，于是她要报恩。

生：刘姥姥何尝不是笑看这群被朱门禁锢的可怜生命，各个层面的人生存都不容易，此时就各取所需吧。

生：刘姥姥也很善良可爱，其实刘姥姥心里明白得很，表面看似糊涂的言行，只是为了让大家和和气气。既看得开，不觉得自己是被捉弄；也看得清，大家并非故意为难她。既让别人舒服，也使自己达到了目的，两全其美。心里明白，表面糊涂，是看破不说破，是给人台阶下，有一种大智慧。

【创意微反思】

质疑课题中"取"字。浏览全文，理清故事的来龙去脉，晁盖一行的行为称为"取"合适吗？如果要换一个字，你们觉得用哪个字更好？但不论是在《水浒传》中，还是在课文节选中，作者和编者都使用或保留了"取"字，是为什么呢？①

【典型微活动】

学生浏览全文后，理清故事情节，梳理出人、事、物，师生交流。

师：题目中的生辰纲是什么东西？

生：生辰纲，编队运送的成套寿礼。文中是北京大名府留守梁世杰献给其岳父当朝太师蔡京的十万贯金珠宝贝。

生：这是梁世杰用搜刮的民脂民膏去孝敬他岳父的。

师：按常理说，身处江湖的晁盖、吴用等一众草莽英雄把官家梁中书送给老丈人的生辰纲千方百计弄到自己手里，怎么也不该称"取"？该叫什么呢？

生：该叫"盗"。

生：叫"偷"。

生：叫"抢"。

师：所以课题要改为"吴用智盗生辰纲""吴用智偷生辰纲""吴用智抢生辰纲"？

生：……好像又不对。

生：抢用不着智慧吧，用蛮力就可以了。

师：你的理解很有意思。

师：盗，即强盗。抢，即明抢。二者都是明目张胆，真刀真枪。偷则是趁其不备，神不知鬼不觉而为之。放在这里都不合适。吴用一行得到生辰纲似乎没这么费劲。所以"取"字体现了课题中的哪个字？

生：体现了"智"。

生：体现了吴用一行人如探囊取物般轻巧，信手取来，悠然归去。

师："智取生辰纲"是一个行动过程，"智"是方式，"取"是结果。"取"固然有生辰纲得来不费功夫之感，也写出了吴用之智的重要性。虽然是拿别人的东西，但因是不义之财，取之合情合理，也符

---

① 张志刚：《语文教学的"智"与"取"——以〈智取生辰纲〉为例读语文教学的创新》，《齐鲁师范学院学报》，2019年，第34卷第2期，第62～65页。

合一般读者的价值判断和审美趣味。

【创意微反思】

请学生阅读《水浒传》中与杨志相关的章节，如第十二回、第十三回、第十六回、第十七回，让学生熟悉杨志生平。教师带领学生深挖文本，聚焦杨志这个人物，辨析杨志的"智"与"不智"。

【典型微活动】

师：《水浒传》是中国优秀的长篇章回体小说，题目常常是对偶的两联，请各位同学为题目补充下联。

生：吴用智取生辰纲　杨志痛失金银担

生：吴用智取生辰纲　杨志误失生辰纲

师：看来同学们的下联都聚焦在杨志身上了，"痛失"用得妙。联系后文，此后杨志的结局是怎样的？

生：他先是想在黄泥冈上寻死，后又猛然醒悟，路遇鲁智深，二人一起到二龙山落草。

师：清清白白的三代将门之后，终落草。"误失"也用得妙，请分小组探究，聚焦杨志的言行，思考杨志"误"在何处？他有没有智慧和谋略呢？

甲小组：杨志首先失误在心浮气躁、严厉粗暴。他不做思想工作，不体恤下属。一味轻则痛骂，重则藤条便打。文中杨志用藤条等打众军，一共出现六次，势必使众军心中埋怨恼怒。

乙小组：杨志不仅没有和下属搞好关系，也没有和虞候、老都管和平共处。文中说"看那军人担仗起程，杨志和老都管、两个虞候监押着，一行共是十五人，离了梁府，出得北京城门，取大路投东京进发"。"监押"二字体现出杨志和老都管、两个虞候都是本次押运的负责人，而杨志对同为领导的老都管、两个虞候虽没动手，却动不动就骂人。

小组丙：杨志没有坚持原则，盲目从众，原是不让买酒也不让喝酒的，后来却禁不住劝吃了一半，分了枣子，所以被麻翻了。联系前面的章节，我们觉得杨志在出发前就出现了重大失误。上年梁中书费了十万贯收买金珠宝贝，送上东京去，半路被劫，至今无获。而现在杨志却仓促应下这烫手山芋，实在是急功近利。因为梁中书承诺要在太师跟前重重保他受道诰命回来，如果这趟能成功，杨志封妻荫子的追求就会实现，因为以前失败过，他太渴望证明自己了，所以没有思虑周详。

丁小组：杨志也不是无脑的武夫，他有江湖经验，在出门前也主动要了队伍的领导权，只是梁中书随口应了，没有真正放权。

戊小组：杨志在押运途中，始终保持警惕之心，要众军趁凉早行，中午炎热时就歇。后来到尴尬去处时，又智变行程，在中午时赶路，这些也是他的智慧之处。

【创意微反思】

根据文中语言描写，想象揣摩人物神态、动作、心理，进行课本剧编写（或表演），深度把握小说中的人物形象。

【典型微活动】

首先，熟读关于张飞的语句。

张飞曰："哥哥差矣，量此村夫，何足为大贤；今番不须哥哥去；他如不来，我只用一条麻绳缚将来！"……飞曰："既两位哥哥都去，小弟如何落后！"玄德曰："汝若同往，不可失礼。"飞应诺……关、张在外立久，不见动静，入见玄德犹然待立。张飞大怒，谓云长曰："这先生如何傲慢！见我哥哥侍立阶下，他竟高卧，推睡不起！等我去屋后放一把火，看他起不起！"云长再三劝住。

其次，以张飞的口吻，戏说自我的角色意义。

如，俺张飞，历来被人称为有勇无谋，一介武夫而已，似乎除了酗酒逞能、冲锋陷阵外，无甚韬略。老张我实在不服。俺翼德貌似莽撞，却也粗中有细，心有打算。我虽不像二哥般熟读《春秋》，却也深晓大义。俗话说：红花当然绿叶配，一个好汉三个帮。我心里清楚得很：那个时代，谁能够收揽人才，谁就更有机会成就一番伟业，人才之争不亚于战场厮杀啊。我何尝不知道大哥猥自枉屈，三顾茅庐，他是在向诸葛先生、向天下呈现一个心忧百姓、思贤若渴的明君形象啊。尽管有些嫉妒诸葛先生在大哥胸中的位置，但老张我也深知他对大哥事业的重要作用。诸葛先生几番安排、试探、考验，我们就得接招啊。作为立誓同生死的兄弟，为了制造更大的效应，更好地彰显大哥一次比一次恭谨，一次比一次更急切的求贤决心，我故意大张旗鼓，大发脾气，大放厥词，我越是按捺不住，我越是火冒三丈，诸葛亮及世人就越能够看到我大哥高贵的初心、美好的品质、宽宏的气度、求贤的真诚……一句话，只要能实现我哥哥把诸葛亮请出山的目的，怎么丑化我阿飞都成。相信有识之士定能看见：翼德是有意而适切地演一出戏，悄然为我兄长制造宣传效应，哈哈，我将谓之为：知我者，英雄也……

（三）注重思辨，小说彰显大智慧

【创意微反思】

多角度看胡屠户：从范进中举前胡屠户的表现入手，胡屠户对范进是否没有一点儿帮助？

【典型微活动】

教师出示句子：

范进进学回家，母亲、妻子，俱各欢喜。正待烧锅做饭，只见他丈人胡屠户，手里拿着一副猪大肠和一瓶酒，走了进来。

胡屠户道："亲家母也来这里坐着吃饭。老人家每日小菜饭，想也难过。我女孩儿也吃些，自从进了你家门，这十几年，不知猪油可曾吃过两三回哩！可怜！可怜！"

被胡屠户一口啐在脸上，骂了一个狗血喷头道："……就想天鹅屁吃！趁早收了这心，明年在我们行事里替你寻一个馆，每年寻几两银子，养活你那老不死的老娘和你老婆是正经！"

生：胡屠户虽然嘴上责骂范进，但对他的生活情况是了解的，对他是否能生存下去是很担心的，还计划着帮他找个馆教书，养活家里人。

生：胡屠户不仅关心范进，还关心他的老娘。从范进向胡屠户商议乡试的盘缠，也可以想见胡屠户平日里对范进是经常接济的，所以范进才会想到找他商议。

生：胡屠户常常在接济范进，而且还花了不少钱。因为范进当时没有正经工作，家庭收入也不稳定，下文也提到常是没米下锅，如果没有胡屠户的接济他很难支撑下去。而从第一句可知，胡屠户是算好了他进学回家的时间，特意来给他贺喜的。虽然拿的只是一副猪大肠，但也是岳丈亲自来贺，以胡屠户的社会地位，他挣点钱也不容易。

师：这样看来，胡屠户也不是完全没有人情味儿。不管是中举前不可一世、高高在上，又有些人情味儿的胡屠户，还是中举后巴结谄媚、殷勤讨好的胡屠户，都是同一个人不同的几个面，我们读人物，就是要读出立体感来。

【创意微反思】

学生通读《儒林外史》第三回概括范进中举前后生活状况的变化，体会中举对范进意味着什么。

【典型微活动】

指导学生确定比较维度，搜寻有关信息并注意分析，得出最终结论。师生交流学习心得。

师：出示句子。"吃到日西时分，胡屠户吃的醺醺的。这里母子两个，千恩万谢。""说了一会，千恩万谢，低着头，笑迷迷的去了。"同样的一个词，用在不同人身上，展现了范进中举前后截然不同的生活状况。

生：范进中举前经济条件很差，胡屠户拿着一副大肠和一瓶酒来贺，他跟母亲千恩万谢。中举后，虽然还没有做官，但已有张乡绅送钱、送房。《儒林外史》第三回中还提到"自此以后，果然有许多人来奉承他；有送田产的，有送店房的，还有那些破落户，两口子来投身为仆，图荫庇的"。可见，中举后他要啥有啥，怪不得他一心想要高中。

生：范进中举前胡屠户评价他是"烂忠厚没用的人"，还"不得不教导"他。而中举后，不敢打他，称他为贤婿老爷。他的家庭地位和社会地位都得到很大提高，中举对他意味着飞黄腾达。

生：范进中举前结交的都是胡屠户和邻居之类的普通百姓，中举后有张乡绅这些人结交他。交友圈子变了便意味着他进入上一层的社会。

生：中举后，范进也变了。以前胡屠户教导他，他说"岳父见教的是"。中举后则称胡屠户为"老爹"了。

师：范进通过读书可以从社会最底层直接翻身到上层，接受百姓、商人甚至卸任官员的拜贺，这也正是科举的"魅力"所在，是以范进为代表的读书人穷经皓首、苦苦追求的动机。

【创意微反思】

学生聚焦阔气的张乡绅，思考张乡绅的奢靡生活来源及范进中举的真正目的。①

---

① 彭建华：《〈范进中举〉中的次要人物张乡绅》，《中学语文教学参考》，2021年第18期，第51～53页。

【典型微活动】

张乡绅在前面的文字中仅仅出现过两次，先是借胡屠户之口侧面出场，正面出场是在范进中举后。他的生活不可谓不奢靡，请同学们找到他奢靡生活的表现并思考其来源。

生：一是范进找胡屠户借盘缠时，胡屠户斥责：这些中老爷的都是天上的"文曲星"！城里张府的老爷，方面大耳的，万贯家财。可见张乡绅的家底是很殷实的。

生：胡屠户口里说，"也罢，你而今相与了这个张老爷，何愁没有银子用？他家的银子，说起来比皇帝还多些哩！他家就是我卖肉的主顾，一年就是无事，肉也要用四五千斤，银子何足为奇！"我觉得这里虽有夸张，张乡绅再有钱也比不上皇帝，怎么会说他的钱比皇帝还多呢？只是强调他有钱。

生：胡屠户是个市侩小人，说话夸张也是有的。这里一层是说张乡绅钱多，另一层是说他的钱来得容易，因为都是搜括民脂民膏得来的。不见"三年清知府，十万雪花银"，而他只做过一任知县就这么有钱。

师：由张乡绅可以望见范进的未来，经过科考的折磨，走上仕途的范进并不是为了为民作主，而是奔着雪花银而去的。

【创意微反思】

"一两银子一个呢"是真的吗？结合上下文及相关章节，搜索查阅相关资料，进行查证后展开小组探究活动，辨析"一两银子一个呢"这句话虚实对错，整理小组探究成果，全班展示交流。

【典型微活动】

首先阅读，考证辨析，结合本篇上下文"二人便如此这般商议"，"凤姐一面递眼色与鸳鸯，鸳鸯便忙拉刘姥姥出去，悄悄的嘱咐了刘姥姥一席话……"，补充阅读网络相关资料。然后小组探究，最后由各小组进行成果汇报。

甲小组：这种说法是王熙凤开玩笑的，为的是戏耍刘姥姥，让她紧张小心，突出喜剧效果；这也为后来刘姥姥感叹掉在地上的一个鸽子蛋竟然值一两银子，为"没听个响就没了"这句话埋下了伏笔。

乙小组：这种说法极有可能是真的。据记载，扁鹊曾在晋国赐给他的四万亩蓬山上，用名贵中药人参、茯苓、黄精等喂鸡，这种鸡下的蛋有非常好的滋补效果。那贾府如此富贵，很有可能就是类似的特供的鸽子蛋。

丙小组：这种说法是真的，普通的食材放到贾府里，都会变成珍惜的食物。比如，茄鲞，据凤姐说是十来只鸡经过诸多复杂程序做成的，刘姥姥亲口尝了这道菜，而且吃后说道"怪道这个味"，可见这道菜的味道与其复杂的制作程序是相符的，那可以想象这道貌似简单的鸽子蛋也大抵如此。

丁小组：不可能那么贵，饱经风霜的刘姥姥必通柴、米、油、盐、酱、醋、茶的时价，但她知趣儿哄贾母、凤姐等众人开心揣着明白装糊涂配合凤姐演二人转！后来蛋掉地上姥姥边找边喊"一两银子没了"惹得大家大笑，她哄大家伙儿开心的目的就达到啦。

戊小组：我相信贾府的鸽子蛋断不会白水一煮了事，也许远不止枸杞、银耳之类的原料，很有可能辅以人参或鸡、鸭、猪肘等之流做的汤底，汤炖好后再把砸成蓉的这个猪通脊放到汤里面去，放入肉蓉把汤里面的杂质吸出来。用如此的高汤来煮鸽子蛋，将那些养分渗透到蛋里去。

己小组：在那个贪腐的社会完全可能是真的。贾府作为四大家族之一，掌握财政大权，下面的采买置办部门都是很有油水的，他们完全可以利用中间环节进行中饱私囊，让一个普通的鸽子蛋变成高价。这也预示了贾府衰朽灭亡的必然命运。

师：关于一个鸽子蛋是否真的值一两银子的探究，可以引导我们深入地阅读甚至研究《红楼梦》这部名著，更重要的是，同学们能够利用一个有趣的话题走进一个悲苦农妇的内心，透析贾府腐朽奢靡的生活，更好地理解了刘姥姥这一"小人物"在整本书的意义。

【创意微反思】

导演活动：熟读第六段至第十自然段，小组讨论四段戏的导演（一是执重箸，二是说"祝词"，三是吃鸽蛋，四是"毒死"也要吃尽了），然后"导""演"结合，进行成果展示。

【典型微活动】

同学们读得很快活，刘姥姥制造的笑剧为大观园带来一种前所未有的快乐空气，精彩节目来自精彩的"导""演"。让我们来欣赏这导演的过程。

其一，甲小组的导与演，屏幕显示舞台说明，刘姥姥见了（睁大眼睛瞄会儿后，再左右歪头看，拿起来要很严肃地试试手，然后显露出挑战性的目光后又一本正经摆摆头，略略屈服状，带点拖音，一字一顿），说道："这叉爬子比俺那里铁锹还沉，那里輱的过他。"然后由学生进行有创意地表演。

其二，小组乙的导与演，说祝词一节，要清清嗓子，挺直腰板，嗓门要异常大，放得开，"憋"住一口气说出来，说完了"鼓着腮帮子，两眼直视"。由学生进行有创意地表演。

其三，丙小组的导与演，很内行地夸赞道"俊鸡巧蛋"，吃力地夹、戳、铲均不成功之下，急切满地寻找骨碌到地上的"一两银子"，满脸真诚、厚道，遗憾地哀叹："一两银子也没听见，一个响声就没了。"然后由学生进行有创意地表演。

其四，丁小组的导与演，要有一种已饿得不行了，不住地看菜，不住地咽口水，甚至有点流口水状，迫不及待边下筷子边说："哪怕毒死了，也要吃尽了。"学生有创意地表演。

【创意微反思】

还有哪些人的笑没有写到？阅读思考，猜测探究。

【典型微活动】

师：薛宝钗笑了没有？

生：笑了。文章说"独有凤姐鸳鸯二人撑着，还只管让刘姥姥"，这说明当时除王熙凤和鸳鸯外，在场的所有人，包括底下的丫鬟婆子们，都笑了。

师：这句话很重要，那大家大胆推测一下，没写到的还有哪些人？注意有个人可以说是寸步不离地伺候贾宝玉的。

生：袭人。作者没有写袭人的笑，袭人尽管是个丫头，但私底有"宝玉姨太太"身份的念想，被王夫人嘱托服侍管束宝玉，断不会丝毫忘了礼数，丢了庄严正经。

生：作者没有写薛宝钗的笑，她应该笑得很浅淡的。薛宝钗是有世俗阅历的，在其他姊妹看着刘姥姥闹笑话而捧腹大笑时，她却能一眼看穿刘姥姥行为背后的本质。另外，她也很注重在长辈面前稳重矜持的形象。

生：李纨很善良，她从始至终是不赞成凤姐捉弄刘姥姥的，所以她的笑是情境下的一种随和而已。联系她孤儿寡母的身份，也很容易理解为何她不赞成捉弄刘姥姥。

生：薛宝钗是个功利心很强的女孩，克制热情，内敛贤淑。压抑自己青春的个性，有意将自己塑造成世俗人眼中具有温良恭俭让等美德的标准淑女形象。

【创意微反思】

关于《智取生辰纲》中"智"的问题，有观点认为，包括地点选择之智、天时利用之智、相互配合之智、矛盾利用之智等。你认为这些观点正确吗？[①] "智取"中的"智"究竟体现在何处？

【典型微活动】

请学生反复阅读文中第八段至第十三段，让我们一起看看"智取"的大戏是如何一步步铺开的。[②]

师：七雄是如何出场的呢？

生：他们在黄泥冈松林里影着舒头探脑价望，当杨志发现时，七个人早脱得赤条条的在那里乘凉。

生：待杨志上前询问时，他们又谎称自己是自濠州贩枣上东京的商贩。

师：初见面，杨志对七雄有防备吗？

生：防备心很强。一发现松林里有人，第一反应就是"兀的不是歹人来了！"

生：杨志初见七雄就剑拔弩张，喝道"你等是甚么人？"

师：在此处，随着时间的推移，杨志的防备有一丝松弛。因为在第九段段首，杨志说道："俺只道是歹人，原来是几个贩枣子的客人。"七雄在这部分做了什么让杨志紧崩的神经放松了丝毫？

生：他们贼喊捉贼，装做胆小的良民。

生：还请吃枣子，拉近关系。

师：我觉得还有一个情节。

生：是他们赤条条的在那里乘凉。一则是天气酷热，二则也有一种轻松的气氛，赤着身体，处于毫无防备的状态，有没有携带武器便一目了然。加上他们人数不多，不足杨志一行的一半。杨志可能潜意识里觉得他们还不足为虑。

师板书：（拉开序幕）"舒头探脑装胆小，颠到事非喊捉贼。赤条条躺装午休，请吃枣子消疑心。"

师：接下来，该白胜出场了，故事又怎样发展了？

---

① 宋殿军：《〈智取生辰纲〉"智"在何处》，《中学语文教学参考》，2015年第30期，第64页。

② 陈克明：《七个连环计一瓢定乾坤——学会深度解读〈智取生辰纲〉文本》，《中学课程辅导（教师教育）》，2020年第16期，第73～74页。

生：白胜唱着歌，担来两桶酒。

生：当众军要买酒喝时，杨志前去阻拦，还打人。

师：这时，白胜的演技可就精彩了。我们一起来读能体现白胜演技的精彩句子。

生齐：那卖酒的汉子看着杨志冷笑道："你这客官好不晓事，早是我不卖与你吃，却说出这般没气力的话来。"

师：心中想要杨志一行买酒，嘴上却不说，这叫什么？

生：欲擒故纵。

生：口是心非。

师：当然，仅凭白胜的精彩演技不能使杨志放掉戒心，这时七雄做了什么？

生：他们也要买酒吃，白胜初不愿意，后来架不住七雄的劝，便卖了一桶给他们。

师：你概括得很好。只是老师有一个疑问，文中说："只见两个客人去车子前取出两个椰瓢来，一个捧出一大捧枣子来。七个人立在桶边，开了桶盖，轮替换着舀那酒吃，把枣子过口。"取两个椰瓢，又捧出一大捧枣子来不麻烦么，把买来的酒提进松林里就枣子喝，不是更好？

生：就是要立在桶边，撩杨志一行的酒瘾。

生：是做给杨志看的，打消他的顾虑。

师：天热口渴，口渴饮酒，还得有东西填肚子。这几车枣子既能掩饰身份、拉近关系，还能勾起对方的馋虫。可见设计之巧妙！

师板书：（白胜出场）"先声夺人卖酒人，欲擒故纵现演技。推波助澜挑内讧，当面舀酒撩酒瘾。"

师：看了这一场大戏，若你是杨志，你的疑虑彻底打消了吗？

生：应该打消了大半了。

生：不会彻底打消，他生性多疑又久历江湖，还是有防备心理的。

师：所以七雄联合众军、老都管给了杨志致命一击。我们从"无一时，一桶酒都吃尽了"起读到第十二段结束。请你选出这段情节中的最佳演员，并阐述理由。

生：这段情节中最佳演员是卖酒人白胜，他把一个市侩的小贩演得活灵活现，面对七雄，他据理力争，甚至动起手来。最后功成身退，依旧唱着山歌，自下冈子去了。

师：让我们来读读白胜一气呵成、精彩的动作描写。

生齐读：那汉看见，抢来劈手夺住，望桶里一倾，便盖了桶盖，将瓢望地下一丢，口里说道："你这客人好不君子相！戴头识脸的，也这般啰唣。"

师："抢""劈""夺""倾""盖""丢"有没有同学能模仿一下这系列动作？

生模仿。

师：这些动作有何特点啊？

生：动作很快，很麻利。

生：白胜好像有点生气。

生：手上用的力气也不小。

师：白胜快速的动作让人眼花缭乱，来不及反应。他佯装生气的样子，活脱脱一个卖酒度日的小贩。

生：我也觉得这段情节中的最佳演员是白胜，面对买酒的众军，他连说三次"不卖了"，以退为进，还说"没事讨别人疑心做甚么"。让人不得不相信，他的酒没问题。

生：我觉得这段情节中的最佳演员是刘唐与吴用，他们配合得天衣无缝。一个客人把钱还他，刘唐便去揭开桶盖，兜了一瓢，拿上便吃。那汉去夺时，刘唐手拿半瓢酒，望松林里便走，那汉赶将去。另一边吴用便从松林里走将出来，手里拿一个瓢，便来桶里舀了一瓢酒。白胜夺过酒倾在桶里时，蒙汗药便下在酒里了。

生：我觉得这段情节中的最佳演员是这贩枣子的客人，他们热情得过分。你且看"这贩枣子的客人把那卖酒的汉子推开一边，只顾将这桶酒提与众军去吃。那军汉开了桶盖，无甚舀吃，陪个小心，问客人借这椰瓢用一用。众客人道：'就送这几个枣子与你们过酒。'"他们不仅在卖酒小贩和众军间当和事佬，还帮提酒、送枣子，可谓殷勤得过分。

师：又是送枣，又是提酒，这贩枣子客人当真热情。这部分写众人舀酒，用的动词很有意思。刘唐是"兜"，吴用是"舀"，体会一下，这两个字有什么区别？ ①

---

① 王从华、施旭晖：《妙在一"舀"一"兜"之间——〈智取生辰纲〉关键细节解读》，《语文建设》，2017年第6期，第46～48页。

生：好像力度不一样，舀用劲小一点。

生：速度也不一样，舀的速度慢一点。

师："兜"的动作应该是速度快、用力大。"一个客人便去揭开桶盖，兜了一瓢，拿上便吃。"结合语境，为了多吃点酒，这个客人的动作有点出其不意，速度应是非常快的，白胜才会猝不及防，让他兜了去。从后文我们可以知道兜酒的是刘唐，他武艺高强，经常舞刀弄枪，自然力气过人，因此他的动作速度很快，用力较猛。另外兜出来的酒分量也要多些，也符合他占小便宜的客人形象。

而"舀"本义是用瓢或勺取东西（多指液体），动作比较舒缓、斯文。"只见这边一个客人从松林里走将出来，手里拿一个瓢，便来桶里舀了一瓢酒。"从当时的情形看，这个人是神不知鬼不觉地走出来的，力量必定不大。从后文我们知道这个人是吴用，他舀酒的目的是为了让抖在椰瓢里的蒙汗药融进酒里，速度快了容易露出破绽，也达不到效果。同时，唯有慢，才能让卖酒小贩发现他舀酒的动作，后面夺过椰瓢倾在桶里才自然而然。

一"兜"一"舀"又一"倾"，智在配合得当。一"兜"一"舀"又一"倾"，智在消除了杨志最后的疑虑。吴用等七人的精彩表演，让杨志暗暗寻思："俺在远处望，这厮们都买他的酒吃了；那桶里当面也见吃了半瓢，想是好的。"杨志的疑虑在此时才彻底解除，更反衬出吴用计策之妙，突出主题"智取生辰纲"之"智"。

教师板书：（配合之智）"刘唐饶酒扰视线，吴用舀酒洒白药。白胜夺酒桶中搅，借瓢送枣演技好。"

师："智取生辰纲"的"智"是否止步于此呢，我们一起来读读故事的结局，杨志究竟喝酒没有？

生：吃了一半，枣子分几个吃了。

师：此处体现了吴用把握时机的智慧，你体会出来了吗？

生：蒙汉药放的分量是精心测算的。多了，众军吃了便倒，杨志不会上当，取生辰纲就不会那么轻松了。所以吴用对用药的分量和药起效的时间经过了非常周密的计算。

师：这也就是吴用"智多星"绰号的由来了。

【创意微反思】

组织学生开展"黄泥岗麻醉抢劫案"案情分析会。启发学生将自己当成案情分析者，把小说人物变换成刑事案件中的角色进行思考，由表及里，深刻剖析人物形象。

【典型微活动】

时间	地点	参加人：所有来者	主持人：教师
会议名称："黄泥岗麻醉抢劫案"案情分析会			
会议主要内容：			
◎侦查纪录 案件性质：　作案时间：　作案地点：　作案工具：　作案动机： 作案手段：　作案人：　　受害人：　　案件侦破过程：			
◎案情分析			

师：请结合课文及《水浒传》其他回目内容，在侦查纪录的第二条至第九条中任选条目进行填写。一定要通过填写侦查纪录，重现作案及侦破过程。

师：作案人的身份是什么？受害人的身份是什么？

生：作案人是匪贼，受害人是大名府知府、高级军官、军士等。

师：根据刚才我们说到的受害者的身份、地位，犯罪动机的性质，手段的狡猾情况，可见这起案件产生的社会影响特别大，其性质可以定为特别严重的刑事案件。

师：接下来对受害人进行分析。受害人杨志是否因愚不可及而成为受害者？请结合小说内容及杨志的人物形象具体阐述观点。

生：从前文来看，他出身名门，因杀了泼皮牛二，发配大名府，却能抓住机会展示自己的才华，受梁中书抬爱，做了提辖。课文当中押送"生辰纲"时也可以看到杨智的警惕和周到。做好"五七日后"的安排，路上不断提醒同行人，对买酒汉子也观察细致。所以，杨智应该不是个愚昧的人，反而是精明、智勇兼备。

师：所以，杨志并非愚不可及，相反他非常聪明。那他成为受害人，必然有其他原因。继续案情分析，如果杨志不那么＿＿＿＿＿，麻醉抢劫案就不会成功。

生：由文中第二段、第三段、第七段、第十段中大量语言、动作描写可以看到，如果杨志不那么刚愎自用、粗暴蛮横、急于事功，而是委婉耐心地做好解释、安抚工作，他就可能拥有下属的信赖和服从，抢劫案就可能不会成功。

师：所以从案情分析中，我们其实可以看到杨智并不愚，他行走江湖中经验丰富、智勇兼备、精明练达、谨小慎微，但他失败的原因也是因个人性格的刚愎自用、粗暴蛮横和急于事功。

【创意微反思】

文言的魅力，从古白话的语言描写中体会关羽的性格特点。

【典型微活动】

出示文中关羽的语言描写，反复朗读。"兄长两次亲往拜谒，其礼太过矣。想诸葛亮有虚名而无实学，故避而不敢见。兄何惑于斯人之甚也。"通过小测试命题了解关羽形象。

其一，解释加点词。兄长：表达"大哥"意思的，同时引申出刘备领导者权威身份地位（对比于张飞，关羽显然更善于委婉表达，得体说话，这与关羽熟读《春秋》的文化修养息息相关）。谒：本义指"陈述、禀告"，多用于下对上或幼对长，引申为拜见之意（这里着力显示其兄长兼主公的刘备恳切求贤，猥自枉屈、礼贤下士的姿态）。而：前一个表并列，后一个表递进，使得语言表达文气跌宕，富有韵味，也让关羽的表达更有气势，更具说服力，符合身份，刘备更易接受。

其二，翻译句子"兄何惑于斯人之甚也"。哥哥被此人迷惑得太过了（倒装句强调刘备的"迷惑不清醒"；"斯"字，明显有不屑和嫉妒之意在里了；"之"，可以视作主谓之间取消独立性，表达去掉了火药味，纡徐圆融，此用法也意在含蓄表达对刘备礼贤下士、三顾茅庐的不满）。

其三，从语言描写本身分析关羽人物形象。关羽虽为武将，却谙熟《春秋》，也算个通情达理的读书人，语言书卷气极浓，所以表达情绪，实施劝谏，也逻辑严密，条理清晰。三句话，从刘备、诸葛亮、自身的评价三个角度，有刘两次拜谒与诸葛亮避而不见的事实对比，有恰当的分析，有"太过矣""甚也"的反复强调提醒。同时，即便满腹牢骚、义正辞严、酣畅淋漓，关羽也能在称呼及虚词、语气词的运用之间，减弱自己的凌厉气势，保持委婉迂回的含蓄口吻，把兄弟情分和上下级关系的分寸把握得较为得当。

【创意微反思】

从"层层铺垫"多角度训练故事概括复述力。

【典型微活动】

首先浏览"三顾茅庐"及前几回相关内容，准备概述。然后进行创意概述，经几番烘托和层层铺垫将诸葛亮形象地展现在读者面前。

从刘备求贤的起因、经过、结果这一过程角度概述，从刘备几番悉心求贤之诚切的角度，从诸多衬托、步步渲染，诸葛亮最后隆重登场的角度，从诸葛

亮角度叙述刘备三顾过程，从隆中茅庐里的小童或诸葛均的角度简述刘备诚心拜谒的全过程，从崔州平、石广元、黄承彦等人和诸葛亮一起策划考验刘备的角度简述策划方案。

专题十
七年级名著创意阅读微课例[①]

一、七年级名著创意阅读微问题群

名著阅读属于整本书阅读的范畴。与读名著相比，读课文相对更容易，原因一是课文都是短小的选文，二是课文都有配套的练习，三是课文都有丰富的设计。与整本书的阅读教学相匹配，应该是"大主题"式的阅读，大主题与文学母题相似，如《西游记》以"成长"为大主题，孙悟空的成长大致经历了"兽性""魔性""人性"和"神性"四个阶段，这与人的成长经历何其相似。基于此，以"成长"为大主题作为阅读《西游记》的切入口，就不失为一种很好方式。

然而，对于刚进入初中七年级的学生来说，读名著比读课文更难。名著阅读应成为中学生的"必修课"，基于大主题的名著阅读教学便成了兼具难度最高和收益最大的阅读教学。纵观当下七年级学生对《朝花夕拾》《西游记》《海底两万里》《骆驼祥子》四本课内必读名著的阅读现状，七年级学生在名著阅读中存在的问题大致有四类：一是无动机、无兴趣，二是无时间、无方法，三

① 专题十负责人是成都棠湖外国语学校教师刘勇，作者是张飞艳、何蓉琼、张丽萍、叶柯南、康艳、刘勇。

是无指导、无思考，四是无创意、无深入。这些问题深深地困扰着名著阅读教学，特别是阅读兴趣与阅读时间是"阅读木桶"的关键短板，如果没有浓厚的阅读兴趣和充足的阅读时间，即使万事俱备，也往往无济于事。

（一）名著读得无趣

【问题描述】

师：请同学们在本节课读完《海底两万里》节选片段，完成如下任务：查字典，扫除认读障碍；梳理故事情节，概括人物形象。

生：唉，好烦啊，太长了。

【问题诊断】

上面这番对话，是学生在被要求阅读经典名著时的真实反应。教师推荐的名著阅读，学生往往提不起兴趣。一是因为名著篇幅太长，二是因为名著高于学生的心智，需要去"啃读"。

【问题描述】

师：同学们，读经典作品会丰富我们的人生感受和体验，可以帮助我们思考许多人生问题，如《朝花夕拾》是鲁迅先生的回忆性散文，但囿于时代变迁和语言形式，我们或许与经典有些距离了。为了减轻阅读难度，让我们根据篇章数量规划阅读任务：每天阅读15～25分钟，十二天读完整本书。不理解的地方先到网上查查资料，理解每篇文章的中心。

生：哪有那么多时间读啊？况且平时我们又不能碰手机和电脑，有问题怎么查嘛？

【问题诊断】

从上述阅读任务的布置到学生的反馈，我们发现名著阅读教学中的首要问题：学生是为任务阅读名著，还是因为兴趣而阅读？这二者之间是有明显的差异的。为任务而读，即使短短十篇左右的名著也会变成学生难以逾越的千山万壑。如何激发学生的阅读兴趣成为首要解决的问题。

【问题描述】

教师要求全班学生用两个月时间自读《西游记》一书。

两个月过去，科代表统计到的阅读情况如下：全班46人当中，采用圈点勾画批注法读完全书的有2人；以浏览的方式基本完成阅读的有24人；只跳读了自己感兴趣的少数章节的有16人；基本没读的有4人。

【问题诊断】

《西游记》是一部鸿篇巨制，篇幅长、字词障碍多是制约学生深入阅读的客观障碍。加上绝大多数学生觉得自己早已通过电视剧了解了故事情节，故无再读之兴趣也当属必然。如此情形之下，若教师还采用放羊式管理的话，学生就会敷衍了事。

（二）名著读得肤浅

【问题描述】

教师布置《骆驼祥子》的阅读任务后，规定学生在一段时间完成全书阅读，随即发放与名著阅读配套的相关练习题。学生看到练习题后直接选择最容易的题，在文中零散地找寻答案，放弃全文阅读。

【问题诊断】

以练题代替阅读。多数学生往往不会真正阅读全文，而是以"做对题"为目的，"认真"检索作品中的关键内容。

【问题描述】

采用小组共读的方式，学生分小组完成阅读内容后，根据组内的共同问题展开讨论，不少学生在共同阅读讨论中选择"浑水摸鱼"或"躺平"听别人说，不愿意主动阅读。

【问题诊断】

用小组讨论代替阅读。使得文本的很多内容都是在学生"拼拼凑凑"的讨论中习得，看起来形式多样、热热闹闹，实则学生没能真正走进文本，感受文本。

【问题描述】

学生分小组推荐代表上台展示阅读成果，学生知道教师检验阅读采用的是学生代表展示后，主动选择加入有优秀学生代表可以上台展示的组，自己则充当旁观者。

【问题诊断】

用分享的方式代替阅读。学生代表在分享的过程中对整本书的内容、框架都进行了梳理，表面看起来学生对文章内容掌握得很全面，但仔细了解后才发现这只是个别优秀学生的突出表现，而对于大多数学生来讲，只是在一旁听听，并没有发挥自身的主观能动性。

（三）名著教得粗疏

【问题描述】

教师布置阅读任务，规定两周整本书阅读时间到后，教师让家长在学生读后的书上签上名字，根据家长签名作为学生有认真读该名著的重要依据。

【问题诊断】

忽略阅读过程，教师在布置阅读任务后并没有对过程进行了解，也没对学生进行有效的指导，名著内容远离学生生活，必然导致学生难以深入阅读。学生在阅读《骆驼祥子》时可能会被文中的情节、人物的事迹等感动，但是由于缺乏生活经验，远离文本中的时代，所以难以深入理解内容。

【问题描述】

师：同学们，在阅读一本书之前，我们可以借助书上的很多内容来增进对这本书的了解，大家知道有哪些方法可以让你不用看正文也能了解书的内容吗？

生：可以看这本书的序，自序或者他序都可以。

生：如果有编者按，也可以看看编者或名家的推荐。

生：可以看目录或者书上提供的内容梗概。

部分学生在课后，按照只读目录或内容梗概的方法去阅读，不读正文。

【问题诊断】

一本书的序言、目录、名家点评、内容梗概等，应该是激发学生阅读兴趣、推动学生阅读进程的"菜单"，但"菜单"终不能解决肚中饥饿。没有走进文本，开展深层阅读，也会使得许多不爱阅读的学生投机取巧，更不能养成耐心阅读的习惯。

【问题描述】

在教师的要求下，全班学生开启了《西游记》整本书阅读之旅。此时，教师提出如下建议：同学们也不要光是读，有问题的地方可与大家交流。还可以写点读书笔记，搞点角色表演。这样不仅可以让阅读过程变得有趣，还可以提升阅读的效果。

【问题诊断】

这个阅读引导显得随意而缺乏阅读的逻辑性。学生若动起来了就代表学生真读了吗？其实，即便没有读完、读透、读明白，学生也可以随时借助网络拼凑出"华丽"的内容。而这，很容易让教师误以为学生已真正掌握了名著内容。

教师提了，不代表学生就听了；学生听了，也不代表他就会去做；学生萌生了想做一做的念头，也不代表他就有能力主动克服困难。所以，整本书阅读还是需要教师给学生提供必要的课堂活动时间，让学生在良好的读、思、演、评氛围中真正地亲近作品。

（四）名著教得敷衍

【问题描述】

教师机械地带着学生梳理名著的情节。

师：请同学们说说，文中祥子的人生经历了哪些变化？

生回答。

师：请找出体现这些变化的具体情节。

生书写。

师：由此我们可以发现，祥子的人生经历了多少次起起落落呢？

生回答。

课堂死气沉沉。

【问题诊断】

小说情节梳理是名著阅读中需要指导学生进行的必要环节，该环节在课堂设计上教师采用了问答式、讲授式，用常规的方法能将目标内容讲授完，但由于忽视了学生学习的主动性，讲授后学生掌握的情况、学习的效果就不得而知，更使得原本生动鲜活的名著课在老旧教学方法的指导下，变得索然无味。

【问题描述】

教师死板地检查学生的阅读情况。

师：同学们，这周开始读《海底两万里》，请大家看到课本第156页导读部分，并朗读这段文字。

生读。

师：请勾画关键信息，如作者信息、主要故事情节、小说特点、主题……

学生勾画。

师：这本书要训练大家速读的能力，所以接下来给大家三周的时间读完，读完后完成摘抄，并写篇600字读后感，在第四周周末我们会做一套测试卷。

三个星期后学生的摘抄五花八门，读后感大都浅淡无味，而第四周的那一场测试，学生的成绩则惨不忍睹。

【问题诊断】

从学生读后感中反馈的问题，可以看出教师检测方式的僵化老套与低效。

其一，无操作性，在布置阅读任务的过程中，任务较泛化，没有针对性且指令不明。

其二，无创意性，该教学有名著阅读的课前导读，但课前导读的目标、内容、方法、评价等没有创新。

其三，无趣味性，名著阅读的过程性评价和结果性评价方法较枯燥、单一。

其四，无梯度性，没有前期导读到中期推进到后期展示的梯度设计，不能引导学生对该名著进行纵深阅读。

【问题描述】

放任自流的随意交流替代阅读的任务与主题的探究。

师：同学们，我们已经读了《朝花夕拾》加上"小引""后记"的十二篇散文，散文中有哪些你印象深刻的片段？

生："郭巨埋儿"，"狗猫鼠"里"猫"的奇特，"黑白无常"的工作内容……

师：这些片段为什么让你记忆深刻？

生：故事离奇，内容有趣，读来好玩。

师：那鲁迅为什么要写这些有趣的事情呢？

生：回味童年，分享乐趣。

师：这十二篇文章内容各不相同，作者是按照怎样的逻辑安排这些文章的呢？

生：时间顺序，从童年生活到青年求学经历。

师：读完这一部散文集，再读其他散文集，你可有什么值得推广的方法？

学生茫然……

【问题诊断】

从学生读后交流反馈反观教师教学的问题。教师的指导流于表面，未将学生阅读引入深度思考。缺少可操作、可迁移的阅读方法指导，如该名著文体特点为何，如何阅读这一类名著。整合只停留在内容层面，缺少对名著思想深度的整合。

二、七年级名著创意阅读微设计群

阅读是一个循序渐进、由浅入深的过程，学生在阅读过程中先有较高的兴趣度，才会有良好的参与度、思考度和收获度，从而从自由阅读、任务阅读到达自主阅读、深度阅读的境界，最终进入"动眼、动手、动情、动脑"的深度阅读状态。这是一个不断循环的过程，因为只有学生"读过"之后才可能"读懂"，最后才可能"读透"。当然，教师也不要刻意贬低消遣阅读的地位，因为它是自发、休闲、愉快的阅读，它也是学生读书的原因之一。

名著阅读创意教学，要解决四大核心问题：兴趣、方法、思考、运用。没有兴趣，名著阅读就是"伪"的；没有方法，阅读就是"隔"的；没有思考，名著阅读就是"浅"的；没有运用，名著阅读就是"虚"的。因此，名著阅读的创意教学，应该创造真实性的阅读情境，设置挑战性的学习任务，开展研究性的语用实践，倡导跨媒介的阅读方式，去"伪"存"真"，去"隔"而"近"，由"浅"入"深"，去"虚"务"实"。

（一）妙导兴趣

【创意微设计】

读前激趣：简单任务有趣化。

其一，设计《海底两万里》旅行筹备活动。根据目录制作旅行攻略。通过浏览目录，学生可以认识旅行团队的人物（故事主人公），对旅行线路进行规划，对旅行奇遇进行猜读等。

其二，设计改造交通工具的活动。读《一切都用电》一章，通过筛选主要信息对1866年的潜水艇进行改造。

其三，布置一些有意思的阅读任务。小说开篇，连篇累牍地介绍"怪物"。可以抓住怪物做文章，制作"怪物"档案、通缉令；或是探究一下人们为何要兴师动众地除掉这个"怪物"。或是比较插图与原文差异的"大家来找茬"活动；偏重情节的部分则可布置排演课本剧的活动等。

【创意微设计】

主题探趣：寻《朝花夕拾》之最。

创意优化策略：插图分享 → 探寻《朝花夕拾》之"最有趣" → 我来命题《朝花夕拾》之最 → 辩一辩《朝花夕拾》之最"隔膜"

师：老师收集了《朝花夕拾》的许多插图，你们来说说哪张最有趣？哪张最可怕？哪张最好玩？

教师 PPT 展示:《老鼠成亲》《吹嘟嘟》《郭巨埋儿》

学生思考回答。

师:《朝花夕拾》是鲁迅先生一部很有趣的散文集,里面有许多有趣的地方、有趣的人、有趣的事。我们一起来探寻《朝花夕拾》最有趣之——地方、人、事,并阐明理由。

学生交流分享。

师:《朝花夕拾》里还有许多"最"。现在同学来当命题老师,以"《朝花夕拾》之最——?"各出三个小题。

学生完成后,展示问题,组与组之间相互回答。

师:最有趣也好,最厌恶也罢,可是同学们在阅读时,是不是也感到我们和鲁迅先生有一些"隔膜",现在就以《朝花夕拾》之最"隔膜"为话题,大家相互辩一辩,我们最"隔膜"的地方。

教师展示《朝花夕拾》的创作背景,以及各篇的相关资料。

学生交流互辩。

【创意微设计】

读中探趣:都在一个"奇"字。

教师出示"奇"字母题统领下的五个探究话题供全班十个小组抽取。小组代表抽中题目后,小组组长组织小组成员进行合作探究。探究完成后,由小组发言代表自主选择演讲、小论文、图画、图表、辩论、现场表演等中的任一形式展示探究成果。师生在约定的时间内为自己欣赏和喜欢的作品奉上"颁奖词"及纪念品。

关于"西游奇路"。《西游记》的小说标题只告诉了我们西游的目的地是在西方,可往西的路上到底要经过哪些地方?不看书,仅凭已有的经验,如过往观看同名影视剧的记忆,努力说清唐僧师徒西游经过的具体线路,突出一个"奇"字。比赛谁说得更吸引人。

关于"西游奇人"。人们在概述《西游记》的主要故事情节时常用的就是"西天取经"这四个字。是怎样的一群人要去西天取经呢?取经之路非常坎坷,这群人又会遇到些什么样的对手呢?不看书,看自己能说出小说中多少个奇人来,他们分别奇在何处?看看谁说得又多又清楚。

关于"西游奇器"。取经非易事,师徒四人得有神器护身才能降妖除魔;路上的妖怪想要使坏也非易如反掌,他们得靠各种神器助一臂之力。同学们知道孙悟空有金箍棒,猪八戒有九齿钉耙,沙僧有降妖宝杖,那其他妖魔鬼怪的神器是什么?又奇在何处?把这些宝器加以比较,看谁知道得更多更细。

关于"西游奇境"。回想自己在电视上看《西游记》的时候，眼睛常常睁得圆圆的，耳朵也常常是竖起的。这是为什么呢？因为，高明的作者吴承恩很善于通过描写特定的环境渲染氛围。那么，你对哪些神仙妖怪出场时的环境刻画印象特别深刻呢？请搜索自己的记忆库，看谁能说清这些环境"奇"在何处。或是比较有插图的版本与原文差异之处，开展"大家来找茬"活动，偏重情节的章节则可布置排演课本剧的活动等。

关于"西游奇事"。《西游记》之所以家喻户晓妇孺皆知，很大的原因是其故事情节一波三折、引人入胜。三打白骨精、三调芭蕉扇、三入无底洞、尸魔三戏唐三藏等，没有哪一个故事是平铺直叙的，每每我们以为师徒大难已去终于松了一口气的时候，新的麻烦又来了……那么，这些奇奇怪怪的故事是怎样的呢？一起来讲故事，看谁最能突出其中的"奇"味儿。

（二）共读融趣

【创意微设计】

师生共读，变枯燥做题为闯关游戏。

【创意微设计】

阅读《骆驼祥子》时教师的创意设计如下。

其一，用"超级大富翁"的形式玩法。设计闯关图，每个关卡作为每个章节或文中人物的重要节点，如祥子"三起三落"，学生闯关到"起"处就往前跳跃或获得奖品，在"落"处则停滞不前。

其二，设计"九九八十一关"闯关游戏。教师制作八十一道和《骆驼祥子》有关的题作为闯关内容，并在班级设计闯关墙，学生每天在闯关墙领取闯关卡后，完成答题，通过者第二天继续领卡闯关，未通过者在书上找到相关线索后方可继续闯关。

其三，将班级分为几个小组，分别寻找对手形成 PK 阵营，PK 小组两两自行设计闯关题目，让对方小组每人答一题，所有成员均成功通关视为闯关成功。三轮后，定胜负。

【创意微设计】

读中融趣，变任务阅读为趣味阅读。

【创意微设计】

阅读《海底两万里》时教师的创意设计如下。

其一，随文分享。学生可以制作 PPT 分享阅读中发现的趣人趣事，或是评点，或是表演，如可借助"我设计我解说"的书签设计活动，掌握并概括每章节内容。也可以提出阅读问题，互相讨论。对重难点问题，教师可集中引导学生自主解疑。

其二，及时评价。创建读书打卡活动，布置阅读任务单。可借助微信群，创建读书打卡活动，分享摘抄，随机互动，及时交流。对每周阅读任务单完成度最高的同学、每周批注展示最精彩的同学及质疑最有价值的同学，及时进行表彰奖励。学生分享后收获肯定，产生成就感，从而形成阅读的内驱力，变"要我读"为"我要读"。

其三，专题趣研。紧贴文本特质，寻找有趣味的切入点。如，专题研究《"海底宅男"尼摩船长——研读小说中人物性格的多元性》，抓住尼摩船长"与人类不相往来"的宅男形象和"勇救采珠人"的大侠形象，以形象上的矛盾冲突探究人物性格的多样性，并由此延伸开去，进一步探究小说中其他人物的性格多样性。还可以设计其他参考专题如《海底两万里》的奇人奇事、《海底两万里》的奇境、《海底两万里》的科普语言特质、《海底两万里》吸引力溯源、《海底两万里》作为小说的成功之处等。

【创意微设计】

有趣的"复活"式阅读，找出《朝花夕拾》里的三个鲁迅。

创意优化策略：探寻鲁迅的三个身份 → 转换身份讲故事 → 情景剧表演 → 探秘鲁迅"立人"思考

师：《阿长与山海经》和《从百草园到三味书屋》里鲁迅有三个身份，同学们读出是哪三个身份了吗？

学生指出："少爷""中年人""文化精英"。

师：分别请两位同学，一个以少爷身份讲《阿长与山海经》的故事，一个以中年人的心态讲这个故事。

学生讲出少爷身份的优越感及中年时的无奈与反省。

教师适时点拨。

学生情景剧表演"三味书屋"的日常。

师：同学们的表演活现了鲁迅先生天真烂漫的儿童时代，那么我们再想想，写作时，鲁迅已经是文化精英了，他笔下的文字为何还能如此生动有趣？他是如何看待儿童教育的？

学生小组讨论，小组代表发言：鲁迅对儿童时期从顽童到书生的转换更多的是肯定。一方面尊重儿童热爱自由、求知欲强的本性，另一方面要在"玩中学，学中玩"，呈现出现代教育对传统文化的传承与思考。

教师适时点拨。

师：找一找《朝花夕拾》里，还有哪些文章展现文化精英的鲁迅对"立人"的思考？

学生探讨分析《琐记》《藤野先生》，教师适时点拨。

（三）项目探趣

【创意微设计】

项目式学习，让阅读深刻发生。

创意优化策略：多样共读 → 多彩任务 → 多元评价

其一，多样共读，共建共助。师生共读能让阅读变得更有效，有利于完成整本书的初阅读。

其二，学生质疑，确定话题。学生根据自己阅读时遇到的问题和疑点确定探究话题，如"祥子不喜欢虎妞，为何还要与她结婚？他喜欢小福子，为何小福子向他表白时，他却拒绝人家？"

其三，设置任务，开展活动。围绕主题，创设情景，让学生主动提出问题，根据问题布置任务，如确定"祥子人生我来规划"这样的主题，让学生在深入探究小说的基础上，理解祥子性格变化及变化原因；把学生厌倦的题目做成"闯关"游戏，"闯关"游戏的通关设置必须要真实地阅读文本才能完成。

其四，多元评价，展示成果。改变静态单一评价方式为动态多元的评价方式，让评价体现过程性、及时性、个性化，项目成果可视化。

【创意微设计】

主题式探究，科普语言有高招。

创意优化策略：爱与恨两个世界冲突 → 儿时与现在两个世界的对立 →两个世界的融合

师：同学们，《海底两万里》明明是一部小说，可是哪里是虚构的，哪里是真实的，我们却傻傻分不清楚，作者是怎么做到这一点的？

学生发言，教师点拨归纳引出本文叙述手法的精湛之处：复杂的事情简单化，陌生的科技生活化，鲜活的语言形象化，进一步引导学生探讨科普语言的"高招"。

师：请同学们思考：三种鲸鱼分别有什么特点？（出示关于鲸鱼介绍的案例）

学生做简单的筛选提炼。

师：对比原文，分析为什么原文表述会更好？（出示对比文字）

生：原文是短句，突出特点且言简意赅，易于理解。

师：得出结论举三反一，直陈事实的科普——言简意赅，让科学简明起来（出示历史上开往南极的航海家的类似案例）。

师：朗读全段，思考科普了什么原理？用了什么手法？有什么作用？（出示一组关于冰川的描述案例二）

生思考做答。

师：这几个片段依次摘录自第十三章《冰山》，能否换顺序？选择一句你觉得描写较精彩的句子，说说科普了冰川的什么知识，用了什么手法？（出示这是一组关于冰川描述的类似案例）

学生赏析后，通过朗读感受这份奇幻之美。

师：藏在描述中的科普形象逼真，让科学鲜活起来。

师：这是科普了什么知识？又是通过什么方式来科普这个知识的？（出示一段关于南极鲸鱼的对话案例三）

生：有一定情节的对话。

师：请同学们角色模仿，用相声的方式来表演这个片段。

学生合作表演。

师：藏在对话中的科普妙趣横生，让科学有趣起来。

【创意微设计】

视角变换，变单一世界为多元世界。

创意优化策略：情感世界 → 文学视野 → 多重视角

师：大家说一说除《狗·猫·鼠》《无常》外的七篇散文，每篇散文都写了谁。请把鲁迅先生对他们的情感进行分类。

学生根据表格分析归纳出：鲁迅爱的人和鲁迅恨的人。

师：我们发现，在鲁迅笔下有两个世界，一个是他爱的世界，一个是他恨的世界，有的是在字面上已经说明他的态度；有的则是隐藏在字里行间，需要我们去揣测。我们一起来看看《狗·猫·鼠》《无常》中是否也有这爱与恨的世界。

学生结合具体内容发言，教师适时点拨。

师：在《狗·猫·鼠》中找出有关现实世界和童年世界的句子，看看这两个世界有何特征？

学生批注句子，分析出鲁迅先生在写作时运用了两个视角，即成人视角和儿童视角。成人视角看现实世界的寒冷，儿童视角看儿童时代的温暖。

　　教师展示背景资料，适时点拨。

　　师：大家看看这两幅鲁迅画像，一副面带微笑，一副面色冷峻，哪一副更适合做《朝花夕拾》的封面？

　　教师展示图片。

　　学生小组讨论，小组代表总结发言。

（四）创意激趣

【创意微设计】

主题剧本杀："病"从何处来。

创意优化策略：品味祥子"病"的片段 → 解读祥子"病"的类型 → 分析祥子"病"的原因 → 探究祥子"病"的根本

　　教师带领学生创设"骆驼祥子"版本的主题剧本杀。

　　师：找出文中写祥子生病的文段

　　生跳读文本，找到文中四处关于祥子生病的片段，将这四处作为剧本杀的线索，分小组将片段中能反映祥子病症的关键词制作成线索卡。

　　师：小组内随机抽取线索卡，根据所抽到的线索卡上的信息猜猜是祥子生病的哪个片段，患的什么病？

　　生出示卡片，根据卡片线索提示猜到祥子患病类型，不仅有身体的病痛，还有心灵的忧患，雄心的泯灭。

　　师：交换线索卡，整合组内其他同学的线索卡，分析祥子生病的原因。除了自己小组内交换，还可以以小组为单位，和其他小组交换线索卡。

　　生通过更丰富的线索卡的提示，分析出祥子身心患病的外因和内因。

　　师：将线索卡全部贴到黑板上，让这些祥子的"病"状直观呈现出来，让学生逐一上台，拿走不是导致祥子人生"病"态的"病"状。

　　学生逐一上台，而后线索卡被拿光，发现原来以上的所有"病"都不是祥子的"病"。

　　师：我为每个组准备了新的线索卡，这些线索卡都是《骆驼祥子》中的人物，请大家随意抽取，根据线索卡中关于人物的片段说一说，你抽到的人物有"病"吗？

　　线索卡里有刘四爷、孙侦探、二强子、老马等。学生抽取到不同人物，根据人物相关情节发现，每一个都是不幸的。最后得出"病"态的根源为当时的社会环境。

【创意微设计】

编辑朋友圈：述成功之不易。

师：同学们，《西游记》虽然是一部神魔小说，但里面的每一个人物都非常不容易。不论小说中他们是否有机会表达自己，我们相信他们跟我们一样都有话想说。假如《西游记》中的人也在使用微信，也会用朋友圈记录和分享自己的生活，那么他们会在朋友圈怎样描述自己的不容易呢？

请从《西游记》中任选一个人物，在认真分析其性格与经历的基础上，为他设计发一条公开的朋友圈。

学生小组讨论，明确朋友圈的特点（图文并茂），并在相互讨论中明确发圈的具体要求。首先，要锁定一个自己觉得"不容易"的人物，并精心设计文字后配图。组织语言时，要充分考虑人物的性格特点及说话风格。其次，配图可以手绘，可以从网上下载，但一定要清楚。再次，朋友圈下面的点赞和评论也要切合"不容易"这个主题。

学生根据自己的喜好选择要发的朋友圈的人物，仔细研读该人物的相关事件，充分体会人物的内心情感，在尊重人物个性特点的基础上，编辑出相应的朋友圈。

生：我以孙悟空的名义发布了一个朋友圈。我用了两张图。一张是"我"被压在五行山下的图片，另一张是"我"被封"斗战圣佛"的图片。我配的文字是：多少个春夏，我迎来日出送走晚霞；多少个秋冬，我尝尽酸甜苦辣……而今终于苦尽甘来，我修成正果啦！我设想点赞和评论的朋友也很多。"我"在花果山的那些猴子猴孙为我送上了祝福，"我"在天宫的朋友们也纷纷向我道贺。最重要的是"我"失联好多年的师父菩提祖师也回复我啦——好徒儿，有志者事竟成，苦心人天不负啊！

师：朋友圈记录的虽然是日常生活，但反映的大多却是人物在当下最本真的心理诉求。孙悟空原本是个桀骜不驯的猴王，能够静下心来跟着唐僧取经真不容易。这需要多么强的自律意识和克制精神啊。这个世界上，真的没有谁能随随便便成功。

【创意微设计】

录制视频：《海底世界》的科普想象。

师：《海底两万里》中的海洋世界，写得神奇美丽。请同学们选取精彩内容，讨论科普技巧并进行《海底世界》的科普视频的录制。

可以分为如下几步：

选定配音内容，选择合适的科普语言，可以是直陈事实性的，也可以是藏在描写中的，还可以是藏在对话中的。设计配音创意，可以模仿《动物世界》，也可以参照《声临其境》等栏目形式；可以参照电影版的《海底两万里》配音，也可以自己设计创意。策划录制方案，遴选片段，设计过渡语，选定主播及主播串词，查阅选段背景，解读作品人物的形象、情节设置、语言风格，选择背景音乐、背景灯光，进行视频录制及后期加工处理等。小组讨论录制的方式和技巧，并加以排练。

录制科普视频和展示优秀视频。

三、七年级名著创意阅读微反思群

没有挑战的学习与阅读，其意义与价值令人怀疑。我们该如何学习？将阅读可视化可以促进学生的阅读与学习。阅读可视化，需要进行结构性的思维加工和形象化的工具呈现，一是让阅读方法可视，如捕捉闪回、内容重构、对照阅读与跨界阅读等；二是让阅读过程可视，如读书卡的制作与使用；三是让阅读思维可视，思维导图是很不错的可视化工具。

（一）趣理相融

【创意微反思】

巧妙设疑，激发阅读的兴趣。

创意优化策略：图片猜读 → 设疑激趣

先用课件呈现"诺第留斯"号潜水艇的图片，让学生猜测图片中是什么，学生会猜测为飞机、船等，但是很少有学生能猜到这是潜水艇；接来下教师又出示现代潜水艇图片，将两个图片进行对比，引导学生猜测之前出示的图片是潜水艇，这时候老师展示下面一张课件，并为学生提供了"诺第留斯"号潜艇票和尼摩船长所写的邀请信，让学生跟随尼摩船长一起进行海底两万里的探险。

该课例开篇即以一张学生没有见过的潜水艇的图片抓住其注意力，让学生对图片进行猜测，调动学生的积极性，使学生意识到该潜水艇与现在潜水艇的不同，并邀请学生"穿越"过去跟随尼摩船长去探险，引发学生阅读该作品的兴趣。

【创意微反思】

巧妙导引，消除与经典的隔膜。

创意优化策略：直观导入 → 趣理相融

作为导读课，由直观图片进入符合七年级学生的认知特点，找最趣事、探最趣物等方式能充分调动学生阅读兴趣，让原本枯燥的阅读充满趣味，让原本散乱的篇目有机整合起来。设置"辩一辩《朝花夕拾》之最隔膜"，该环节使学生阅读由有趣走向有理，由辩论走向明晰。这个过程能调动学生的思维，由浅入深、由表入里，引导学生进入深度思辨，巧妙消除时代久远、语言习惯不同的隔膜。

【创意微反思】

巧妙设悬，激发再读的乐趣。

创意优化策略：阅读留痕 → 再读有益

大多数学生心里认可《西游记》是一部经典的神魔小说，也知道小说的内容非常惊险刺激，引人入胜。可真要他们说出趣在何处，似乎又无从说起。教师适时介入，抛出"奇"字统领下的五个探究话题——"西游奇路""西游奇人""西游奇器""西游奇境""西游奇事"并允许学生用自己拿手的方式进行展演。这些"跳一跳才能摘得到的桃子"能驱动学生不得不深入小说的字里行间。当学生已有的认知体验被唤醒，他们自然能创生出恰切的阅读方式：如跳读与精读相结合、阅读与摘录相补充、自主阅读与合作探究协同并进、静默阅读与动态演读交相辉映等，同时，个性化的展演方式不仅能提高学生的参与热情，而且能有效避免学生在重读过程中产生的厌倦感和懈怠感，还能于潜移默化中提升学生听、说、读、写、设计制作等不同维度的语文学习能力。

（二）闯关留痕

【创意微反思】

师生共读，促进真实阅读的发生。

创意优化策略：把枯燥的做题变为"闯关" → 平常阅读落地且有趣

游戏始终是孩子的天性，在名著教学的过程中，教师以游戏为载体，把名著作为助读内容，更能点燃学生的阅读激情。选择当代学生喜欢的游戏也是教师走进学生，与学生深入对话的一个过程和一次契机。游戏由学生设计，关卡由学生制作，这势必要求学生对文本内容非常了解，如在《骆驼祥子》的阅读指导课中，把原本课堂上由教师梳理"三起三落"、学生被动接受知识的过程，变为学生探索、思考的过程，激发学生自主思考。在游戏关卡制作过程中，就有学生主动提出：祥子如果不是生活在那样的年代，而是在我们现代社会，会不会不一样呢？他还会"病"吗？学生提出该话题后，主动成立了专题探究小组，开展了自主探究。生生互读应制定严格的奖惩制度，明确互读的要求，并制订阅读计划，可以将容易动摇的自律变为督促进步的他律；阅读思考题的设计能使讨论有准备、有依据，避免无效阅读或没有阅读带来的空谈。在生生互读，相互监督下完成阅读打卡，用"论"而积分的方式选出"最高身份"，让讨论阅读更有仪式感，更具可行性。

【创意微反思】

根据文本特质设计阅读任务群，促进学生持续阅读。

用笔画出这艘奇特之艇：盘点神秘预言，认识科技怪咖；了解诺第留斯号，感受潜艇之奇；绘制解说潜艇，展示科技之光；重新改造潜艇，传承无穷想象

教师引导学生用航海日记录下这段奇幻之旅：探讨航海日记写法，画出航海路线图，推理"我"的感受，接龙航海日记

"盘点神秘预言"是为了吸引学生兴趣而设计的，同时也有利于学生感受作者超强的想象力和科学预知能力。"填写表格"是为了信息重整，集中展现"诺第留斯号"这艘潜艇的惊人科技。"绘制简易图"可以帮助学生更直观地了解潜水艇并感受它的奇特。"解说词的设计"则是进一步训练学生的表达能力，增强他们的语文核心素养，进一步体会潜艇的奇特。"今昔潜水艇的对比"则是让学生进一步感受"诺第留斯号"的神奇之处，感受它超前的科技和想象力。"改造潜水艇"则是对学生想象力的进一步唤醒与训练。"探讨航海日记的写法"是决定学生能否写出精彩日记的关键一环。同时，由任务驱动达到的预设效果是：整体把握内容，准确梳理事件，也顺带分析人物形象，训练学生小组合作的协作能力、内容重构的整合能力及综合评价的分析能力。用接龙的方式写航海日记，可以为学生降低难度，让他们保持兴趣，增强合作力。"展示分享"则是让他们的学习成果可视化，让"奇幻"的特质得到渗透和强化。

【创意微反思】

提供有趣话题，促进学生思辨阅读。

创意优化策略：**"复活"有趣的话题 → 表演有趣的活动 → 进入深度阅读思辨**

虚假阅读往往是因为没有有效且有趣的探讨话题。设计有趣的阅读话题，如"复活"《朝花夕拾》里的三个鲁迅，用不同身份讲故事。这个创意点在于

有趣的"复活"，既能激发学生走进文本的兴趣，又能在活动中体会少年鲁迅和中年鲁迅不同的思想情感。创意的情景剧表演能再现学习场景，便于学生理解鲁迅作为精英对教育的思考和对"立人"的思考。这样，学生阅读既能变得有趣，又能由浅入深进入深度思辨。

（三）深度阅读

【创意微反思】

开展项目学习，激活学生思维。

创意优化策略：火速聚焦零散信息 → 实施纵深式阅读

项目式学习可以帮助学生杜绝阅读的随意化和肤浅化。学生阅读的许多名著距离如今的生活都很久远，没有时代体验、没有共同的经历，即便是了解背景，也很难共情，更难以理解人物性格和主题思想。要让阅读走实、走深、走心，可以通过专题阅读、项目化阅读等来实现。想要与人物深度对话，就要通过寻找所有与人物有关的故事情节、人物描写等要素构成人物思维导图，在深度阅读后进行深度探究。

《海底两万里》的阅读教学中引领学生探讨"科普语言有高招"这一微设计，就是要聚焦"科普语言"，从语言的角度要求学生对不同的阅读材料比同较异，从而对《海底两万里》的语言风格有更深刻的理解，而不是停留在对小说故事情节和人物的浅理解上。不管是在学生自主阅读基础上提出的探讨性主题，还是教师根据文本提炼出来的可议性话题，都可以作为一个又一个大大小小的项目，整合这些项目就能构成整本书阅读的"大项目"。项目式阅读，将整本书阅读结构化，是深度阅读的好抓手。

【创意微反思】

展示精选片段，窥一斑知全豹。

创意优化策略：捕捉闪回 → 引人入胜

精彩片段呈现是吸引学生注意力，让学生真正走入作品的重要方法。《海底两万里》中有很多惊险刺激的故事，在这些故事中作者巧妙设置悬念，让故事变得波澜起伏。在《海底两万里》的导读课例中，教师为学生呈现《章鱼》这一节的片段，让学生通过精彩片段了解阿龙纳斯一行人遇到的困难，随后让学生思考他们是如何摆脱这种困境的。学生在阅读精彩片段时能感受到当时场景的惊心动魄，特别是一名船员被章鱼缠住后他的命运如何牵动着学生的心，让学生为人物的命运而担忧，学生为了揭开人物命运的结局会选择继续阅读下去，这样引起学生阅读期待的目的也就达到了。

另外，《海底两万里》还为读者创造了一个神奇壮丽的海底世界，在这个海底世界中有很多奇怪的海洋生物，教师在导读时展示了《海底森林》中的精彩片段，并让学生找出这段文字中所描写的奇怪的生物种类，了解他们的特点，在此基础上归纳出海洋生物的特点：笔直的、沿着垂直线生长的水草、形状怪异的珊瑚、会飞的蝇鱼等，学生在这样的过程中感受到作者奇特而丰富的想象力，从而引起阅读期待，践行自主阅读。

【创意微反思】

紧扣文本文体，由篇到群到类。

创意优化策略：抓住回忆性散文核心问题 → 两个世界，两个视角 → 爱与恨两个世界冲突 → 儿时与现在两个世界的对立 → 两个世界的融合

这一设计让我们反思：名著阅读教学的依据应是名著的文本特征。《朝花夕拾》是回忆性散文，回忆性散文教师教学生读什么？这是学生的阅读能走向深度的关键。回忆性散文里都有两个"我"，写作时的"我"和彼时彼刻的"我"，这是两个世界，也是两个视角。抓住这个关键点进行创意设计，学生的视角会发生转变、情感体验更加丰富、阅读由单一走向多元。爱与恨的两个世界既能对立又能统一。学生在对爱与恨的梳理中，感受两个"我"的情感动荡，回忆里美好的人、事、物既给予作者温暖的慰藉，又包含对现实的批判，两个时空在写作这一刻交汇融合。这样的思维训练，能够帮助学生建构回忆性散文的阅读方法，由"这一篇"走向"这一类"。

（四）意义建构

【创意微反思】

创意优化策略：多样化设计 → 创意阅读尝试常新 → 将大众娱乐与名著阅读结合

选择当代学生喜欢的剧本杀形式，让学生对抽象的"病"态追根溯源从而让阅读变得有趣起来。剧本杀正好促进学生积极主动寻求答案，将被动接受变为主动思考。在剧本杀中线索卡的制作能让学生细读文本，抓出片段中的关键词，习得提取信息的能力；交换线索卡，达到信息互通的目的，不仅能引导学生有效勾连文中情节，也能促进小组间的交流合作。

【创意微反思】

创意优化策略：运用流量 → 将阅读与5G相勾连

利用影视资源增强学生对文本的感性体验：一方面，一些情节曲折生动、可读性强的名著会被影视化；另一方面，多媒体技术的发展也为教师提供了便

利的工作条件。因此，教师在导读教学时可以有效利用影视资源，将文本文字转变为可视化的形象，让学生获得最直观的感受，激发他们的阅读兴趣。在《海底两万里》的导读教学课例中，教师为了让学生感受到故事的惊险刺激，截取电影中"土人围攻"的片段，让学生先感受电影画面的惊心动魄，然后引导学生将这部分内容和小说文字进行对比。学生在对比的过程中，感受情节的惊险刺激，了解作者的巧妙构思，产生继续探寻其他惊险故事的兴趣，从而阅读整本名著。

专题十一
八年级创意阅读微课例[①]

一、八年级名著创意阅读微问题群

学生经过七年级的名著阅读，基本上培养了阅读名著的兴趣和良好的阅读习惯。八年级的名著必读篇目有四本，分别是《红星照耀中国》《昆虫记》《傅雷家书》《钢铁是怎样炼成的》。《红星照耀中国》中有众多的红军将领，《昆虫记》中记录了许多昆虫的特点和习性，《傅雷家书》主要由父子之间的书信构成，《钢铁是怎样炼成的》又是外国小说。

学生在阅读以上作品时，很容易因为作品的不同形式造成阅读障碍，主要表现为碎片化的阅读、割裂式的阅读、对作品的理解不深、不能掌握不同体裁的文学作品的阅读方法。

（一）内容混淆，辨识不清

【问题描述】

根据下面描述，请指出下列人物分别是谁？

_____是保尔少年时代的好朋友，积极参加革命，曾任共青团

---

① 专题十一负责人是自贡市绿盛实验学校教师江雪梅，作者是罗维锋、尧卓玉、尤运、江雪梅。

区委书记，在一次战斗中不幸被流弹击中，英勇牺牲。

_____原是一名水兵，地下工作者，对保尔革命意识的形成产生了极大的影响，是老一辈无产阶级革命者的杰出代表。

_____是林务官的女儿，外形靓丽，爱打扮，给少年时代的保尔带来很多温暖，后因两人的政治观点不同而分手。

学生阅读完《钢铁是怎样炼成的》，第一个人物只有30%的学生填写准确，第二个人物45%的学生填写正确，第三个人物59%的学生填写正确。

【问题诊断】

《钢铁是怎样炼成的》涉及人物众多，特别是有些人物的名字较复杂，不易记忆，存在人物关系无法理清的问题。根据提示判断人物时，很多学生不能将描述与人物对应起来。这说明很多学生读书时，存在阅读随意的现象，读完后没有进行思考，更没有专题式的探究。

【问题描述】

师：《昆虫记》是一部引人入胜的书，是法国昆虫学家法布尔花了足足三十年时间完成的十卷本科普巨著。虽然这是一部科普作品，但读来却不艰深晦涩，请同学们说说为什么。

生：那是因为法布尔笔下的昆虫很有趣。

师：那你能否结合具体例子说说昆虫有趣在何处？法布尔是怎样将昆虫写得趣味盎然的？

生：这只是凭借印象判断出来的，还真认真思考过。

【问题诊断】

上面这个对话，是学生在阅读《昆虫记》时的真实再现。学生对法布尔笔下描写的昆虫比较感兴趣，但因为阅读的随意，主动勾画批注的意识不强，阅读只停留在印象层面，缺乏深刻的思考。

【问题描述】

师：《傅雷家书》是一部充满着父爱的教子书信，书中朴实无华的文字背后蕴藏着的是深沉而温暖的父爱。请你谈谈书中令你触动的地方，并说明原因。

生：傅雷关爱孩子傅聪，但是之前对傅聪太严格了，是个十足的虎爸，所以傅雷写信只是为了寻找自我心灵的安慰。

【问题诊断】

学生阅读《傅雷家书》后，只是根据部分内容就对傅雷做出了不够客观的判断，没能很好地体会傅雷在书信中表达的浓浓的舐犊深情。针对这一问题，教师设计"两地书，父子情"这一专题，引导学生去体会文字背后的温情。

（二）粗略随意，走马观花

【问题描述】

师："同学们，本学期我们阅读了《傅雷家书》，它不同于之前学过的名著，有没有同学知道不同之处是什么？"

生："是傅雷写给他儿子的书信。"

生："一共有138封信。"

师："是的，所以针对这么多书信内容，同学们读出了傅雷有着怎样的情感？"

教室里突然鸦雀无声。

【问题诊断】

在整本书阅读中，大多数学生是碎片化阅读，缺乏深入思考。学生没有深入阅读体验，对书信这种形式，阅读时有消极畏难情绪，对内容概括不够全面，处于浅表性阅读状态。

【问题描述】

罗曼·罗兰说法布尔是"掌握田野无数小虫子秘密"的人，法布尔在观察和实验的基础上，重点介绍了他观察和研究的昆虫的外部形态、生物习性。通过对学生的访谈、调查等方式，了解到学生阅读《昆虫记》存在的主要问题有：读完不能准确把握昆虫的习性特点，没有主动归纳整合具有相似习性的昆虫的特点。

【问题诊断】

通过对学生的调查，发现学生阅读随意性很强，阅读缺乏计划，内驱力不足，整合意识不强，信息提取能力较弱。

【问题描述】

师：同学们，今天老师要给你们介绍一本新书《红星照耀中国》。那为何要读这本书，它有何价值呢？请同学们浏览《中文重译本序》找出书中关于这本书及作者的"第一"。

生：斯诺是首先把鲁迅著作介绍到西方的人之一。

生：斯诺是在红色区域进行采访的第一个西方新闻记者。

生：斯诺是中美关系第一个报春的燕子。

生：《红星照耀中国》是忠实描绘中国红色区域的第一本著作。

师：正是这么多个"第一"，让我们从一个美国记者的角度去了解 1936 年在西北生活的共产党和红军的真实情况，去阅读一群人及一段历史。同学们知道如何去阅读吗？

生：不知道，我们对过去的历史不了解，有些茫然。

【问题诊断】

学生知识储备不够，对阅读内容感到陌生，甚至会有阅读焦虑。比如不够了解时代背景知识，《红星照耀中国》是 20 世纪三四十年代的历史，学生对书中提及的诸多历史情况了解较少，对涉及的时代历史背景知之甚少。

（三）理解狭隘，浅尝辄止

【问题描述】

教师提问：请指出下列人物分别是谁？

我叫他老徐，因为苏区人人都这样叫他——教书先生老徐。因为，虽然在东方其他地方，六十一岁不过是政府最高级官员的平均年龄，可是在红色中国，同别人相比，他似乎是个白发老翁，然而他并不是老朽昏聩的标本。

他个子清瘦，中等身材，骨骼小而结实，尽管胡子又长又黑，外表上仍不脱孩子气，又大又深的眼睛富于热情。他确乎有一种吸引力，似乎是羞怯、个人的魅力和领袖的自信的奇怪混合的产物。

学生初读完文本后，只有 23% 的学生能够回答出这两个人物，77% 的学生回答错误，不能辨识。

【问题诊断】

《红星照耀中国》一书中涉及周恩来、贺龙、毛泽东、彭德怀、徐海东、朱德等一批红军领袖和将领，还有蒋介石、张学良、杨虎城等国民党领袖和将领，人物众多，学生走马观花地阅读后，不能了解和区分人物的成长经历及人物品质和内在的精神。

【问题描述】

师：同学们，我们阅读完了《昆虫记》中的《象态橡栗象》《豌豆象》《菜豆象》，你能说出它们的各自特征吗？

同学们茫然。

【问题诊断】

学生在完成《昆虫记》一书的阅读后，收获甚少。这是因为他们缺乏比较阅读的方法引领，缺乏对文本的整合与探究。

【问题描述】

同学们，我们读完斯诺的《红星照耀中国》，你能结合王树增的《长征》，谈谈二者之间的异同吗？

【问题诊断】

学生阅读文本时，大多停留在文本的人物、事件上，缺乏对于文本内在价值的思考，没有将两本书进行关联性阅读，不能谈出两部作品的异同。教师要引导学生客观、全面、冷静地思考问题，识别文本隐含的情感、观点、立场，尝试对文本进行评价。

（四）媒介单一，形式固化

【问题描述】

通过问卷调查"你在阅读《红星照耀中国》一书时主要选择的阅读媒介"，发现学生基本上只采用纸质书籍的阅读，分不清楚《红星照耀中国》中众多的领袖人物将领；对当时的历史背景不清楚，理解有困难；对作者的采访路径模糊和内容的顺序安排没理清；对斯诺的语言表达习惯读起来不适应。

【问题诊断】

《红星照耀中国》是一部纪实作品，全书约三十万字，是作者所见所访的内容，故事性不强，部分学生在阅读纸质书籍时时间跨度很长，很难坚持读完，即使勉强读完，也很难深入理解作品。对名著的阅读和阅读表达应该是每一个学生都参与的，实际情况不尽如人意。

【问题描述】

师："同学们，之前我们布置了《昆虫记》的阅读，大家读得怎么样了呢？"

生："还可以。"

生："不怎么好。"

师："今天这节课，就请同学们来展示展示近期阅读名著的收获吧。"

教师给学生一定的准备时间后，学生轮流走上台，进行阅读展示、分享活动。

【问题诊断】

从上面的对话中我们可以看出，学生在阅读完《昆虫记》以后，仅仅是上台分享自己的阅读成果。这种阅读成果的分享在网上随便就可以搜索到很多，对于检验学生的阅读成果、促进学生深入理解作品没有实际的帮助。同时，仅仅是口头上的表达也无法很好地调动学生的表达欲望，很容易照本宣科。

二、八年级名著创意阅读微设计群

面对八年级学生阅读肤浅的问题，教师在充分地读懂文本的基础上，找准学生的阅读最近发展区，引导学生由阅读的"浅水区"游向"深水区"，由"泛读"走向"鉴赏"。教师的创意设计策略是学生学习的蓝图和跑道，应将阅读方法的指导和学生的阅读兴趣相结合，将情境性和实践性相结合，将核心素养和全面育人相结合。教师通过阅读任务的驱动，将整本书阅读的任务分解成一个个的任务群，化整为零，让学生实现对文本的深入探究，提高学生的整体认知能力，丰富其精神世界。

（一）专题式名著阅读

教师以阅读探究的"专题"为导向，指引学生围绕"主题"展开阅读实践。教师在设计名著阅读教学时，应注重多角度的过程探究，以课堂为载体，带领学生完成不同专题的探索，从而逐步提升学生的语文素养。

【创意微设计】

人物专题阅读：关注情节，把握人物形象。

概括梳理，感知人物形象。学生分组制作人物卡片，包括人物身份、职业、主要事件、与保尔的关系等。根据卡片提示，命制人物线索试题，并开展"你说我猜"的抢答活动。

演讲评说，把握人物形象。学生根据卡片提示和阅读《钢铁是怎样炼成的》的感受，结合人物事迹相关的情节，选取一个人物，以演讲的方式说说他的形象特征。

模仿演绎，再现人物形象。每组选一个代表，模仿自己最喜欢的一个人物的神态、动作、语言，并评选出"模仿达人奖"。

【创意微设计】

主题专题阅读：读写结合，分析作品主旨。

借助网络，知晓生平。观看视频《傅雷的一生》，了解傅雷的人生经历，明白傅雷坚持用书信与儿子傅聪交流的原因。

摘抄词句，体悟深情。摘抄能够体现父子情深的语句，思考这些语句表达了傅雷对儿子怎样的情感，并撰写《两地书，父子情》的读后感。撰写完成后进行交流分享，并修改提升。

朗诵书信，以声传情。以录视频的方式，朗诵一封自己最受触动的书信，推荐给同学。视频中包括朗诵书信和推荐理由。

读写结合，联结生活。经典之所以为经典就是因为它不但历久弥新，而且会常读常新，同时对我们有很强的指导价值。请学生拿起手中的笔，为自己的父母写一封家书，表达对他们浓浓的爱。

（二）任务式名著阅读

阅读整本书采用任务式名著阅读方法，能提升学生阅读鉴赏能力，有利于丰富学生的阅读经验，促进学生对名著作品的深入学习和思考。任务既是阅读的内容，也是阅读学习的过程和形式。

【创意微设计】

多元化任务形式驱动阅读。

第一，搜索任务型阅读。科学的创设搜索阅读任务，根据学生的身心特征，激发学生的学习兴趣，让学生对文本背景、主题和思想情感等有全面的把握，增强学生主动搜索的意识。阅读《傅雷家书》后，对傅聪的人生轨迹了解，完成下面的表格。

时　　间	人 生 经 历	评　价
1934—1952 年		
1953—1957 年		
1958—1977 年		
1978—1979 年		

第二，情境化任务型阅读。在设定任务时，可以采取角色扮演或融入情境化场景等方法，指导学生分析书中人物，与作者产生情感共鸣，体会作品的主题和思想感情。

活动一：在《钢铁是怎样炼成的》中，根据以下情境，以"谢廖沙对保尔说"为题演绎一段精彩的对话。

情境：彼得留拉匪帮以屠戮犹太人来"消遣"的那几天，谢廖沙一直在冒险帮助犹太人逃脱杀戮，为了保护一个老人，他被匪徒在头上砍了一刀。这一天，伤口尚未复原的他找到保尔，跟保尔热烈地交谈。

探讨任务型阅读。组织学生分成若干小组，在探讨任务条件下，小组之间互相帮助，相互查阅资料，整合知识，实现阅读目标。

阅读《红星照耀中国》，要求学生自觉完成以下阅读计划。第一，完成自由阅读，学生根据制订的假期阅读计划，每天阅读 1 小时，约 15 天完成。第二，按照"来中国—去红都—上前线—回保安"的时间顺序，根据"每一个地方采访了什么人、什么内容、有何感受"等制作思维导图。第三，每一个学生在小组内交流讨论，推荐优秀学生的作品。第四，结合学生优秀作品，在班级里集中展出。第五，要求学生细读序言及附录，了解斯诺，同时查阅斯诺的相关资料，全面了解斯诺经历及对中国的情感，以"致敬斯诺"为主题创作诗歌。班级交流后进行修改，最后形成诗集小册。

【创意微设计】

第一，以小组合作任务驱动阅读。

以任务为驱动，给学生独立思考的空间，学生才有自己合作学习的思想和准备。学生与学生之间不同的思维火花碰撞在一起，相互激发灵感，不断完善思维，不断精准语言。

第二，小组组内合作任务驱动阅读。

活动一：请同学们结合图表的具体内容，制作昆虫介绍卡片。

项　　目	内　　容
昆虫学名、别号等	
外形特点	
性情特点	
喜爱的食物	
特殊习性	

活动二：同学们以小组为单位，从卡片内容的准确性、美观性等角度，评选出优秀卡片，并说明理由，如《蝉》的名片。

《蝉》的名片
外部形态：身上长着有力的工具，臃肿的身体，身上常有许多潮湿的泥点，会由绿色变成棕色，有大而锐利的眼睛，像跳蚤一般大小
生活习性：喜欢干燥、阳光多的地方；喜欢在干的细枝上产卵；在地下生活四年，在阳光中歌唱只有五星期
繁衍方式：产卵时用胸部尖利工具刺成一排小孔，一次产卵可达三四百个，蚋是它生殖繁衍过程中最大的危险

续表

《蝉》的名片
特技：能够随便在穴道里爬上爬下；身子里藏有一种极黏的液体，可以用来做灰泥；臃肿的身体里面有一种汁液，可以用来抵御穴里的尘土；蜕皮时会表演一场长达半个小时的奇怪体操；身体下面有一个鳍状物，这种鳍有些运动力，能够帮助幼虫走出壳外，并且帮助它越过带有纤维的树枝
生命历程：产卵的孵化，变成幼虫，挖土穴，地下生活，重新回到地面，蜕皮，阳光中歌唱，选择细枝产卵，结束自己的生命

第三，小组之间竞争驱动阅读。

《红星照耀中国》的作者斯诺从红区回到西安的第二天，与毛泽东、徐海东、林彪、彭德怀等人走在红色中国的一条街上，想象他们走在街上的场景，编写一个小剧本，并演绎出来。

要求：以小组为单位，自选人物，不脱离主题，人物个性鲜明。

比赛结果：竞选出最佳导演、最佳编剧、最佳演员奖项。教师做适当点评。

【创意微设计】

以任务拓展驱动阅读。

主题任务拓展。"钢铁"是坚固、乐观和纯粹的，保尔是一个坚固、乐观而纯粹的钢铁战士，在《钢铁是怎样炼成的》中除了用"钢铁"形容保尔，还有谁是"钢铁"般的战士？

生活在今天的我们拥有和保尔不一样的时代条件，也面临和保尔不一样的时代任务，请以小组为单位，以"保尔精神是否已过时"为话题，组织开展一次班级辩论会。

（三）关联式名著阅读

关联式名著阅读是将整本书的内容进行前后勾连、整合归纳、分析比较，从而培养学生思维的敏捷性、灵活性、深刻性、独创性、批判性。在整本书阅读中寻找到恰当的关联点，设计出有关联性的学习任务是做好关联式名著阅读的关键。

【创意微设计】

文本内的点面关联：细化文本内容。

第一，横向的多点关联。阅读完《红星照耀中国》后，选取喜欢的两三位领袖人物或红军将领进行人物履历梳理，制作人物比较卡片，让学生对红军领袖人物或将领有一个清晰全面的认识，感知他们身上独特的精神品质和人格魅力。

人物	外貌形象	言谈举止	出身与家庭	童年经历	受教育情况	参加革命起因	参加革命后的经历
……	……	……	……	……	……	……	……

第二，纵向的纵深关联。整本书内容很多，可以利用思维导图的方式，让学生梳理、整合文本内容，如《红星照耀中国》一书，可以就作者采访的路线、地点、人物、内容梳理制作思维导图。

第三，不同角度的比较关联。在整本书阅读中，我们可以捕捉到篇章内容的相同点进行类比阅读。如《昆虫记》在选篇时，将类群相关的昆虫故事编排在一起，比如《象态橡栗象》《豌豆象》《菜豆象》。让学生通过篇章联读的方式，比较三种昆虫的异同点，了解法布尔对待昆虫的态度。也可以捕捉文本中的不同点进行对比阅读。让学生在《去西安的慢车》《通往红色的大门》《别了，红色中国》等篇章中找出文中作者从住所、警戒、生活、与群众关系方面对红军领袖与国民党官员等的不同描写，体会作者的态度。阅读《去西安的慢车》《通往红色的大门》《别了，红色中国》等篇章内容，完成以下表格。

党派	住所	警戒	生活	与群众关系
国民党官员				
红军领袖				
作者的态度				

第四，现实生活情境的关联。如保尔在得知自己的身体状况很糟糕时，"他的手在口袋里摸着勃朗宁的光滑枪身，指头习惯地握住了枪柄。他慢慢地抽出手枪来，大声对自己说：'谁能想到你会有今天哪？'"请你在阅读完《钢铁是怎样炼成的》之后为保尔设计一条朋友圈微信，并作为他的朋友为他留言。

【创意微设计】

不同文本的关联：拓宽阅读空间。

第一，主题式的关联。阅读完《钢铁是怎样炼成的》后可与史铁生的《我与地坛》进行关联，就小说中的"保尔"与史铁生的成长经历进行比较，感受人物身上的坚强毅力，培养学生的正确价值观。

第二，表达方式的关联。阅读完《红星照耀中国》可关联阅读王树增的《长征》，探究同是表现"长征"主题，不同作家的表达侧重点及表达方式有何异同。

师：请同学们分别赏析下面两段文字的特点，做好批注。

红军卫生员不得不就地抢救贺子珍，她的身上一共嵌进大小不一的十七块弹片，其中的一块弹片从她的后背一直划到右臂，形成了一条又长又深的血口子。紧急手术在没有麻醉的情况下开始了，这位坚强的女红军在难以想象的剧痛中没有呻吟一声。

为了不拖累部队，贺子珍要求把自己留下，她觉得自己这一回活不了了。她把警卫员叫到面前说："我不能和你们一起走了。等革命胜利了，如果我还活着，我们会见面的。如果我不在了，有一件事托给你。有消息说毛泽覃已被杀害，我的毛毛不知道在哪里，你要想办法把这个孩子找到。找到了，就告诉他，他妈妈是为革命牺牲的。"

这里是少数民族地区，敌人又追击得很紧，一旦暴露身份必定十分危险。休养连把贺子珍的伤势和要求报告给毛泽东。当天晚上，毛泽东带着傅连暲医生和三个警卫员赶到贺子珍身边。毛泽东对依然要求留下来的贺子珍说："我和同志们绝不会把你一个人留在这里。"在千般苦痛万般磨难面前始终不曾掉泪的贺子珍，在突然降临的难得的温存中双眼含满泪花。

——摘自王树增《长征》

但是，极有可能，这些代表不会称为"共产党人"的。南京还没有公开承认这次所谓"复婚"。它宁可把这关系看成是纳妾，它行为是否端正还有待证明，而且为了外交的缘故，这种关系在家庭圈子外面还是少谈为妙。但是即使这种偷偷摸摸的"结合"，也是令人震惊地公开反抗日本，这在几个月以前是不可想象的。

——摘自埃德加·斯诺《红星照耀中国》

生：第一段文字更有现场感，通过人物语言描写表现了红军领袖为了国家利益牺牲个人利益的高尚品质。

生：第二段文字通过"复婚""结合"等词句，把当时的国共关系比喻成了夫妻关系，幽默感十足，把严肃的政治问题写得俏皮轻松。

师：请同学们从两本书中找出能体现两位作家不同语言风格的片段，进行交流展示。

【创意微设计】

跨学科的关联：提升综合素养。

第一，不同学科的关联。根据名著文本内容的特点，可以与不同学科关联，如《昆虫记》让学生撰写实验（观察）报告可与生物学科相融合，《红星照耀中国》探究"长征"时可以让学生手绘长征路线图，与地理学科融合；在探究长征失败的原因时可与历史学科相融合；设计长征展海报图时可与美术相融合，长征主题歌咏会时可与音乐学科、舞蹈学科相融合。

第二，学校（课堂）内外的关联。在阅读《昆虫记》时，让学生学习法布尔的方法到大自然中去观察昆虫或其他生物，并做好观察笔记，实现校内外的关联。

（四）跨媒介名著阅读

"跨媒介阅读"是理解经典名著的一种方式。需要明确的是，传统的纸质阅读当前仍是名著阅读最主要的阵地，跨媒介阅读对纸质阅读可以起到有效的补充。

【创意微设计】

跨媒介导读：名著提前知。

第一，影视作品导读。教材中不少名著作品已经被拍摄成影视作品。以《红星照耀中国》为例，针对学生对书中20世纪三四十年代的历史不熟悉，对作者埃德加·斯诺不熟悉，对历史人物、红军将领不熟悉等问题可组织学生观看《红星照耀中国》《长征》的电影，也可以让学生观看《埃德加·斯诺》的纪录片，让学生对作者和作品有一个初步感知，降低阅读难度。

第二，录制微课导读。教师可以根据学生的实际需要制作微课，从不同方面对学生进行辅导，降低阅读的难度，辅助学生理解文本。

【创意微设计】

跨媒介展示：方式我来定。

第一，拍摄视频。《红星照耀中国》是一部纪实作品，里面有许多埃德加·斯诺对革命伟人的采访。学生之间可以自由组合，合作表演拍摄埃德加·斯诺采访伟人的视频在班级进行展评。教师可对采访时人物的语言、动作、神态甚至是外貌提出指导。

第二，制作海报。小组围绕"长征"设计绘制海报，并根据对作品的理解解说设计意图。教师对海报的设计提出要求，如要结合美术知识、要含有文本和班级元素。

第三，绘制思维导图。思维导图可以帮助学生理解作品。学生可以在阅读完《昆虫记》后根据昆虫属类，用思维导图厘清不同昆虫的特点。

【创意微设计】

跨媒介交流：巧用自媒体。

第一，个性设计。QQ和微信是现代社会人们常用的社交软件。梳理法布尔为昆虫取的外号，并说明这个外号得来的原因。在此基础上，请学生选择一种昆虫，为其拟定微信名、个性签名，要求体现法布尔笔下的这一昆虫的特征。

第二，直播认领。梳理《昆虫记》中昆虫的习性、特点，在此基础上，学生选择一种昆虫做昆虫的推介"直播"，并录制视频在班级内展评。

三、八年级名著创意阅读微反思群

教师不仅要关注学生的阅读成果，更要关注学生学习的过程体验。教师要以学生为主体，尊重学生的自主能动性，在阅读学习中，充分发挥其阅读能力。让学生改变单一的、浅表的、碎片化的阅读习惯，形成有针对性、思考性、多样化的阅读模式。这样一来，名著阅读不仅能让学生享受文学艺术熏陶，还能使他们深刻体悟人生与智慧，激发他们的人文情怀、精神理性和社会责任感。

（一）专题引领，化解随意

【创意微反思】

关注情节，把握人物形象。以图片的形式吸引学生的注意力，学生在观察图片的过程中获得关键信息，从而进行准确的判断。人物卡片制作和人物线索试题的命制可以充分激发学生阅读的兴趣。在人物专题的指引下，学生跳读与特定人物相关的情节，梳理概括并全面筛选和整理与这个人物相关的重要事件。通过这种内容重构的方式，学生对人物的形象有了更加全面的理解。同时，以人物卡片、快速抢答、演说家、模仿秀等新颖有趣的方式，将知识融入趣味性的活动当中；活动过程以学生为主体，尊重了学生自主能动性，又建构了与人物形象相关的知识模型。

【创意微反思】

读写结合，分析作品主旨。学生观看视频，对傅雷的一生有了更加全面的了解，就会不断修正自己对傅雷这一人物形象和他的精神世界的理解。摘抄点评、朗诵并说明理由，创设情境给父母写书信，都是通过读写结合的方式，引导学生在文本中来回行走，从而更好地体悟作者的情怀，感受作品的主旨。将阅读与写作巧妙结合，可以驱动学生在这一专题的指引下，重构文本，也可以搭建起学习与生活的桥梁，将阅读所得转化为日常生活表达的方式，从而带来生活中别样的感动。

【创意微反思】

品析鉴赏，了解写作特色。"在阅读过程中选择对比参照的视角，沿着这个视角拓展延伸，借助不同视角的对照，借助不断丰富的阅读发现，增加阅读的深度，提升阅读的质量。"[①]《昆虫记》虽是一部科普著作，但它的语言兼具有文学性。为了突出法布尔语言的生动有趣，教师通过关于蝉的不同描述对比，让学生体会《昆虫记》中说明兼文学的笔法。在这个过程中，学生在语言特色这一专题的指引下，通过拓展研读，勾连不同的篇章，进而更好地把握《昆虫记》的写作特色。

（二）任务驱动，有效整合

【创意微反思】

多元任务，激发参与。任务型阅读教学是一种注重学生阅读能力的培养，使学生的阅读目标更加明确的教学方式。任务型阅读教学通过多元化任务，充分发挥学生参与、合作、交流及体验的教学效果，从而有效提高学生的语文综合能力。

【创意微反思】

任务评价，明确导向。以小组合作任务驱动阅读，合理设计评价任务。该设计以制作昆虫卡片为任务导向，学生可分小组进行阅读，阅读后选择喜欢的昆虫，完成昆虫卡片的制作，并分享交流，其任务导向明确，学生从制作过程中去深入了解各类昆虫的特性，学习效果在小组合作、竞争与相互评价中得到优化完善。

【创意微反思】

拓展任务，提升思维。该设计以"任务型"为主要教学导向，充分利用教学资源，拓展深化阅读任务，促进学生全面发展。该设计将整本书的阅读整合内化成学生自己的知识，促进学生批判吸收，引导学生对整本书进行整合性、综合性、思辨性研读。《钢铁是怎样炼成的》主人公保尔的钢铁精神贯穿小说始终，主题鲜明，该设计引导学生从名著转向生活，从历史走向现实，从不同角度理解"钢铁精神"，升华主题思想。

---

① 吴欣歆：《培养真正的阅读者——整本书阅读之理论基础》，上海教育出版社，2019年，第83页。

（三）关联阅读，拓展思维

【创意微反思】

文本内的关联，加深理解。一是点面关联，夯实内容。整本书阅读相对于单篇阅读来看，内容多得多。若学生只是简单地通读一遍，留下的印象不多。采用点面式的关联阅读有利于学生由点到面成线，清晰地掌握文本内容。《红星照耀中国》全书一方面写的是共产党及红军是如何绝处求生的，其生存、发展靠的是什么；另一方面则记叙了共产党领袖人物的成长历程，涉及的人物众多，事件重大（如长征、西安事变等），因此可通过人物梳理这个点，找寻出这些人物成为共产党人的原因，解读中国共产党人革命信仰的密码。二是对照关联，建立联系。为了更好地培养学生思维的敏捷性、灵活性、深刻性、独创性、批判性，可采用"对照阅读"的方法。"对照阅读"既需要对比，还需要在对比的基础上深入思考探究，即在阅读中自觉地将具有一定关联的人物、事物进行对比参照，区分细微差别，探究差别产生的本质原因。"对照阅读"有助于在阅读过程中的前后勾连，在人物和事物的不同侧面、不同发展阶段之间建立起联系，生成更为丰富、完整、深刻的认识。[1]《昆虫记》中对照阅读对不同昆虫作者采用的不同实践探究方法，让学生能够体会科普作品蕴含的科学思维、科学理念和科学精神。《红星照耀中国》中通过探究对红军领袖与国民党官员从住所、警戒、生活、与群众关系的不同描写，让学生体会作者的态度。三是生活情境的关联，联系生活。在整本书阅读中，也可以联系学生学习生活的实际，让学生将读到的收获和感受与生活相联系，如阅读完《红星照耀中国》可以让学生举办"班级长征展"。

【创意微反思】

文本间的关联，拓宽视野。新的课程标准更加强调整本书阅读教学，明确要求"丰富阅读体验，拓宽阅读视野"，不同文本之间的关联阅读，正是落实课标要求的有效路径。关联阅读的角度可以是多样的：可以是主题相同，《钢铁是怎样炼成的》与《我与地坛》都是表现主人公的坚强意志；可以是题材相同，关联阅读《红星照耀中国》与《长征》，体会相同题材不同作者的表现形式；可以是内涵相同，《傅雷家书》与《曾国藩家书》，可以体会不同时期家教家风对人的积极影响。

---

[1] 吴欣歆：《培养真正的阅读者——整本书阅读之理论基础》，上海教育出版社，2019年，第79页。

【创意微反思】

跨学科的关联，提升素养。在整本书阅读中由于题材多样，涉及的学科知识很多，教师可以邀请其他学科教师一起设计阅读任务，实现不同学科的融合。同时教学可以由课（校）内拓展到校外，为学生设计实践活动，拓宽语文学习和运用领域，例如阅读了《昆虫记》，让学生制定实验方案到大自然中观察并形成观察报告。总之，跨学科的关联阅读是提升学生综合素养的有效途径。

（四）多元媒介，激活经典

【创意微反思】

改变阅读媒介，促进阅读理解。对于部分学生而言，有声有形的电影更能够激发他们的阅读兴趣，带来更加直观的感受。学生观看《红星照耀中国》《长征》等影视作品，能够提前感知《红星照耀中国》中故事的背景和部分内容，降低阅读难度，激发阅读兴趣。阅读完作品后，可以通过文学作品和影视作品的异同对比、探究，加深学生对《红星照耀中国》的理解。

【创意微反思】

跨媒介展示，扩大参与。拍摄采访视频可以做到班级学生人人参与，同时，教师对表演同学的语言、动作、神态、外貌上的指导也能够让学生更加深入地理解作品。制作教师规定的海报能够提高学生的审美能力和表达能力。利用多媒介交流，能够促进学生深入研读文本和跨学科融合，促进学生多种核心能力的发展。

【创意微反思】

跨媒介交流，紧跟时代。网络话题是当代学生永远也无法避开的话题，也是学生了解世界、获取知识的重要途径。跨媒介的阅读展示不应一味地以应试作为指挥棒，而是应该更加注重应用，更适应当代社会的发展。设计微信签名、直播等现代信息技术的辅助教学活动，符合当前时代的发展，也能够为学生提供更多自主表达的机会。

专题十二
九年级创意阅读微课例①

一、九年级名著创意阅读微问题群

对已经跨入九年级，即将面临中考的学生来说，希望学生经过初中三年学习，可广泛接触并大量阅读各式不同的作品，如散文、小说等，同时掌握最基本的阅读法，如速读、精读、作批注、记读书笔记等，为之后的阅读学习打好基础。

但是学生面临着的是九年级学习压力、考试压力，让名著阅读难以真正保障实效性。如何集中开展名著的阅读，让名著阅读的时间能得到确保呢？我们建议每周安排统一阅读，便于让教师更好地开展指导，训练学生的思维，打开学生的阅读大门，让学生课后对阅读更有兴趣，并通过名著阅读提高写作能力，真正达到读经典、学分析、会写作。

---

① 专题十二负责人是金堂县清江可口可乐希望学校教师胡春霞，作者是胡春霞、罗维锋、江雪梅、尧卓玉、罗俊、黄雪梅、钟华、李小蓉。

（一）缺乏自觉，知识储备不够

【问题描述】

课前，与学生交流。

师：你们知道艾青创作的哪些诗歌呢？大家可以畅所欲言。

生：《我爱这土地》。

生：《大堰河——我的保姆》。

生：我还知道《雪落在中国的土地上》《鱼化石》《刈草的孩子》《镜子》等。

师：很好，那除教材中出现的《我爱这土地》和《大堰河——我的保姆》外，你读过的艾青诗歌有哪些？艾青的诗歌有哪些特点？你能背诵一两句吗？

生：我没有读过其他艾青的诗歌了，但我知道艾青喜欢以"太阳""土地"为核心意象。

生：我还读过艾青的一些诗歌，但是不能背诵，我对艾青诗歌的了解主要来自教材中的介绍。

师：看样子同学们对于《艾青诗选》的阅读还不是很到位，那我们就用一个月的时间来完成《艾青诗选》的阅读。

一周后，对班级阅读《艾青诗选》的情况进行调查，发现只有部分学生完成阅读。完成阅读的同学也只是浏览了一下，并没有真正地细读细品。

【问题诊断】

根据上面和学生的交流，发现学生在阅读《艾青诗选》时存在以下问题。第一，部分学生在没有阅读任务督促的情况下，不能自觉地完成阅读。第二，学生并没有真正走入文本进行阅读。大部分学生在阅读作品时，都是浅阅读，基本上没有对诗歌的意象、语言、情感进行认真分析。第三，学生的知识储备不够，对作品的理解不深。教材中对《艾青诗选》的阅读要求是选择有代表性的来自由阅读。学生在阅读时，因为对作品的理解不够，不容易选择出具有代表性的诗歌来阅读，也很少能够将诗歌进行整合、对比分析。

从教学设计看，教师的教学存在以下问题。第一，教师未深入理解《艾青诗选》，教学时只是简单地对《艾青诗选》的重点进行勾画、介绍。第二，教学时仍以单首诗歌的教学为主，对于艾青诗歌的整合、提炼不够。

（二）文本久远，阅读隔阂尚存

【问题描述】

师：同学们，小说的故事往往来源于现实生活，小说当中的人物也是按照现实当中的人物原型去打造的。《儒林外史》是清代吴敬梓所作的一部长篇小说，我们能够通过简单的故事情节，去了解和感知作者所处时代的政治、经济、文化特点，更重要的是，我们能够通过这些故事作者对人物的描写、对故事的阐述看到古代中国文化的灵魂。为了减轻阅读难度，我们根据篇章数量安排阅读任务：学生每天阅读两回，阅读时间在三十分钟左右，一个月就能读完整本书。不理解的地方大家可以在网上查阅资料。

生：老师，今天，我们要做一张数学试卷，要背诵英语单词和课文，还要做历史练习册……这么多作业，怎么读啊。

【问题诊断】

阅读任务的布置反映我们名著阅读教学中的重大问题：学生为任务阅读名著，还是因为兴趣阅读？这二者之间是有明显差异的。消除与经典的隔阂，激发学生的阅读兴趣成为首要的教学问题，除此之外，还得保障阅读时间，提高阅读兴趣。

（三）碎片阅读，深入思考缺位

【问题描述】

课前，与学生们交流。

师：同学们，你们知道《水浒传》的故事吗？你能说出几个英雄的名字吗？

生：听过武松打虎的故事。

生：知道鲁提辖路见不平，拔刀相助，在我心里他是个英雄！

师：那你知道花和尚倒拔垂杨柳吗？

生：不知道花和尚是谁。

生：花和尚就是鲁提辖。我很崇拜宋江，他在江湖上地位高，讲义气，假如我有一百元钱，给你十元很容易，但如果我有一块钱直接给你一半甚至全部给你，这个挺难决定，而宋江就能做到讲义气。

师：那同学们知道什么是"讲义气"吗？《水浒传》里哪些人讲义气？

生：讲义气就是滴水之恩当涌泉相报，林冲是讲义气的。

生：宋江，仗义疏财算是讲义气吧，其他的我就不知道了。

师：说得很好，看来同学们对水浒故事和人物略知一二。

师：大家知道武松、宋江、鲁提辖、林冲这些人物，那你们看过这本《水浒传》吗？

生：没有，古白话文太长了。

生：翻了目录，人物名字太多了。

生：我挑选了想了解的个别人物和章节阅读。

师：同学们静下心来读一读《水浒传》，了解水浒中的英雄好汉和他们的故事。

一个月后，教师再问学生对水浒英雄了解多少，学生的回答大多反映了碎片式、拼接式、浅层次的阅读现状，他们依然处于"单篇阅读"的模式，没有整本书阅读的体验，对故事前后情节难以关联，对人物形象的了解浅表化，对水浒主题的探究不知所措。

【问题诊断】

从前面与学生的交流中，发现有以下问题。第一，学生的阅读碎片式、拼接式，处于浅层次阅读层面。第二，学生仍然处于课内"单篇阅读"模式，而没有整本书阅读体验。学生缺乏相应的时代背景知识，存在阅读距离感，较难把握人物性格特征。《水浒传》以北宋末年为时代背景，统治阶级为满足自己的奢欲，剥削搜刮老百姓，存在严重的民族矛盾和民族压迫，全国多地爆发农民起义，其中以宋江为首的起义队伍，有了"替天行道"的理想抱负。

（四）以偏概全，整体思维不足

【问题描述】

师：同学们，在英国文学史上，夏洛蒂·勃朗特三姐妹可谓是一个传奇，尤其一部《简·爱》的问世，更是将三姐妹的文坛地位推向了巅峰。《简·爱》是英国女作家夏洛蒂·勃朗特的代表作，也是英国文学史上的一部传世之作。它成功地塑造了一个对爱情、生活、社会都采取独立自主、积极进取的态度，敢于斗争和敢于争取自由平等地位的女性形象。请同学阅读书上《简·爱》的名著导读部分，告诉老师和同学应如何阅读这部外国小说？阅读这部外国小说，我们不仅要关注小说的基本元素，如故事情节、人物形象、主题思想，还应该从哪些方面入手？

生：我认为要从故事情节中找到本文的内涵，还要有正确的世界观、人生观，价值观和正确的生活态度。

生：我认为要了解文章的主要内容。

生：我认为还应该从人物的对话、写作的手法、环境的描写对塑造人物形象的作用和推动情节发展的作用等方面来阅读。

生：我认为要从人物、故事情节、环境（小说的三要素）入手，第一遍泛读，大致了解作品的基本内容；第二遍精读，重点掌握文章的中心思想。

生：我认为主要从分析人物的性格来阅读。

生：我认为可以找一些相关的练习题，通过做题就能解决《简·爱》的阅读问题。

【问题诊断】

学生在阅读名著《简·爱》中的问题有：

第一，忽略教材，用惯性思维代替深入阅读。根据学生对如何阅读《简·爱》这部外国小说的理解，再结合书上关于《简·爱》的名著导读要求，发现学生没有深入对文本进行阅读，仅仅停留在对名著阅读的肤浅认识上。

第二，忽略整本书阅读，用片段阅读代替深入思考。学生用单一的人物分析，做一些练习题代替了整本书阅读，缺乏对一本书的整体把握，也导致其在阅读名著时缺乏深入思考。

第三，忽略细节的关注，用浮光掠影代替下马看花。学生阅读《简·爱》一书时一目十行，没有走进人物的内心，没有关注到主人公对自由幸福的渴望和对更高精神境界的追求，没有关注到简·爱所要批判的以金钱为基础的婚姻和爱情观。

二、九年级名著创意阅读微设计群

九年级的名著阅读需要教师精心的设计，充分调动学生阅读的兴趣，使学生通过名著阅读，既能"会读"，又能"会写"，更能"会用"。

（一）教师导读，激发阅读兴趣

【创意微设计】

课内迁移。兴趣是最好的教师。在教授《我爱这土地》前，教师可以借此扩展到艾青的其他诗歌，让学生提前感受艾青诗歌的成就与魅力，以此激发学生的阅读兴趣。

评价激趣。教师课前可以让学生搜集一些名人对艾青的评价，了解艾青在中国新诗史上的地位和影响。

阅读《艾青传》。师生共读《艾青传》，了解艾青生平经历，进而激发学生研读《艾青诗选》的兴趣。

创意优化策略：研读《我爱这土地》→ 拓展诗歌→诗歌对比→激发兴趣

【典型微活动】

教师在教授《我爱这土地》后，选择艾青其他的诗歌让学生进行对比阅读，初步感知艾青的诗歌风格，激发学生阅读《艾青诗选》的兴趣。

创意优化策略：搜集评价→交流展示→教师点评

【典型微活动】

学生提前搜集名人对艾青的评价，然后在班上进行交流，可以结合《我爱这土地》进行探讨，教师对学生的交流进行点评，使其更了解艾青的历史地位和诗歌成就，激发学生的阅读兴趣。

创意优化策略：阅读《艾青传》→写读后感→交流展示

【典型微活动】

师生共读《艾青传》，绘制艾青生平事件图，撰写读书心得，然后在班上进行分享交流。

【创意微设计】

搜集信息，激趣导入。

【典型微活动】

诵读下列名言，搜集信息。萨克雷称赞它是"一位伟大天才的杰作"。欧仁·福萨德评价《简·爱》"充满生气勃勃的个性"。汇报搜集的信息，揭示课题。《简·爱》是英国女作家夏洛蒂·勃朗特创作的长篇小说，是一部具有自传色彩的作品。作品讲述一位失怙失恃英国女子在各种磨难中不断追求自由与尊严，坚持自我，最终获得幸福的故事。小说引人入胜地展示了男女主人公曲折起伏的爱情经历，歌颂了摆脱一切旧习俗和偏见的勇气，成功塑造了一个敢于反抗，敢于争取自由和平等地位的妇女形象。

（二）学生赏析，感悟阅读之美

【创意微设计】

赏析《水浒传》跌宕多姿的情节美。

第一，梳理全书内容。学生通过浏览目录，了解全书内容。

第二，学习情节中的"链式结构"方法。纵向式"链式结构"在《水浒传》

中表现为作者采取先分后合的链式结构，前四十回先讲述单个英雄人物的故事，然后百川汇海，逐步发展到水泊梁山大聚义。第七十回以后，写他们归顺朝廷，走向失败。整部小说环环相扣，线索分明。

第三，学习情节中的"草蛇灰线"方法，"草蛇灰线"是用于情节结构的一种方法，如同草中之蛇，灰里之线，似断似续，形断实续。让学生跳读一个人物的故事情节，横向式阅读，通过梳理"武松的哨棒"相关文字，体会这种写法在情节中的妙处。

第四，学习情节中的"双线结构"方法。让学生制作双线的思维导图学习这种"双线结构"的写法。在《水浒传》中，作者常采用明暗结合的双线结构，使文章情节扑朔迷离，引人入胜。

第五，体会情节巧合的妙处。巧合是对生活中发生的偶然事件的一种巧妙运用，是对客观规律必然性的补充。《水浒传》中也有很多情节的巧合，使故事情节更加传奇，人物形象更加鲜明。

第六，捕捉情节中的"闪回"。设置闪回是我国传统小说的创作经验，捕捉闪回是文本解读的重要方法之一。

第七，赏析相同情节异同。《水浒传》中有一些相同的情节，如法场（江州城劫法场、大名府劫法场）、偷汉（潘金莲偷汉、潘巧云偷汉）、打虎（景阳冈打虎、沂水县杀虎）。金圣叹在评论《水浒传》的劫法场时，体会到了《水浒传》同中有异、犯中求避、相得益彰、各臻奇妙的妙处。

第八，"全知视角"的个性化运用。全知视角是小说创作中常用的叙述形式。一般以第三人称为主。全知视角即叙述者处于全知全能的地位，作品中的人物、故事、场景等无不处于其主宰之下，调度之中。古代白话小说通常采用全知全能的叙事角度，叙述者凌驾于整个故事之上，洞悉一切，随时对人物的思想及行为做出解释和评价，这种视角可以使作者随意地对故事情节及人物形象进行加工处理。通过情节改写，学生更好地体会"全知视角"的叙事特点。

创意优化策略：浏览目录 → 选取感兴趣的章节讲述 → 教师适时点评 → 选取一些片段，学生指出是哪一章节内容 → 总结情节阅读方法

【典型微活动】

师：同学们，让我们快速浏览《水浒传》一书的目录，选取你感兴趣的章节在小组内讲解，推选一名代表到班上进行交流。

生：在班级交流。

师：刚才同学们选取自己感兴趣的章节进行了交流，现在我们翻到相关内容，对比思考，刚才的故事交流还有哪些不足？

师：我们在阅读小说时要关注小说情节，注意"情节四要素"：开端、发展、高潮、结局。

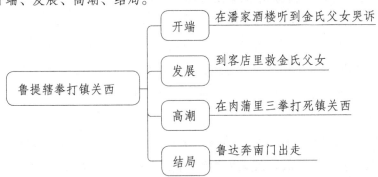

师：同学们，请看以下的细节出自哪些目录？

片段一：太阳快落山时，A来到一破庙前，见庙门贴了一张官府告示，A读后，方知山上真有虎，待要回去住店，怕店家笑话，又继续向前走。由于酒力发作，便找了一块大青石，仰身躺下，刚要入睡，忽听一阵狂风呼啸，一只眼睛上翘，额头白色的老虎朝A扑了过来。

片段二：轻轻把石头掇开，挺着花枪，左手拽开庙门，大喝一声："泼贼那里去？"三个人都急要走时，惊得呆了，正走不动。B举手，先戳倒差拨。C叫声："饶命！"吓的慌了手脚，走不动。

教师还要提醒学生注意小说的细节及人物关系。

创意优化策略：跳读武松与哨棒的文字 → 梳理情节 → 体会作用

【典型微活动】

阅读"武松出柴进家"至"景阳冈打虎"，梳理武松的行踪，展示"草蛇灰线"手法的作用。

其一，哨棒与武松的行踪：出柴进家，与宋江兄弟小饮拜别，景阳冈下独自畅饮，酒后上岗打虎。哨棒仿佛是武松的的手足一样，一刻也不离身，那是他的隐身之物，是他的出击之器，是他身份的一个隐形标记。

其二，哨棒在"武松打虎"情节中的作用。

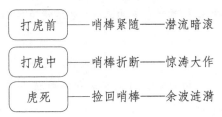

其三，"草蛇灰线"在"武松打虎"中的应用。第一，要对物件进行"勤叙"，哨棒十九次现身。第二，"有如无物"不是强调物件体积的微小，而是强调其运用的隐在与巧妙。第三，"哨棒"起到了穿缀故事情节，突出人物性格，增加故事偶然中必然性的因素，增强故事可信度的作用。

创意优化策略：学生选取《鲁提辖拳打镇关西》《智取生辰纲》中的情节制双线结构图

【典型微活动】

学生制作双线结构图，交流展示，思考"双线结构"在情节安排上有何妙处？双线结构图示例：

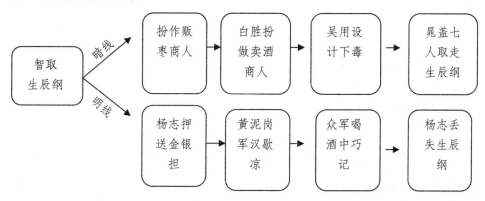

双线结构的好处。第一，相互映衬，凸显主题。为了突出"智取"，明线对杨志的精细和周密防范刻画得越细致，就越能衬托出暗线一方人物的智慧。第二，制造悬念，引人入胜。对晁盖、吴用等人的行动采取暗线写法，让读者猜不透，造成悬念，直到最后由暗线转到明线，读者才恍然大悟。这就使故事更加曲折，增强了艺术效果。

请同学们再列举《水浒传》中应用明暗双线结构的章节内容进行赏析。

创意优化策略：研读林冲的相关情节 → 找出情节巧合之处 → 体会巧合的作用

【典型微活动】

首先，学生研读林冲相关情节，批注情节巧合之处。接着，交流展示。示例：林冲娘子在庙中遇到的不是别人，恰巧是高衙内；林冲遇到卖宝刀之人，买下宝刀；林冲遇到当案孔目恰巧是一个为人最耿直，十分好善之人；林冲与李小二的相遇；林冲恰巧听到差拨、陆虞侯、富安的谈话……最后，体会巧合的作用。推动故事情节的发展，达到波澜起伏、跌宕生姿的效果；塑造了林冲由一次次的隐忍到最终的反抗的鲜明性格转变。

创意优化策略：比较性阅读 → 制作思维导图 → 归纳小结

【典型微活动】

学生挑选《水浒传》中"劫法场""偷汉""打虎"中任一一个内容进行

阅读，并将文中的同一内容的两次描写进行比较阅读，比较其异同点，制作思维导图，班级交流展示。最后小结出《水浒传》在情节安排上的同中有异、犯中求避、相得益彰、各臻奇妙的妙处。

创意优化策略： 选取一个章节 → 改写为第一人称 → 比较两种视角的优劣

【典型微活动】

学生自由选取一个感兴趣的章节或教师指定一个章节让学生采用第一人称的写法进行改写，然后将原文和该文进行比较，总结"有限视角"和"全知视角"各自的优劣。

【创意微设计】

赏析《水浒传》中人物性格鲜明的美感：通过故事情节，感知人物之间的衔接串联，了解重要人物的故事。通过人物的绰号，了解人物绰号的起名的缘由，探究人物性格特征。关注人物的多样化称呼，提炼出作者的态度及人物命运变化。人物比较阅读，在《水浒传》中，能够比较的对象很多，可以从不同的角度和深度去挖掘，培养学生阅读和探索的兴趣，获得全新的阅读体验。从《水浒传》众多人物中探究女性形象，了解人物思想内涵。从对英雄的定义，审视大、小人物在小说中的作用。小说最大的艺术成就就是塑造了一大批鲜活的人物形象，其中有梁山一百零八将好汉和一些不知名的小人物等，有血有肉、个性鲜明。

创意优化策略： 浏览回目 → 梳理情节 → 绘制思维导图 → 挖掘人物形象

第一步：浏览回目，要求学生对第一回至七十回中涉及重要人物的相关回目进行梳理。第二步：为重要人物相关情节制作思维导图。第三步：总结出重要人物的性格特征。

【典型微活动】

绘制以林冲被逼上梁山的命运过程的思维导图。

通过思维导图探究林冲的性格：林冲是一个具有两面性的人物，在被逼上梁山前后性格变化很大。上梁山前的他性格安分守己，面对高衙内和陆谦等人的陷害，逆来顺受，委曲求全。在刺配到沧州的路途中，他谨小慎微，忍辱负重，心中还是惦念着有朝一日和妻子重逢。后来，从李小二口中得知陆谦的阴谋诡计后，林冲心中燃起了报仇的想法，奋起反抗，以牙还牙，逼上梁山。在情节中有效分析人物性格的变化，整体认识林冲的人物形象。

创意优化策略： 列举人物 → 检索关键词 → 圈点勾画

【典型微活动】

跳读全书，罗列分类人物的绰号，思考作者为人物取绰号的缘由，根据以下表格进行整理。在阅读探究中，对人物出场、性格、肖像描写等内容进行圈点勾画，进一步加深对人物的印象。

人物名称	人物绰号	分类（动物、长相、自然现象、生活用具、英雄人物等）	起名缘由
杨志	青面兽	动物	杨志脸上长了一块青色的胎记，且性格暴躁，不懂处理人际关系，爱打骂。
……	……	……	……

创意优化策略：梳理内容 → 比较分析 → 得出结论

【典型微活动】

师：《水浒传》中人物命运不同，英雄们上梁山各有原因，最后离场落幕的命运各有不同，以好汉们被"刺配"为例，进行梳理。

英雄	刺配原因	刺配过程	刺配结果
武松	杀潘金莲和西门庆	尽享优待	与张青、孙二娘及施恩相识，并结为兄弟
杨志	……	……	……
林冲	……	……	……
宋江	……	……	……
朱仝	……	……	……
雷横	……	……	……

生：同是被刺配，待遇不同，结果也不同，刺配原因决定了过程中的待遇。林冲是典型的官逼民反；宋江声名远播，善于交际，一路结交好汉，顺利到达江州；朱仝"义"字当前，深得人心，受各方赏识；武松侠肝义胆，武艺高强，所以受到优待。

师：由此可见，在这个乱世之中，个人命运是被当时社会、幕后操纵控制的，通过比读，我们对人物及小说的主题会有更深的理解。

创意优化策略：梳理人物 → 小组讨论 → 得出结论

【典型微活动】

师：《水浒传》不仅塑造了路见不平、拔刀相助的英雄好汉，同时也塑造了多个有个性的女性形象，这些女性形象从不同角度反映了当时的社会现状。请同学们列举典型女性人物及相关背景资料，完成以下表格。

人物	绰号	身份	人物描写	结局
扈三娘	一丈青	扈家庄的千金小姐，祝彪的妻子	英姿飒爽，貌美如花	战死
孙二娘	母夜叉	黑店老板	眉横杀气，眼露凶光	战死
顾大嫂	母大虫	酒店老板	眉粗眼大，胖面肥腰	战死

师：以小组为单位进行讨论，走进文本进行分析。

生：我来讲讲扈三娘吧。她不仅外貌出众，而且武艺高强，能征善战。但是让人不解的是李逵冲进扈家庄，一顿板斧将扈家庄满门老幼杀得干净！这对扈三娘来说是什么样的人生悲剧？然后扈三娘做了宋江父亲的义女，还与贪财好色、无才无德的王英成婚，这个没心没肺的女人真是武艺超群的扈三娘吗？

生：顾大嫂是一位机智能干、有谋有勇的女人。劫狱的主意定了，她身藏剔肉尖刀，扮做送饭的妇女，只身进入狱中，等孙立来到监牢门口敲门，她便抽出尖刀，大叫一声："我的兄弟在哪里？"叫得亲切自然，喊得威猛，这才是有点母大虫的威风。

生：粗鲁丑陋、凶狠残暴的孙二娘，原是十字坡黑店老板，是一个较男性化的女人，打扮夸张，她卖人肉，专干杀人夺货的勾当，是标准的杀人魔头。但在武松大闹孟州后被官府追捕，孙二娘和张青劝武松到附近一个二龙山去落草，投奔鲁智深和杨志，从这里可以看出孙二娘的见识。她出主意把武松装扮成头陀顺利躲过了官兵追捕，这里又能读出她的有勇有谋。

师：对比这些女性在作者笔下有什么相同点？

生：她们都算得上女英雄，但在男性世界里，女性地位很低，男尊女卑的思想严重。

师：这三位女性属于女英雄。还有一些女性，缺乏独立人格，受到传统封建思想的影响，依附于男性，由男性支配，如潘金莲、阎婆惜、潘巧云等。

师：同学们，这些女性的绰号也很有讲究，把女性冠上"大虫""一丈青"等称呼，完全与实际相貌、身份不符，其用意何在？

学生小组讨论，推究作者用意。

学生小结：作者笔下女性形象分类；女性地位如何？

创意优化策略：检索目录 → 整理内容 → 挖掘内涵 → 对比、点评人物

【典型微活动】

师：同学们，《水浒传》流传千古，受到广大人民的喜爱，曾有"街头巷尾，妇孺老幼皆谈水浒"的盛况，它还因崇拜英雄好汉、宣扬的"侠义"精神而著名。我们读过后，也留下深刻的印象。

师：请同学们浏览《水浒传》回目，将出现"义"字的回目整理出来。

学生梳理好后，由教师进行补漏。

师：在同学们心目中，谁是最有侠义精神的好汉？谈谈你的感想。

生：我认为宋江是好汉。"他平生爱结交江湖上好汉"，有人投奔他，不论高低，无有不纳，终日追陪，尽力资助。他人向他求钱物，他从不推托，每每排忧解难。他济人贫苦，急人之急，扶人之困，人称及时雨。晁盖劫走生辰纲，宋江将他私放上梁山。

师：义和利在上流社会是分开的，宋江送银子等物质给游侠豪杰，广交朋友，一方面体现了宋江为人世故，懂得"将欲取之，必先与之"的道理，另一方面说明他很了解下层人物的需要，一个懂得关心别人，周济人于水深火热之中的人是从来不会有困难的。第二十回，写到宋江离家出走，一方面叫人"送金子到朱仝处，央他上下使用，及资助阎婆""免得他上司告饶官府"；一方面又"吩咐大小庄客""早晚殷勤服侍太公"。宋江得到县令、都头到追捕大人的全力包庇，所以花钱慷慨不仅使他获得了美名，而且也让他在人生道路上很顺畅。

生：我觉得武松是条好汉。景阳冈打虎这一情节，使武松英雄形象光彩起来。而且武松不仅能打虎，还好打抱不平，例如他打死乡里恶霸，醉打蒋门神等。武松爱憎分明，敢作敢为，知恩图报，嫉恶如仇。

师：除了小说中显而易见的英雄式大人物，你关注过哪些连名字都不知的小人物吗？

生：市井小人物军哥，他的出现是为了引出武大得知潘金莲与西门庆的奸情、武大被西门庆打等情节。人物虽小，但推动了情节发展。

师：小人物能起到推动故事情节发展的作用，可有但不重要。在小说中像军哥一样的人物很多，要辩证区别这类人物在小说中的次要作用。

创意优化策略：选取一个水浒人物 → 绘制人物经历思维导图 → 展示总结

【典型微活动】

学生绘制思维导图，在小组内交流展示，各小组推荐一名到班级展示，思考人物上"梁山"的原因。

创意优化策略：选取《水浒传》情节，分析其"侠义"精神 → 以"侠义"为主题，为水浒英雄写一首赞美诗。

【典型微活动】

出示《好汉歌》歌词，"路见不平一声吼，该出手时就出手""生死之交一碗酒，你有我有大家有"诠释了"侠义"精神；学生选取具体情节赏析"侠义"精神，总结"侠"的三种表现：一是仗义疏财，为他人提供经济上的帮助；二是招贤养士，为江湖亡命之徒提供栖身之所；三是路见不平，拔刀相助，为人排忧解难。以"侠义"为主题，为水浒英雄写一首赞美诗，在班级交流展示。

创意优化策略：给自己心目中水浒英雄写一封信，规劝其不良行为，提出解决问题的建议

【典型微活动】

教师可抛出思辨问题供学生思考讨论：同学们，我们在阅读《水浒传》的过程中，除了被英雄人物的侠义精神反抗精神所感染，有没有不愉快的感受和对他们的作为不认同的地方？然后给自己心目中的英雄写一封信，规劝他改正不妥之处。

（三）共赏同评，撰写阅读心得

【创意微设计】

推荐学习阅读方法：摘抄和笔记。摘抄：就是选摘、抄录原文中的词语、句子、段落等。摘抄的内容可以是原作的典故、警句、精彩片段等。教师提醒学生注意：一定要根据名著的特点、学习借鉴的意图来选择，如：为了提高写作能力，可以摘抄生动传神的细节描写片段；为了提高我们的思想觉悟，可以摘抄启迪思想的名言警句。

笔记：主要是写提要和写心得两大类。一类是写提要，就是用精炼的语言准确地概括全书的基本内容或要点，所写的提要可以是语意连贯的成段文字，可以是按层次和要点罗列的提纲，还可以是能够体现作品结构思路的图表。另一类是写心得，就是记录自己阅读时产生的体验、感想、看法和评价等。

创意优化策略：以有效的策略理清作品结构 → 明白作品主旨及特色 → 保障学生阅读的信度效度深度

【典型微活动】

激趣导入。用 PPT 展示课前教师搜索的大量关于吴敬梓及《儒林外史》的图片，让学生在直观感受中走近作者及作品。

阅读方法指导。小说人物纷繁且没有一个贯穿始终的人物，阅读时难以记忆。但作品中人物出场时往往是一个人带出另一个人。让学生尝试用图示法从小说初始理清人物出场顺序及方式。

其一，以"故事会法"讲述儒林故事。《儒林外史》人物纷杂，故事众多，建议阅读时将全书人物按重要程度分为三个梯队。然后聚焦第一梯队人物，选择一个自己最喜欢的人物，熟读该人物相关章节；自己组织语言，讲述最喜欢的人物的故事；注意讲述既要抓住梗概，又要有动人的细节；评选最佳故事讲述人。

其二，以批注法品味儒林百态。理清了人物出场，熟悉了重要情节，这只是我们整体感知名著的第一步。接下来，我们的阅读还得往纵深去发展。《儒林外史》以一支烘云托月的笔，描写人情世态，笔笔生动，字字活现，其中有许多含义丰富的细节值得精读品味。现在请大家拿起你的笔，精读作品中那些含义丰富的细节，把握作者对人物的态度，边读边做批注。

其三，以探究法悟儒林之旨。名著之所以经久不衰，具有无穷的魅力，是因为它内容博大精深，隽永耐读。因此同学们在读名著时往往不容易立刻理解其中的含义。以探究交流法与书本对话、与师生对话、与自己的精神对话，提出疑问，在对话中碰撞交流有助于挖掘名著的潜在主旨。以小组为单位提出本组对该作品比较聚焦的问题，然后在分享会上交流探究。

【创意微设计】

在人物形象品析教学过程中，怎样让学生抓住文体的特点理解人物形象？怎样对学生进行有效的方法指导？怎样打开学生的思路，学会利用人物分析的方法，鉴赏一个个鲜活的人物形象？教师可以采用以下方法打破僵局。

第一，统一视角，为了让学生的人物形象品析有章法可依，不东拉西扯，我们应统一视角，从讽刺艺术的互文视角品析人物形象。

第二，同人共赏，从课文中精选典型的人物形象，引导学生用互文对照来分析，归纳互文对照分析人物的要点，体现人物形象变化的过程。

第三，异人同评，引导学生将小说中不同类型的人物进行互文对照式赏析，感受不同人物形象带来的冲击力，再一起来评一评、议一议。

（四）用勤悟情，提升阅读素养

【创意微设计】

师：同学们，一提到"童年生活"你们想到了哪些词语？

生：天真烂漫、无拘无束、无忧无虑、欢声笑语……

师：哇！同学们的童年生活都是美好的！那么《简·爱》的主人公简·爱是不是和你们一样幸福呢？

生：不是。

师：好，下面请同学们从具体的事例中来分析简·爱的不幸福在哪些地方。

生：简·爱在出生不久便父母双亡，舅舅收养了她，但不久舅舅也亡故了。舅妈一直视简·爱为一家人的沉重负担，并极其讨厌她的一举一动。于是，在舅妈家度过的童年时期，简·爱遭受了巨大的磨难。最终，在十岁那年，她被送到了洛伍德义塾。

生：洛伍德义塾，一个教规严厉、条件极为艰苦的地方。简·爱刚到这里的第一年便赶上了一场突如其来的瘟疫，眼看着一个个同学在这里倒下，特别是好友海伦·彭斯的离去，使简·爱幼小的心灵体会到了生命的残酷。在这里，简·爱虽然历经磨难，却坚强地生存了下来。

师：小说从简·爱童年的不幸遭遇和她的几次出走，表现出了她对自由平等的追求。请你写出阅读本文后的体会和感受。

【创意微设计】

整本书阅读，能让学生感悟作品的魅力，深入领会作者所要表达的情感和文章主人公的真实情感。因此，教师要精心设计，带领学生阅读"悦"快乐，感悟作品的美。为了引导学生阅读名著《简·爱》，进行以下设计：

1847年，夏洛蒂·勃朗特出版著名的长篇小说《简·爱》，轰动文坛。夏洛蒂·勃朗特善于以抒情的笔法描写自然景物，作品具有浓厚的感情色彩。在作者创作《简·爱》时的英国已是世界上的头号工业大国，但英国妇女的地位并没有改变，依然处于从属、依附的地位，女性职业的唯一选择是当个好妻子、好母亲。以作家为职业的女性会被认为是违背了正当女性气质，会受到男性的激烈攻击，从夏洛蒂姐妹的作品当初都假托男性化的笔名可以想见当时的女性作家面临着怎样的困境。《简·爱》就是在这一被动的背景下写成的。

边读边勾画批注，完成《简·爱》整本书阅读任务表。

章节	地点	人物	故事梗概
苦难的童年（第一至四章）			
艰难中成长（第五至十章）			
体验爱情（第十一至二十七章）			
别后（第二十八至三十五章）			
相聚（第三十六至三十八章）			

小组分享交流，把握人物性格。你认为作者所塑造的简·爱是一个什么女性？句式表达：从小说_____可以看出，简·爱是一个_____人。

生：我从小说中可以看出简·爱是一个追求平等、维护尊严的人。

生：我从小说中简·爱听说罗切斯特为救火落下残疾，仍找到芬丁庄园嫁给了他可以看出简·爱是一个对感情专一的人。

生：我从小说中简·爱的婚礼无法进行，知道罗切斯特的妻子还活着时，清晨独自悄悄离开桑菲尔德庄园可以看出，简·爱是一个自尊、自爱的人。

深入理解主题，可以用"我从《简·爱》（人物／情节／原文语句），感悟到……"的句式，鼓励学生表达自己的所思所想。小说用大量的篇幅描写了简·爱和罗切斯特曲折的爱情故事。请从他们对待爱情的选择，对什么是真正的爱情展开讨论。在精读小说的基础上，用你灵动的文字，写一篇读后感。

三、九年级名著创意阅读微反思群

（一）课前铺垫，兴趣引领自觉

【创意微反思】

课前导读，激发学生阅读兴趣，引导学生学习艾青诗歌"诗中有画"的特点。艾青在大学期间选修的是绘画，他的诗歌中，大量使用表示色彩的词语，如在《当黎明穿上了白衣》中的"紫蓝""青灰""绿""白烟""微黄"，通过对这些表示色彩的词语进行分析，理解艾青诗歌的色彩斑斓。

【创意微反思】

整合探究，研读文本。第一，思辨型研读。艾青诗歌中，生和死，忧患和赞美，同情和热爱，沉睡和抗争，几乎都是一体两面，引导学生在思辨中进一步研读文本，培养思辨精神。第二，写作型研读。阅读《艾青诗选》，选择一首艾青的诗歌进行仿写或者自己创作一首诗歌。第三，创作型研读。阅读《艾青诗选》，根据艾青诗歌的画面感、情感和风格，为艾青发一条QQ动态。

（二）丰富背景，正确引导研读

【创意微反思】

面对《水浒传》的主题教学，教师一方面要带领学生理解众多草莽英雄不同的人生经历和反抗道路，另一方面也要与学生一起讨论其"价值的审查与澄清"，从而带领学生赏析英雄史诗的主题美。

其一，人物经历知反抗，《水浒传》中的好汉们大都有着自己的辛酸史，人物的经历就很好地反映了当时"官逼民反"的现实。

其二，人物性格析侠义，《水浒传》中的侠义精神正是其主旨之一。

其三，澄清内容明价值，在阅读《水浒传》的过程中，我们常会产生阅读冲突，血腥、残忍等字眼会涌上心头，但在思辨性阅读中，冲突与共鸣的体验同等重要，它们都是思辨得以生长的重要契机，教师应带领学生澄清内容上的糟粕。

【创意微反思】

在教学过程中应注重人物形象互文对照分析的方法指导，在学生创作剧本时也应该渗透这一点，突出人物形象陡转变化的过程。在评议环节要尊重、鼓励学生的个性化阅读，只要有理有据便可，不能拘泥于权威。同时，鼓励学生用文字表达自己的观点，提升学生的阅读鉴赏能力。

（三）问题驱动，探究激发思考

【创意微反思】

通过对《艾青诗选》整本书的微课例群的设计研究，形成了课前导读、专题阅读、整合探究等活动，由浅入深的整本书阅读体系。整本书阅读过程中设计了随文批注、诗歌朗读、专题绘画、诗歌创作、空间动态等形式。教师以问题为导向，以任务为驱动，始终带领着学生走进文本，从而实现了文本的真阅读，将单篇阅读与整本书阅读有机地结合在了一起。不足之处在于教师的教学活动多是从一线教师已有的教学经验出发进行设计的，缺乏专家高屋建瓴的指导，部分设计缺乏创意，教学体系有待完善，还要在实践的过程中不断改进和完善。

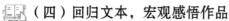

（四）回归文本，宏观感悟作品

【创意微反思】

根据学生阅读中出现的问题，让学生回归到文本，从人物的语言中去感受人物的感情和心路历程。

在后续的阅读教学中发现，有部分同学没有掌握好方法，很多时候阅读还是流于形式。所以，不但要总结出方法，更要在阅读中反复去强化、运用，这样学生的阅读能力才能真正得以提高。

教师不能喧宾夺主，也不能拱手无为。语文教师在名著阅读教学中应起主导作用，如名著自读课中，教师绝不能放任自流，而是要及时了解学生的阅读进程、阅读感受，并且可以通过提供阅读任务单来监控及引导，再加以抽查和反馈评价，这样才有助于学生专注持续阅读能力的培养。

后 记

　　《创意阅读微课百例》是四川省卿平海名师鼎兴工作室丛书之一，是四川省教育厅名师重点课题"部编语文读写创意教学微课例研究"成果之一，是我们工作室近年创意阅读研修活动的记录。

　　创意阅读微课深研方案、书纲体例、写作样条由卿平海老师设计。每个工作室成员负责一个专题，组织学员调研问题、同课异构、一课多上、送教下乡，反复打磨微课，向四川省名师网站提交微课490多个，有200多个被四川省中小学智慧教育平台选用，为我省新课程新教材资源研发做出了贡献。我们工作室教师也在创意阅读微课深研中茁壮成长，多位老师被评为特级教师、中小学正高级教师等。

　　《创意阅读微课百例》共有12个专题。书稿经过多次修改，刘勇、许必华、张速三位老师参与了第一次统稿，最后由卿平海老师完成统稿工作。

　　在课题研究和专著写作过程中，四川省教育科学研究院科研管理所所长王真东、义务教育研究所所长何立新、四川师范大学文学院张华教授、西华师范大学杨勇教授、内江师范学院文学院刘云生教授、四川省教育学会副秘书长刘怀明等，给予了我们学术指导。教育部教师教育专家委员会委员、四川省学术和技术带头人、四川师范大学文学院原党委书记、语文教育家刘永康教授，拨冗为本书写序鼓励。省教育厅、市教育局、区教育局领导和各级名师管理部门专家大力支持，四川大学出版社编辑为本书尽心尽力……对此，我们表示衷心感谢！

　　创意阅读是学生生命与智慧的精彩绽放，创意阅读微课深研是师生共创共生的遗憾艺术。我们竭诚与您分享阅读教学创意微课，意在总结反思、自我超越中探索阅读育人之道，体悟阅读创意之味，共育创新之人。广大读者的批评指正，将是我们继续前行的动力，敬请不吝赐教。

卿平海

2022 年 10 月 6 日于青城山